MALAIO

V O C A B U L Á R I O

PALAVRAS MAIS ÚTEIS

PORTUGUÊS
MALAIO

Para alargar o seu léxico e apurar
as suas competências linguísticas

9000 palavras

Vocabulário Português-Malaio - 9000 palavras

Por Andrey Taranov, Victor Pogadaev

Os vocabulários da T&P Books destinam-se a ajudar a aprender, a memorizar, e a rever palavras estrangeiras. O dicionário é dividido em temas, cobrindo todas as principais esferas de atividades quotidianas, negócios, ciência, cultura, etc.

O processo de aprendizagem, utilizando os dicionários baseados em temáticas da T&P Books dá-lhe as seguintes vantagens:

- Informação de origem corretamente agrupada predetermina o sucesso em fases subsequentes da memorização de palavras
- Disponibilização de palavras derivadas da mesma raiz, o que permite a memorização de unidades de texto (em vez de palavras separadas)
- Pequenas unidades de palavras facilitam o processo de estabelecimento de vínculos associativos necessários para a consolidação do vocabulário
- O nível de conhecimento da língua pode ser estimado pelo número de palavras aprendidas

T&P Books Publishing
www.tpbooks.com

ISBN: 978-1-78400-858-1

Este livro também está disponível em formato E-book.
Por favor visite www.tpbooks.com ou as principais livrarias on-line.

VOCABULÁRIO MALAIO
palavras mais úteis

Os vocabulários da T&P Books destinam-se a ajudar a aprender, a memorizar, e a rever palavras estrangeiras. O vocabulário contém mais de 9000 palavras de uso comum organizadas tematicamente.

O vocabulário contém as palavras mais comummente usadas
Recomendado como adicional para qualquer curso de línguas
Satisfaz as necessidades dos iniciados e dos alunos avançados de línguas estrangeiras
Conveniente para o uso diário, sessões de revisão e atividades de auto-teste
Permite avaliar o seu vocabulário

Características especiais do vocabulário

• As palavras estão organizadas de acordo com o seu significado, e não por ordem alfabética
• As palavras são apresentadas em três colunas para facilitar os processos de revisão e auto-teste
• As palavras compostas são divididas em pequenos blocos para facilitar o processo de aprendizagem
• O vocabulário oferece uma transcrição simples e adequada de cada palavra estrangeira

O vocabulário contém 256 tópicos incluindo:

Conceitos básicos, Números, Cores, Meses, Estações do ano, Unidades de medida, Roupas & Acessórios, Alimentos & Nutrição, Restaurante, Membros da Família, Parentes, Caráter, Sentimentos, Emoções, Doenças, Cidade, Passeios, Compras, Dinheiro, Casa, Lar, Escritório, Trabalho no Escritório, Importação & Exportação, Marketing, Pesquisa de Emprego, Desportos, Educação, Computador, Internet, Ferramentas, Natureza, Países, Nacionalidades e muito mais ...

TABELA DE CONTEÚDOS

GUIA DE PRONUNCIAÇÃO

Alfabeto fonético T&P	Exemplo Malaio	Exemplo Português

Vogais

[a]	naskhah [naskah]	chamar
[e]	lebar [lebar]	metal
[ɛ]	teman [tɛman]	mesquita
[i]	lidah [lidah]	sinónimo
[o]	blok [blok]	lobo
[u]	kebun [kɛbun]	bonita

Consoantes

[b]	burung [buruŋ]	barril
[d]	dunia [dunia]	dentista
[dʒ]	panjang [pandʒaŋ]	adjetivo
[f]	platform [platform]	safári
[g]	granit [granit]	gosto
[ɣ]	spaghetti [spaɣeti]	agora
[j]	layar [lajar]	géiser
[h]	matahari [matahari]	[h] aspirada
[k]	mekanik [mekanik]	kiwi
[l]	lelaki [lɛlaki]	libra
[m]	memukul [mɛmukul]	magnólia
[n]	nenek [nenek]	natureza
[ŋ]	gunung [gunuŋ]	alcançar
[p]	pemuda [pɛmuda]	presente
[r]	rakyat [rakjat]	riscar
[s]	sembuh [sɛmbuh]	sanita
[ʃ]	champagne [ʃampejn]	mês
[t]	matematik [matɛmatik]	tulipa
[x]	akhirat [axirat]	fricativa uvular surda
[tʃ]	cacing [tʃatʃiŋ]	Tchau!
[ɕ]	syurga [ɕurga]	shiatsu
[v]	Taiwan [tajvan]	fava
[z]	zuriat [zuriat]	sésamo
[w]	penguasa [pɛŋwasa]	página web

ABREVIATURAS
usadas no vocabulário

Abreviaturas do Português

adj	-	adjetivo
adv	-	advérbio
anim.	-	animado
conj.	-	conjunção
desp.	-	desporto
etc.	-	etecetra
ex.	-	por exemplo
f	-	nome feminino
f pl	-	feminino plural
fem.	-	feminino
inanim.	-	inanimado
m	-	nome masculino
m pl	-	masculino plural
m, f	-	masculino, feminino
masc.	-	masculino
mat.	-	matemática
mil.	-	militar
pl	-	plural
prep.	-	preposição
pron.	-	pronome
sb.	-	sobre
sing.	-	singular
v aux	-	verbo auxiliar
vi	-	verbo intransitivo
vi, vt	-	verbo intransitivo, transitivo
vr	-	verbo reflexivo
vt	-	verbo transitivo

CONCEITOS BÁSICOS

Conceitos básicos. Parte 1

1. Pronomes

eu	saya, aku	[saja], [aku]
tu	awak	[avak]
ele, ela	dia, ia	[dia], [ia]

nós	kami, kita	[kami], [kita]
vocês	kamu	[kamu]
você (sing.)	anda	[anda]
você (pl)	anda	[anda]

eles, elas (inanim.)	ia	[ia]
eles, elas (anim.)	mereka	[mɛreka]

2. Cumprimentos. Saudações. Despedidas

Olá!	Helo!	[helo]
Bom dia! (formal)	Helo!	[helo]
Bom dia! (de manhã)	Selamat pagi!	[sɛlamat pagi]
Boa tarde!	Selamat petang!	[sɛlamat pɛtaŋ]
Boa noite!	Selamat petang!	[sɛlamat pɛtaŋ]

cumprimentar (vt)	bersapa	[bɛrsapa]
Olá!	Hai!	[haj]
saudação (f)	sambutan	[sambutan]
saudar (vt)	menyambut	[mɛnjambut]
Como vai?	Apa khabar?	[apa kabar]
O que há de novo?	Apa yang baru?	[apa jaŋ baru]

Até à vista!	Sampai jumpa lagi!	[sampaj dʒumpa lagi]
Até breve!	Sampai jumpa lagi!	[sampaj dʒumpa lagi]
Adeus!	Selamat tinggal!	[sɛlamat tiŋgal]
despedir-se (vr)	minta diri	[minta diri]
Até logo!	Jumpa lagi!	[dʒumpa lagi]

Obrigado! -a!	Terima kasih!	[tɛrima kasih]
Muito obrigado! -a!	Terima kasih banyak!	[tɛrima kasih banjak]
De nada	Sama-sama	[sama sama]
Não tem de quê	Sama-sama!	[sama sama]
De nada	Sama-sama	[sama sama]

Desculpa!	Maaf!	[maaf]
Desculpe!	Minta maaf!	[minta maaf]

desculpar (vt)	memaafkan	[mɛmaafkan]
desculpar-se (vr)	minta maaf	[minta maaf]
As minhas desculpas	Maafkan saya	[maafkan saja]
Desculpe!	Maaf!	[maaf]
perdoar (vt)	memaafkan	[mɛmaafkan]
Não faz mal	Tidak apa-apa!	[tidak apa apa]
por favor	sila, tolong	[sila], [toloŋ]
Não se esqueça!	Jangan lupa!	[dʒaŋan lupa]
Certamente! Claro!	Tentu!	[tɛntu]
Claro que não!	Tentu tidak!	[tɛntu tidak]
Está bem! De acordo!	Setuju!	[sɛtudʒu]
Basta!	Cukuplah!	[tʃukuplah]

3. Como se dirigir a alguém

Desculpe (para chamar a atenção)	Minta maaf!	[minta maaf]
senhor	tuan	[tuan]
senhora	puan	[puan]
rapariga	gadis, cik	[gadis], [tʃik]
rapaz	orang muda	[oraŋ muda]
menino	budak lelaki	[budak lɛlaki]
menina	gadis kecil	[gadis kɛtʃil]

4. Números cardinais. Parte 1

zero	sifar	[sifar]
um	satu	[satu]
dois	dua	[dua]
três	tiga	[tiga]
quatro	empat	[ɛmpat]
cinco	lima	[lima]
seis	enam	[ɛnam]
sete	tujuh	[tudʒuh]
oito	lapan	[lapan]
nove	sembilan	[sɛmbilan]
dez	sepuluh	[sɛpuluh]
onze	sebelas	[sɛblas]
doze	dua belas	[dua blas]
treze	tiga belas	[tiga blas]
catorze	empat belas	[ɛmpat blas]
quinze	lima belas	[lima blas]
dezasseis	enam belas	[ɛnam blas]
dezassete	tujuh belas	[tudʒuh blas]
dezoito	lapan belas	[lapan blas]
dezanove	sembilan belas	[sɛmbilan blas]
vinte	dua puluh	[dua puluh]
vinte e um	dua puluh satu	[dua puluh satu]

vinte e dois	dua puluh dua	[dua puluh dua]
vinte e três	dua puluh tiga	[dua puluh tiga]
trinta	tiga puluh	[tiga puluh]
trinta e um	tiga puluh satu	[tiga puluh satu]
trinta e dois	tiga puluh dua	[tiga puluh dua]
trinta e três	tiga puluh tiga	[tiga puluh tiga]
quarenta	empat puluh	[ɛmpat puluh]
quarenta e um	empat puluh satu	[ɛmpat puluh satu]
quarenta e dois	empat puluh dua	[ɛmpat puluh dua]
quarenta e três	empat puluh tiga	[ɛmpat puluh tiga]
cinquenta	lima puluh	[lima puluh]
cinquenta e um	lima puluh satu	[lima puluh satu]
cinquenta e dois	lima puluh dua	[lima puluh dua]
cinquenta e três	lima puluh tiga	[lima puluh tiga]
sessenta	enam puluh	[ɛnam puluh]
sessenta e um	enam puluh satu	[ɛnam puluh satu]
sessenta e dois	enam puluh dua	[ɛnam puluh dua]
sessenta e três	enam puluh tiga	[ɛnam puluh tiga]
setenta	tujuh puluh	[tudʒuh puluh]
setenta e um	tujuh puluh satu	[tudʒuh puluh satu]
setenta e dois	tujuh puluh dua	[tudʒuh puluh dua]
setenta e três	tujuh puluh tiga	[tudʒuh puluh tiga]
oitenta	lapan puluh	[lapan puluh]
oitenta e um	lapan puluh satu	[lapan puluh satu]
oitenta e dois	lapan puluh dua	[lapan puluh dua]
oitenta e três	lapan puluh tiga	[lapan puluh tiga]
noventa	sembilan puluh	[sɛmbilan puluh]
noventa e um	sembulan puluh satu	[sɛmbulan puluh satu]
noventa e dois	sembilan puluh dua	[sɛmbilan puluh dua]
noventa e três	sembilan puluh tiga	[ɛembilan puluh tiga]

5. Números cardinais. Parte 2

cem	seratus	[sɛratus]
duzentos	dua ratus	[dua ratus]
trezentos	tiga ratus	[tiga ratus]
quatrocentos	empat ratus	[ɛmpat ratus]
quinhentos	lima ratus	[lima ratus]
seiscentos	enam ratus	[ɛnam ratus]
setecentos	tujuh ratus	[tudʒuh ratus]
oitocentos	lapan ratus	[lapan ratus]
novecentos	sembilan ratus	[sɛmbilan ratus]
mil	seribu	[sɛribu]
dois mil	dua ribu	[dua ribu]
De quem são ...?	tiga ribu	[tiga ribu]

dez mil	sepuluh ribu	[sɛpuluh ribu]
cem mil	seratus ribu	[sɛratus ribu]
um milhão	juta	[dʒuta]
mil milhões	billion	[billion]

6. Números ordinais

primeiro	pertama	[pɛrtama]
segundo	kedua	[kɛdua]
terceiro	ketiga	[kɛtiga]
quarto	keempat	[kɛɛmpat]
quinto	kelima	[kɛlima]

sexto	keenam	[kɛɛnam]
sétimo	ketujuh	[kɛtudʒuh]
oitavo	kelapan	[kɛlapan]
nono	kesembilan	[kɛsɛmbilan]
décimo	kesepuluh	[kɛsɛpuluh]

7. Números. Frações

fração (f)	pecahan	[pɛtʃahan]
um meio	seperdua	[sɛpɛrdua]
um terço	sepertiga	[sɛpɛrtiga]
um quarto	seperempat	[sɛpɛrɛmpat]

um oitavo	seperlapan	[sɛpɛrlapan]
um décimo	sepersepuluh	[sɛpɛrsɛpuluh]
dois terços	dua pertiga	[dua pɛrtiga]
três quartos	tiga suku	[tiga suku]

8. Números. Operações básicas

subtração (f)	kira-kira tolak	[kira kira tolak]
subtrair (vi, vt)	tolak	[tolak]
divisão (f)	pembahagian	[pɛmbahagian]
dividir (vt)	membahagi	[mɛmbahagi]

adição (f)	campuran	[tʃampuran]
somar (vt)	mencampurkan	[mɛntʃampurkan]
adicionar (vt)	menambah	[mɛnambah]
multiplicação (f)	pendaraban	[pɛndaraban]
multiplicar (vt)	mengalikan	[mɛŋalikan]

9. Números. Diversos

| algarismo, dígito (m) | angka | [aŋka] |
| número (m) | nombor | [nombor] |

numeral (m)	kata bilangan	[kata bilaŋan]
menos (m)	minus	[minus]
mais (m)	plus	[plus]
fórmula (f)	formula, rumus	[formula], [rumus]

cálculo (m)	penghitungan	[pɛŋyituŋan]
contar (vt)	menghitung	[mɛŋyituŋ]
calcular (vt)	menghitung	[mɛŋyituŋ]
comparar (vt)	membandingkan	[mɛmbandiŋkan]

Quanto, -os, -as?	Berapa?	[brapa]
soma (f)	jumlah	[dʒumlah]
resultado (m)	hasil	[hasil]
resto (m)	sisa, baki	[sisa], [baki]

alguns, algumas ...	beberapa	[bɛbrapa]
um pouco de ...	sedikit	[sɛdikit]
resto (m)	bakinya	[bakinja]
um e meio	satu setengah	[satu sɛtɛŋah]
dúzia (f)	dozen	[dozen]

ao meio	dua	[dua]
em partes iguais	rata	[rata]
metade (f)	setengah	[sɛtɛŋah]
vez (f)	kali	[kali]

10. Os verbos mais importantes. Parte 1

abrir (vt)	membuka	[mɛmbuka]
acabar, terminar (vt)	menamatkan	[mɛnamatkan]
aconselhar (vt)	menasihatkan	[mɛnasihatkan]
adivinhar (vt)	meneka	[mɛnɛka]
advertir (vt)	memperingati	[mɛmpɛriŋati]

ajudar (vt)	membantu	[mɛmbantu]
almoçar (vi)	makan tengah hari	[makan tɛŋah hari]
alugar (~ um apartamento)	menyewa	[mɛnjeva]
amar (vt)	mencintai	[mɛntʃintai]
ameaçar (vt)	mengugut	[mɛŋugut]

anotar (escrever)	mencatat	[mɛntʃatat]
apanhar (vt)	menangkap	[mɛnaŋkap]
apressar-se (vr)	tergesa-gesa	[tɛrgɛsa gɛsa]
arrepender-se (vr)	terkilan	[tɛrkilan]
assinar (vt)	menandatangani	[mɛnandataŋani]

atirar, disparar (vi)	menembak	[mɛnembak]
brincar (vi)	berjenaka	[bɛrdʒɛnaka]
brincar, jogar (crianças)	bermain	[bɛrmajn]
buscar (vt)	mencari	[mɛntʃari]
caçar (vi)	memburu	[mɛmburu]

cair (vi)	jatuh	[dʒatuh]
cavar (vt)	menggali	[mɛŋgali]

cessar (vt)	memberhentikan	[mɛmbɛrhɛntikan]
chamar (~ por socorro)	memanggil	[mɛmaŋgil]
chegar (vi)	datang	[dataŋ]
chorar (vi)	menangis	[mɛnaŋis]

começar (vt)	memulakan	[mɛmulakan]
comparar (vt)	membandingkan	[mɛmbandiŋkan]
compreender (vt)	memahami	[mɛmahami]
concordar (vi)	setuju	[sɛtudʒu]
confiar (vt)	mempercayai	[mɛmpɛrtʃajai]

confundir (equivocar-se)	mengelirukan	[mɛŋɛlirukan]
conhecer (vt)	kenal	[kɛnal]
contar (fazer contas)	menghitung	[mɛŋɣituŋ]
contar com (esperar)	mengharapkan	[mɛŋɣarapkan]
continuar (vt)	meneruskan	[mɛnɛruskan]

controlar (vt)	mengawal	[mɛŋaval]
convidar (vt)	menjemput	[mɛndʒɛmput]
correr (vi)	lari	[lari]
criar (vt)	menciptakan	[mɛntʃiptakan]
custar (vt)	berharga	[bɛrharga]

11. Os verbos mais importantes. Parte 2

dar (vt)	memberi	[mɛmbri]
dar uma dica	memberi bayangan	[mɛmbri bajaŋan]
decorar (enfeitar)	menghiasi	[mɛŋɣiasi]
defender (vt)	membela	[mɛmbɛla]
deixar cair (vt)	tercicir	[tɛrtʃitʃir]

descer (para baixo)	turun	[turun]
desculpar (vt)	memaafkan	[mɛmaafkan]
desculpar-se (vr)	minta maaf	[minta maaf]
dirigir (~ uma empresa)	memimpin	[mɛmimpin]
discutir (notícias, etc.)	membincangkan	[mɛmbintʃaŋkan]
dizer (vt)	berkata	[bɛrkata]

duvidar (vt)	ragu-ragu	[ragu ragu]
encontrar (achar)	menemui	[mɛnɛmui]
enganar (vt)	menipu	[mɛnipu]
entrar (na sala, etc.)	masuk	[masuk]
enviar (uma carta)	mengirim	[mɛŋirim]

errar (equivocar-se)	salah	[salah]
escolher (vt)	memilih	[mɛmilih]
esconder (vt)	menyorokkan	[mɛnjorokkan]
escrever (vt)	menulis	[mɛnulis]
esperar (o autocarro, etc.)	menunggu	[mɛnuŋgu]

esperar (ter esperança)	harap	[harap]
esquecer (vt)	melupakan	[mɛlupakan]
estar (vi)	sedang	[sɛdaŋ]
estudar (vt)	mempelajari	[mɛmpɛladʒari]

exigir (vt)	menuntut	[mɛnuntut]
existir (vi)	wujud	[vudʒud]
explicar (vt)	menjelaskan	[mɛndʒɛlaskan]
falar (vi)	bercakap	[bɛrtʃakap]
faltar (clases, etc.)	meninggalkan	[mɛniŋgalkan]
fazer (vt)	membuat	[mɛmbuat]
ficar em silêncio	diam	[diam]
gabar-se, jactar-se (vr)	bercakap besar	[bɛrtʃakap bɛsar]
gostar (apreciar)	suka	[suka]
gritar (vi)	berteriak	[bɛrtɛriak]
guardar (cartas, etc.)	menyimpan	[mɛnjimpan]
informar (vt)	memberitahu	[mɛmbritahu]
insistir (vi)	mendesak	[mɛndɛsak]
insultar (vt)	menghina	[mɛŋyina]
interessar-se (vr)	menaruh minat	[mɛnaruh minat]
ir (a pé)	berjalan	[bɛrdʒalan]
ir nadar	mandi	[mandi]
jantar (vi)	makan malam	[makan malam]

12. Os verbos mais importantes. Parte 3

ler (vt)	membaca	[mɛmbatʃa]
libertar (cidade, etc.)	membebaskan	[mɛmbebaskan]
matar (vt)	membunuh	[mɛmbunuh]
mencionar (vt)	menyebut	[mɛnjebut]
mostrar (vt)	menunjukkan	[mɛnundʒukkan]
mudar (modificar)	mengubah	[mɛŋubah]
nadar (vi)	berenang	[bɛrɛnaŋ]
negar-se a ...	menolak	[mɛnolak]
objetar (vt)	membantah	[mɛmbantah]
observar (vt)	menyaksikan	[mɛnjaksikan]
ordenar (mil.)	memerintah	[mɛmɛrintah]
ouvir (vt)	mendengar	[mɛndɛŋar]
pagar (vt)	membayar	[mɛmbajar]
parar (vi)	berhenti	[bɛrhɛnti]
participar (vi)	menyertai	[mɛnjertai]
pedir (comida)	menempah	[mɛnɛmpah]
pedir (um favor, etc.)	meminta	[mɛminta]
pegar (tomar)	mengambil	[mɛŋambil]
pensar (vt)	berfikir	[bɛrfikir]
perceber (ver)	memerhatikan	[mɛmɛrhatikan]
perdoar (vt)	memaafkan	[mɛmaafkan]
perguntar (vt)	menyoal	[mɛnjoal]
permitir (vt)	mengizinkan	[mɛŋiziŋkan]
pertencer a ...	kepunyaan	[kɛpunjaan]
planear (vt)	merancang	[mɛrantʃaŋ]
poder (vi)	boleh	[bole]

possuir (vt)	memiliki	[mɛmiliki]
preferir (vt)	lebih suka	[lɛbih suka]
preparar (vt)	memasak	[mɛmasak]

prever (vt)	menjangkakan	[mɛndʒaŋkakan]
prometer (vt)	menjanji	[mɛndʒandʒi]
pronunciar (vt)	menyebut	[mɛnjebut]
propor (vt)	mencadangkan	[mɛntʃadaŋkan]
punir (castigar)	menghukum	[mɛŋɣukum]

13. Os verbos mais importantes. Parte 4

quebrar (vt)	memecahkan	[mɛmɛtʃahkan]
queixar-se (vr)	mengadu	[mɛŋadu]
querer (desejar)	mahu, hendak	[mahu], [hɛndak]
recomendar (vt)	menasihatkan	[mɛnasihatkan]
repetir (dizer outra vez)	mengulang	[mɛŋulaŋ]

repreender (vt)	memarahi	[mɛmarahi]
reservar (~ um quarto)	menempah	[mɛnɛmpah]
responder (vt)	menjawab	[mɛndʒavab]
rezar, orar (vi)	bersembahyang	[bɛrsɛmbahjaŋ]
rir (vi)	ketawa	[kɛtava]

roubar (vt)	mencuri	[mɛntʃuri]
saber (vt)	tahu	[tahu]
sair (~ de casa)	keluar	[kɛluar]
salvar (vt)	menyelamatkan	[mɛnjelamatkan]
seguir ...	mengikuti	[mɛŋikuti]

sentar-se (vr)	duduk	[duduk]
ser (vi)	ialah	[ialah]
ser necessário	diperlukan	[dipɛrlukan]
significar (vt)	bererti	[bɛrɛrti]

sorrir (vi)	senyum	[sɛnjum]
subestimar (vt)	memperkecilkan	[mɛmpɛrkɛtʃilkan]
surpreender-se (vr)	hairan	[hajran]
tentar (vt)	mencuba	[mɛntʃuba]

ter fome	lapar	[lapar]
ter medo	takut	[takut]
ter sede	haus	[haus]

tocar (com as mãos)	menyentuh	[mɛnjentuh]
tomar o pequeno-almoço	makan pagi	[makan pagi]
trabalhar (vi)	bekerja	[bɛkɛrdʒa]
traduzir (vt)	menterjemahkan	[mɛntɛrdʒɛmahkan]
unir (vt)	menyatukan	[mɛnjatukan]

vender (vt)	menjual	[mɛndʒual]
ver (vt)	melihat	[mɛlihat]
virar (ex. ~ à direita)	membelok	[mɛmblok]
voar (vi)	terbang	[tɛrbaŋ]

14. Cores

cor (f)	warna	[varna]
matiz (m)	sisip warna	[sisip varna]
tom (m)	warna	[varna]
arco-íris (m)	pelangi	[pɛlaɲi]
branco	putih	[putih]
preto	hitam	[hitam]
cinzento	abu-abu	[abu abu]
verde	hijau	[hidʒau]
amarelo	kuning	[kuniŋ]
vermelho	merah	[merah]
azul	biru	[biru]
azul claro	biru muda	[biru muda]
rosa	merah jambu	[merah dʒambu]
laranja	oren, jingga	[oren], [dʒiŋga]
violeta	ungu	[uŋu]
castanho	coklat	[tʃoklat]
dourado	emas	[ɛmas]
prateado	keperak-perakan	[kɛperak perakan]
bege	kuning air	[kuniŋ air]
creme	putih kuning	[putih kuniŋ]
turquesa	firus	[firus]
vermelho cereja	merah ceri	[merah tʃeri]
lilás	ungu	[uŋu]
carmesim	merah lembayung	[merah lɛmbajuŋ]
claro	terang	[tɛraŋ]
escuro	gelap	[glap]
vivo	berkilau	[bɛrkilau]
de cor	berwarna	[bɛrvarna]
a cores	berwarna	[bɛrvarna]
preto e branco	hitam-putih	[hitam putih]
unicolor	polos	[polos]
multicor	beraneka warna	[bɛraneka varna]

15. Questões

Quem?	Siapa?	[siapa]
Que?	Apa?	[apa]
Onde?	Di mana?	[di mana]
Para onde?	Ke mana?	[kɛ mana]
De onde?	Dari mana?	[dari mana]
Quando?	Bila?	[bila]
Para quê?	Untuk apa?	[untuk apa]
Porquê?	Mengapa?	[mɛŋapa]
Para quê?	Untuk apa?	[untuk apa]

Como?	Bagaimana?	[bagajmana]
Qual?	Apa? Yang mana?	[apa], [jaŋ mana]
Qual? (entre dois ou mais)	Yang mana?	[jaŋ mana]

A quem?	Kepada siapa?	[kɛpada siapa]
Sobre quem?	Tentang siapa?	[tɛntaŋ siapa]
Do quê?	Tentang apa?	[tɛntaŋ apa]
Com quem?	Dengan siapa?	[dɛŋan siapa]

| Quanto, -os, -as? | Berapa? | [brapa] |
| De quem? | Siapa punya? | [siapa punja] |

16. Preposições

com (prep.)	bersama dengan	[bɛrsama dɛŋan]
sem (prep.)	tanpa	[tanpa]
a, para (exprime lugar)	ke	[kɛ]
sobre (ex. falar ~)	tentang	[tɛntaŋ]
antes de ...	sebelum	[sɛbɛlum]
diante de ...	di depan	[di dɛpan]

sob (debaixo de)	di bawah	[di bavah]
sobre (em cima de)	di atas	[di atas]
sobre (~ a mesa)	di atas	[di atas]
de (vir ~ Lisboa)	dari	[dari]
de (feito ~ pedra)	daripada	[daripada]

| dentro de (~ dez minutos) | selepas | [sɛlɛpas] |
| por cima de ... | melalui | [mɛlalui] |

17. Palavras funcionais. Advérbios. Parte 1

Onde?	Di mana?	[di mana]
aqui	di sini	[di sini]
lá, ali	di situ	[di situ]

| em algum lugar | pada sesuatu tempat | [pada sɛsuatu tɛmpat] |
| em lugar nenhum | tak di mana-mana | [tak di mana mana] |

| ao pé de ... | dekat, kat | [dɛkat], [kat] |
| ao pé da janela | kat tingkap | [kat tiŋkap] |

Para onde?	Ke mana?	[kɛ mana]
para cá	ke sini	[kɛ sini]
para lá	ke situ	[kɛ situ]
daqui	dari sini	[dari sini]
de lá, dali	dari situ	[dari situ]

perto	dekat	[dɛkat]
longe	jauh	[dʒauh]
perto de ...	dekat	[dɛkat]
ao lado de	dekat	[dɛkat]

perto, não fica longe	tidak jauh	[tidak dʒauh]
esquerdo	kiri	[kiri]
à esquerda	di kiri	[di kiri]
para esquerda	ke kiri	[kɛ kiri]

direito	kanan	[kanan]
à direita	di kanan	[di kanan]
para direita	ke kanan	[kɛ kanan]

à frente	di depan	[di dɛpan]
da frente	depan	[dɛpan]
em frente (para a frente)	ke depan	[kɛ dɛpan]

atrás de …	di belakang	[di blakaŋ]
por detrás (vir ~)	dari belakang	[dari blakaŋ]
para trás	mundur	[mundur]

meio (m), metade (f)	tengah	[tɛŋah]
no meio	di tengah	[di tɛŋah]

de lado	dari sisi	[dari sisi]
em todo lugar	di mana-mana	[di mana mana]
ao redor (olhar ~)	di sekitar	[di sɛkitar]

de dentro	dari dalam	[dari dalam]
para algum lugar	entah ke mana	[ɛntah kɛ mana]
diretamente	terus	[trus]
de volta	balik	[balik]

de algum lugar	dari sesuatu tempat	[dari sɛsuatu tɛmpat]
de um lugar	entah dari mana	[ɛntah dari mana]

em primeiro lugar	pertama	[pɛrtama]
em segundo lugar	kedua	[kɛdua]
em terceiro lugar	ketiga	[kɛtiga]

de repente	tiba-tiba	[tiba tiba]
no início	mula-mula	[mula mula]
pela primeira vez	pertama kali	[pɛrtama kali]
muito antes de …	lama sebelum	[lama sɛbɛlum]
de novo, novamente	semula	[sɛmula]
para sempre	untuk selama-lamanya	[untuk sɛlama lamaɲa]

nunca	tidak sekali-kali	[tidak sɛkali kali]
de novo	lagi, semula	[lagi], [sɛmula]
agora	sekarang, kini	[sɛkaraŋ], [kini]
frequentemente	seringkali	[sɛriŋkali]
então	ketika itu	[kɛtika itu]
urgentemente	segera	[sɛgɛra]
usualmente	biasanya	[bijasaɲa]

a propósito, …	oh ya	[o ja]
é possível	mungkin	[muŋkin]
provavelmente	mungkin	[muŋkin]
talvez	mungkin	[muŋkin]
além disso, …	selain itu	[sɛlajn itu]

por isso ...	kerana itu	[krana itu]
apesar de ...	meskipun	[mɛskipun]
graças a ...	berkat	[bɛrkat]

que (pron.)	apa	[apa]
que (conj.)	bahawa	[bahva]
algo	sesuatu	[sɛsuatu]
alguma coisa	sesuatu	[sɛsuatu]
nada	tidak apa-apa	[tidak apa apa]

quem	siapa	[siapa]
alguém (~ teve uma ideia ...)	seseorang	[sɛsɛoraŋ]
alguém	seseorang	[sɛsɛoraŋ]

ninguém	tak seorang pun	[tak sɛoraŋ pun]
para lugar nenhum	tak ke mana pun	[tak ke mana pun]
de ninguém	tak bertuan	[tak bɛrtuan]
de alguém	milik seseorang	[milik sɛsɛoraŋ]

tão	begitu	[bɛgitu]
também (gostaria ~ de ...)	juga	[dʒuga]
também (~ eu)	juga	[dʒuga]

18. Palavras funcionais. Advérbios. Parte 2

Porquê?	Mengapa?	[mɛŋapa]
por alguma razão	entah mengapa	[ɛntah meŋapa]
porque ...	oleh kerana	[oleh krana]
por qualquer razão	entah untuk apa	[ɛntah untuk apa]

e (tu ~ eu)	dan	[dan]
ou (ser ~ não ser)	atau	[atau]
mas (porém)	tetapi	[tɛtapi]
para (~ a minha mãe)	untuk	[untuk]

demasiado, muito	terlalu	[tɛrlalu]
só, somente	hanya	[hanja]
exatamente	tepat	[tɛpat]
cerca de (~ 10 kg)	sekitar	[sɛkitar]

aproximadamente	lebih kurang	[lɛbih kuraŋ]
aproximado	lebih kurang	[lɛbih kuraŋ]
quase	hampir	[hampir]
resto (m)	yang lain	[jaŋ lajn]

o outro (segundo)	kedua	[kɛdua]
outro	lain	[lajn]
cada	setiap	[sɛtiap]
qualquer	sebarang	[sɛbaraŋ]
muito	ramai, banyak	[ramaj], [banjak]
muitas pessoas	ramai orang	[ramaj oraŋ]
todos	semua	[sɛmua]
em troca de ...	sebagai pertukaran untuk	[sɛbagaj pɛrtukaran untuk]
em troca	sebagai tukaran	[sɛbagaj tukaran]

à mão	**dengan tangan**	[dɛŋan taŋan]
pouco provável	**mustahil**	[mustahil]
provavelmente	**mungkin**	[muŋkin]
de propósito	**sengaja**	[sɛŋadʒa]
por acidente	**tidak sengaja**	[tidak sɛŋadʒa]
muito	**sangat**	[saŋat]
por exemplo	**misalnya**	[misalnja]
entre	**antara**	[antara]
entre (no meio de)	**di antara**	[di antara]
tanto	**seberapa ini**	[sɛbrapa ini]
especialmente	**terutama**	[tɛrutama]

Conceitos básicos. Parte 2

19. Opostos

rico	**kaya**	[kaja]
pobre	**miskin**	[miskin]
doente	**sakit**	[sakit]
são	**sihat**	[sihat]
grande	**besar**	[bɛsar]
pequeno	**kecil**	[kɛʧil]
rapidamente	**cepat**	[ʧɛpat]
lentamente	**perlahan-lahan**	[pɛrlahan lahan]
rápido	**cepat**	[ʧɛpat]
lento	**perlahan**	[perlahan]
alegre	**riang, gembira**	[riaŋ], [gɛmbira]
triste	**sedih**	[sɛdih]
juntos	**bersama**	[bɛrsama]
separadamente	**secara berasingan**	[sɛʧara bɛrasiŋan]
em voz alta (ler ~)	**dengan suara kuat**	[dɛŋan suara kuat]
para si (em silêncio)	**senyap**	[sɛnjap]
alto	**tinggi**	[tiŋgi]
baixo	**rendah**	[rɛndah]
profundo	**dalam**	[dalam]
pouco fundo	**dangkal**	[daŋkal]
sim	**ya**	[ja]
não	**tidak, bukan**	[tidak], [bukan]
distante (no espaço)	**jauh**	[ʤauh]
próximo	**dekat**	[dɛkat]
longe	**jauh**	[ʤauh]
perto	**dekat**	[dɛkat]
longo	**panjang**	[panʤaŋ]
curto	**pendek**	[pendek]
bom, bondoso	**baik hati**	[baik hati]
mau	**jahat**	[ʤahat]
casado	**berkahwin, beristeri**	[bɛrkahvin], [bɛristri]

solteiro	bujang	[budʒaŋ]

proibir (vt)	melarang	[mɛlaraŋ]
permitir (vt)	mengizinkan	[mɛŋiziŋkan]

fim (m)	akhir	[aχir]
começo (m)	permulaan	[pɛrmulaan]

esquerdo	kiri	[kiri]
direito	kanan	[kanan]

primeiro	pertama	[pɛrtama]
último	terakhir	[tɛraχir]

crime (m)	jenayah	[dʒɛnajah]
castigo (m)	hukuman	[hukuman]

ordenar (vt)	memerintah	[mɛmɛrintah]
obedecer (vt)	mematuhi	[mɛmatuhi]

reto	lurus	[lurus]
curvo	lengkung	[lɛŋkuŋ]

paraíso (m)	syurga	[ɕurga]
inferno (m)	neraka	[nɛraka]

nascer (vi)	dilahirkan	[dilahirkan]
morrer (vi)	mati, meninggal	[mati], [mɛniŋgal]

forte	kuat	[kuat]
fraco, débil	lemah	[lɛmah]

idoso	tua	[tua]
jovem	muda	[muda]

velho	tua	[tua]
novo	baru	[baru]

duro	keras	[kras]
mole	empuk	[ɛmpuk]

tépido	hangat	[haŋat]
frio	sejuk	[sɛdʒuk]

gordo	gemuk	[gɛmuk]
magro	kurus	[kurus]

estreito	sempit	[sɛmpit]
largo	lebar	[lebar]

bom	baik	[baik]
mau	buruk	[buruk]

valente	berani	[brani]
cobarde	penakut	[pɛnakut]

20. Dias da semana

segunda-feira (f)	Hari Isnin	[hari isnin]
terça-feira (f)	Hari Selasa	[hari sɛlasa]
quarta-feira (f)	Hari Rabu	[hari rabu]
quinta-feira (f)	Hari Khamis	[hari kamis]
sexta-feira (f)	Hari Jumaat	[hari dʒumaat]
sábado (m)	Hari Sabtu	[hari sabtu]
domingo (m)	Hari Ahad	[hari ahad]
hoje	hari ini	[hari ini]
amanhã	besok	[besok]
depois de amanhã	besok lusa	[besok lusa]
ontem	semalam	[sɛmalam]
anteontem	kelmarin	[kɛlmarin]
dia (m)	hari	[hari]
dia (m) de trabalho	hari kerja	[hari kɛrdʒa]
feriado (m)	cuti umum	[tʃuti umum]
dia (m) de folga	hari kelepasan	[hari kɛlɛpasan]
fim (m) de semana	hujung minggu	[hudʒuŋ miŋgu]
o dia todo	seluruh hari	[sɛluruh hari]
no dia seguinte	pada hari berikutnya	[pada hari bɛrikutnja]
há dois dias	dua hari lepas	[dua hari lɛpas]
na véspera	menjelang	[mɛndʒɛlaŋ]
diário	harian	[harian]
todos os dias	setiap hari	[sɛtiap hari]
semana (f)	minggu	[miŋgu]
na semana passada	pada minggu lepas	[pada miŋgu lɛpas]
na próxima semana	pada minggu berikutnya	[pada miŋgu bɛrikutnja]
semanal	mingguan	[miŋguan]
cada semana	setiap minggu	[sɛtiap miŋgu]
duas vezes por semana	dua kali seminggu	[dua kali sɛmiŋgu]
cada terça-feira	setiap Hari Selasa	[sɛtiap hari sɛlasa]

21. Horas. Dia e noite

manhã (f)	pagi	[pagi]
de manhã	pagi hari	[pagi hari]
meio-dia (m)	tengah hari	[tɛŋah hari]
à tarde	petang hari	[pɛtaŋ hari]
noite (f)	petang, malam	[pɛtaŋ], [malam]
à noite (noitinha)	pada waktu petang	[pada vaktu pɛtaŋ]
noite (f)	malam	[malam]
à noite	pada malam	[pada malam]
meia-noite (f)	tengah malam	[tɛŋah malam]
segundo (m)	saat	[saat]
minuto (m)	minit	[minit]
hora (f)	jam	[dʒam]

meia hora (f)	separuh jam	[sɛparuh ʤam]
quarto (m) de hora	suku jam	[suku ʤam]
quinze minutos	lima belas minit	[lima blas minit]
vinte e quatro horas	siang malam	[siaŋ malam]

nascer (m) do sol	matahari terbit	[matahari tɛrbit]
amanhecer (m)	subuh	[subuh]
madrugada (f)	awal pagi	[aval pagi]
pôr do sol (m)	matahari terbenam	[matahari tɛrbɛnam]

de madrugada	pagi-pagi	[pagi pagi]
hoje de manhã	pagi ini	[pagi ini]
amanhã de manhã	besok pagi	[bɛsok pagi]

hoje à tarde	petang ini	[pɛtaŋ ini]
à tarde	petang hari	[pɛtaŋ hari]
amanhã à tarde	besok petang	[besok pɛtaŋ]

hoje à noite	petang ini	[pɛtaŋ ini]
amanhã à noite	besok malam	[besok malam]

às três horas em ponto	pukul 3 tepat	[pukul tiga tɛpat]
por volta das quatro	sekitar pukul 4	[sɛkitar pukul ɛmpat]
às doze	sampai pukul 12	[sampaj pukul dua blas]

dentro de vinte minutos	selepas 20 minit	[sɛlɛpas dua puluh minit]
dentro duma hora	selepas satu jam	[sɛlɛpas satu ʤam]
a tempo	tepat pada masanya	[tɛpat pada masanja]

menos um quarto	kurang suku	[kuraŋ suku]
durante uma hora	selama sejam	[sɛlama sɛʤam]
a cada quinze minutos	setiap 15 minit	[sɛtiap lima blas minit]
as vinte e quatro horas	siang malam	[siaŋ malam]

22. Meses. Estações

janeiro (m)	Januari	[ʤanuari]
fevereiro (m)	Februari	[februari]
março (m)	Mac	[matʃ]
abril (m)	April	[april]
maio (m)	Mei	[mej]
junho (m)	Jun	[ʤun]

julho (m)	Julai	[ʤulaj]
agosto (m)	Ogos	[ogos]
setembro (m)	September	[septembɛr]
outubro (m)	Oktober	[oktobɛr]
novembro (m)	November	[novembɛr]
dezembro (m)	Disember	[disembɛr]

primavera (f)	musim bunga	[musim buŋa]
na primavera	pada musim bunga	[pada musim buŋa]
primaveril	musim bunga	[musim buŋa]
verão (m)	musim panas	[musim panas]

no verão	**pada musim panas**	[pada musim panas]
de verão	**musim panas**	[musim panas]
outono (m)	**musim gugur**	[musim gugur]
no outono	**pada musim gugur**	[pada musim gugur]
outonal	**musim gugur**	[musim gugur]
inverno (m)	**musim sejuk**	[musim sɛdʒuk]
no inverno	**pada musim sejuk**	[pada musim sɛdʒuk]
de inverno	**musim sejuk**	[musim sɛdʒuk]
mês (m)	**bulan**	[bulan]
este mês	**pada bulan ini**	[pada bulan ini]
no próximo mês	**pada bulan berikutnya**	[pada bulan bɛrikutnja]
no mês passado	**pada bulan yang lepas**	[pada bulan jaŋ lɛpas]
há um mês	**sebulan lepas**	[sɛbulan lɛpas]
dentro de um mês	**selepas satu bulan**	[sɛlɛpas satu bulan]
dentro de dois meses	**selepas 2 bulan**	[sɛlɛpas dua bulan]
todo o mês	**seluruh bulan**	[sɛluruh bulan]
um mês inteiro	**seluruh bulan**	[sɛluruh bulan]
mensal	**bulanan**	[bulanan]
mensalmente	**setiap bulan**	[sɛtiap bulan]
cada mês	**setiap bulan**	[sɛtiap bulan]
duas vezes por mês	**dua kali sebulan**	[dua kali sɛbulan]
ano (m)	**tahun**	[tahun]
este ano	**pada tahun ini**	[pada tahun ini]
no próximo ano	**pada tahun berikutnya**	[pada tahun bɛrikutnja]
no ano passado	**pada tahun yang lepas**	[pada tahun jaŋ lɛpas]
há um ano	**setahun lepas**	[setahun lɛpas]
dentro dum ano	**selepas satu tahun**	[sɛlɛpas satu tahun]
dentro de 2 anos	**selepas 2 tahun**	[sɛlɛpas dua tahun]
todo o ano	**seluruh tahun**	[sɛluruh tahun]
um ano inteiro	**seluruh tahun**	[sɛluruh tahun]
cada ano	**setiap tahun**	[sɛtiap tahun]
anual	**tahunan**	[tahunan]
anualmente	**setiap tahun**	[sɛtiap tahun]
quatro vezes por ano	**empat kali setahun**	[ɛmpat kali sɛtahun]
data (~ de hoje)	**tarikh**	[tarih]
data (ex. ~ de nascimento)	**tarikh**	[tarih]
calendário (m)	**takwim**	[takvim]
meio ano	**separuh tahun**	[sɛparuh tahun]
seis meses	**separuh tahun**	[sɛparuh tahun]
estação (f)	**musim**	[musim]
século (m)	**abad**	[abad]

23. Tempo. Diversos

tempo (m)	**masa**	[masa]
momento (m)	**saat**	[saat]

instante (m)	saat	[saat]
instantâneo	serta-merta	[sɛrta mɛrta]
lapso (m) de tempo	jangka masa	[dʒaŋka masa]
vida (f)	kehidupan	[kɛhidupan]
eternidade (f)	keabadiaan	[kɛabadiaan]

época (f)	zaman	[zaman]
era (f)	era	[era]
ciclo (m)	kitaran	[kitaran]
período (m)	masa	[masa]
prazo (m)	jangka masa	[dʒaŋka masa]

futuro (m)	masa depan	[masa dɛpan]
futuro	yang akan datang	[jaŋ akan dataŋ]
da próxima vez	pada kali berikutnya	[pada kali bɛrikutnja]
passado (m)	masa silam	[masa silam]
passado	lepas	[lɛpas]
na vez passada	pada kali yang lepas	[pada kali jaŋ lɛpas]
mais tarde	lebih kemudian	[lɛbih kɛmudian]
depois	selepas	[sɛlɛpas]
atualmente	kini	[kini]
agora	sekarang	[sɛkaraŋ]
imediatamente	segera	[sɛgɛra]
em breve, brevemente	segera	[sɛgɛra]
de antemão	sebelumnya	[sɛbɛlumnja]

há muito tempo	lama dahulu	[lama dahulu]
há pouco tempo	baru-baru ini	[baru baru ini]
destino (m)	nasib	[nasib]
recordações (f pl)	kenang-kenangan	[kɛnaŋ kɛnaŋan]
arquivo (m)	arkib	[arkib]
durante ...	selama	[sɛlama]
durante muito tempo	lama	[lama]
pouco tempo	tidak lama	[tidak lama]
cedo (levantar-se ~)	pagi-pagi	[pagi pagi]
tarde (deitar-se ~)	lambat	[lambat]

para sempre	untuk selama-lamanya	[untuk sɛlama lamanja]
começar (vt)	memulakan	[mɛmulakan]
adiar (vt)	menunda	[mɛnunda]

simultaneamente	serentak	[sɛrɛntak]
permanentemente	tetap	[tɛtap]
constante (ruído, etc.)	terus menerus	[tɛrus mɛnɛrus]
temporário	sementara	[sɛmɛntara]

às vezes	kadang-kadang	[kadaŋ kadaŋ]
raramente	jarang	[dʒaraŋ]
frequentemente	seringkali	[sɛriŋkali]

24. Linhas e formas

quadrado (m)	segi empat sama	[sɛgi ɛmpat sama]
quadrado	bersegi	[bɛrsɛgi]

círculo (m)	bulatan	[bulatan]
redondo	bulat	[bulat]
triângulo (m)	segi tiga	[sɛgi tiga]
triangular	segi tiga	[sɛgi tiga]

oval (f)	bujur	[budʒur]
oval	bujur	[budʒur]
retângulo (m)	segi empat tepat	[sɛgi ɛmpat tɛpat]
retangular	segi empat tepat	[sɛgi ɛmpat tɛpat]

pirâmide (f)	piramid	[piramid]
rombo, losango (m)	rombus	[rombus]
trapézio (m)	trapezium	[trapezium]
cubo (m)	kiub	[kiub]
prisma (m)	prisma	[prisma]

circunferência (f)	lilitan	[lilitan]
esfera (f)	sfera	[sfera]
globo (m)	bola	[bola]
diâmetro (m)	diameter	[diametɛr]
raio (m)	jejari	[dʒɛdʒari]
perímetro (m)	perimeter	[perimetɛr]
centro (m)	pusat	[pusat]

horizontal	mendatar	[mɛndatar]
vertical	tegak	[tɛgak]
paralela (f)	garis selari	[garis sɛlari]
paralelo	selari	[sɛlari]

linha (f)	garis	[garis]
traço (m)	garis	[garis]
reta (f)	garis lurus	[garis lurus]
curva (f)	garis lengkung	[garis lɛŋkuŋ]
fino (linha ~a)	nipis	[nipis]
contorno (m)	kontur	[kontur]

interseção (f)	persilangan	[pɛrsilaŋan]
ângulo (m) reto	sudut tepat	[sudut tɛpat]
segmento (m)	segmen	[segmɛn]
setor (m)	sektor	[sektor]
lado (de um triângulo, etc.)	segi	[sɛgi]
ângulo (m)	sudut, penjuru	[sudut], [pɛndʒuru]

25. Unidades de medida

peso (m)	berat	[brat]
comprimento (m)	panjang	[pandʒaŋ]
largura (f)	kelebaran	[kɛlebaran]
altura (f)	ketinggian	[kɛtiŋgian]
profundidade (f)	kedalaman	[kɛdalaman]
volume (m)	isi padu	[isi padu]
área (f)	luas	[luas]
grama (m)	gram	[gram]
miligrama (m)	miligram	[miligram]

quilograma (m)	kilogram	[kilogram]
tonelada (f)	tan	[tan]
libra (453,6 gramas)	paun	[paun]
onça (f)	auns	[auns]

metro (m)	meter	[metɛr]
milímetro (m)	milimeter	[milimetɛr]
centímetro (m)	sentimeter	[sentimetɛr]
quilómetro (m)	kilometer	[kilometɛr]
milha (f)	batu	[batu]

polegada (f)	inci	[intʃi]
pé (304,74 mm)	kaki	[kaki]
jarda (914,383 mm)	ela	[ela]

| metro (m) quadrado | meter persegi | [metɛr pɛrsɛgi] |
| hectare (m) | hektar | [hektar] |

litro (m)	liter	[litɛr]
grau (m)	darjah	[dardʒah]
volt (m)	volt	[volt]
ampere (m)	ampere	[amperɛ]
cavalo-vapor (m)	kuasa kuda	[kuasa kuda]

quantidade (f)	kuantiti	[kuantiti]
um pouco de ...	sedikit	[sɛdikit]
metade (f)	setengah	[sɛtɛŋah]
dúzia (f)	dozen	[dozen]
peça (f)	buah	[buah]

| dimensão (f) | saiz, ukuran | [sajz], [ukuran] |
| escala (f) | skala | [skala] |

mínimo	minimum	[minimum]
menor, mais pequeno	terkecil	[tɛrkɛtʃil]
médio	sederhana	[sɛdɛrhana]
máximo	maksimum	[maksimum]
maior, mais grande	terbesar	[tɛrbɛsar]

26. Recipientes

boião (m) de vidro	balang	[balaŋ]
lata (~ de cerveja)	tin	[tin]
balde (m)	baldi	[baldi]
barril (m)	tong	[toŋ]

bacia (~ de plástico)	besen	[besen]
tanque (m)	tangki	[taŋki]
cantil (m) de bolso	kelalang, flask	[kɛlalaŋ], [flask]
bidão (m) de gasolina	tin	[tin]
cisterna (f)	tangki	[taŋki]

| caneca (f) | koleh | [koleh] |
| chávena (f) | cawan | [tʃavan] |

pires (m)	alas cawan	[alas ʧavan]
copo (m)	gelas	[glas]
taça (f) de vinho	gelas	[glas]
panela, caçarola (f)	periuk	[priuk]

| garrafa (f) | botol | [botol] |
| gargalo (m) | leher | [leher] |

jarro, garrafa (f)	serahi	[sɛrahi]
jarro (m) de barro	kendi	[kɛndi]
recipiente (m)	bekas	[bɛkas]
pote (m)	belanga	[bɛlaŋa]
vaso (m)	vas	[vas]

frasco (~ de perfume)	botol	[botol]
frasquinho (ex. ~ de iodo)	buli-buli	[buli buli]
tubo (~ de pasta dentífrica)	tiub	[tiub]

saca (ex. ~ de açúcar)	karung	[karuŋ]
saco (~ de plástico)	peket	[peket]
maço (m)	kotak	[kotak]

caixa (~ de sapatos, etc.)	kotak, peti	[kotak], [pɛti]
caixa (~ de madeira)	kotak	[kotak]
cesta (f)	bakul	[bakul]

27. Materiais

material (m)	bahan	[bahan]
madeira (f)	kayu	[kaju]
de madeira	kayu	[kaju]

| vidro (m) | kaca | [kaʧa] |
| de vidro | berkaca | [bɛrkaʧa] |

| pedra (f) | batu | [batu] |
| de pedra | batu | [batu] |

| plástico (m) | plastik | [plastik] |
| de plástico | plastik | [plastik] |

| borracha (f) | getah | [gɛtah] |
| de borracha | getah | [gɛtah] |

| tecido, pano (m) | kain | [kain] |
| de tecido | daripada kain | [daripada kain] |

| papel (m) | kertas | [kɛrtas] |
| de papel | kertas | [kɛrtas] |

cartão (m)	kadbod	[kadbod]
de cartão	kadbod	[kadbod]
polietileno (m)	politena	[politena]
celofane (m)	selofan	[selofan]

| linóleo (m) | linoleum | [linoleum] |
| contraplacado (m) | papan lapis | [papan lapis] |

porcelana (f)	porselin	[porsɛlin]
de porcelana	porselin	[porsɛlin]
barro (f)	tanah liat	[tanah liat]
de barro	tembikar	[tɛmbikar]
cerâmica (f)	seramik	[seramik]
de cerâmica	seramik	[seramik]

28. Metais

metal (m)	logam	[logam]
metálico	logam	[logam]
liga (f)	logam campuran	[logam tʃampuran]

ouro (m)	emas	[ɛmas]
de ouro	emas	[ɛmas]
prata (f)	perak	[perak]
de prata	perak	[perak]

ferro (m)	besi	[bɛsi]
de ferro	besi	[bɛsi]
aço (m)	keluli	[kɛluli]
de aço	keluli	[kɛluli]
cobre (m)	tembaga	[tɛmbaga]
de cobre	tembaga	[tɛmbaga]

alumínio (m)	aluminium	[aluminium]
de alumínio	aluminium	[aluminium]
bronze (m)	gangsa	[gaŋsa]
de bronze	gangsa	[gaŋsa]

latão (m)	loyang	[lojaŋ]
níquel (m)	nikel	[nikɛl]
platina (f)	platinum	[platinum]
mercúrio (m)	air raksa	[air raksa]
estanho (m)	timah	[timah]
chumbo (m)	timah hitam	[timah hitam]
zinco (m)	zink	[ziŋk]

O SER HUMANO

O ser humano. O corpo

29. Humanos. Conceitos básicos

ser (m) humano	orang, manusia	[oraŋ], [manusia]
homem (m)	lelaki	[lɛlaki]
mulher (f)	perempuan	[pɛrɛmpuan]
criança (f)	anak	[anak]
menina (f)	gadis kecil	[gadis kɛʧil]
menino (m)	budak lelaki	[budak lɛlaki]
adolescente (m)	remaja	[rɛmaʤa]
velho (m)	lelaki tua	[lɛlaki tua]
velha, anciã (f)	perempuan tua	[pɛrɛmpuan tua]

30. Anatomia humana

organismo (m)	organisma	[organisma]
coração (m)	jantung	[ʤantuŋ]
sangue (m)	darah	[darah]
artéria (f)	arteri	[artɛri]
veia (f)	vena	[vena]
cérebro (m)	otak	[otak]
nervo (m)	saraf	[saraf]
nervos (m pl)	urat saraf	[urat saraf]
vértebra (f)	ruas tulang belakang	[ruas tulaŋ blakaŋ]
coluna (f) vertebral	tulang belakang	[tulaŋ blakaŋ]
estômago (m)	gaster	[gastɛr]
intestinos (m pl)	intestin	[intestin]
intestino (m)	usus	[usus]
fígado (m)	hati	[hati]
rim (m)	buah pinggang	[buah piŋgaŋ]
osso (m)	tulang	[tulaŋ]
esqueleto (m)	kerangka tulang	[kraŋka tulaŋ]
costela (f)	tulang rusuk	[tulaŋ rusuk]
crânio (m)	tengkorak	[tɛŋkorak]
músculo (m)	otot	[otot]
bíceps (m)	otot biseps	[otot biseps]
tríceps (m)	triseps	[triseps]
tendão (m)	tendon	[tɛndon]
articulação (f)	sendi	[sɛndi]

pulmões (m pl)	paru-paru	[paru paru]
órgãos (m pl) genitais	kemaluan	[kɛmaluan]
pele (f)	kulit	[kulit]

31. Cabeça

cabeça (f)	kepala	[kɛpala]
cara (f)	muka	[muka]
nariz (m)	hidung	[hiduŋ]
boca (f)	mulut	[mulut]

olho (m)	mata	[mata]
olhos (m pl)	mata	[mata]
pupila (f)	anak mata	[anak mata]
sobrancelha (f)	kening	[kɛniŋ]
pestana (f)	bulu mata	[bulu mata]
pálpebra (f)	kekopak mata	[kɛkopak mata]

língua (f)	lidah	[lidah]
dente (m)	gigi	[gigi]
lábios (m pl)	bibir	[bibir]
maçãs (f pl) do rosto	tulang pipi	[tulaŋ pipi]
gengiva (f)	gusi	[gusi]
palato (m)	lelangit	[lɛlaŋit]

narinas (f pl)	lubang hidung	[lubaŋ hiduŋ]
queixo (m)	dagu	[dagu]
mandíbula (f)	rahang	[rahaŋ]
bochecha (f)	pipi	[pipi]

testa (f)	dahi	[dahi]
têmpora (f)	pelipis	[pɛlipis]
orelha (f)	telinga	[tɛliŋa]
nuca (f)	tengkuk	[tɛŋkuk]
pescoço (m)	leher	[leher]
garganta (f)	kerongkong	[kɛroŋkoŋ]

cabelos (m pl)	rambut	[rambut]
penteado (m)	potongan rambut	[potoŋan rambut]
corte (m) de cabelo	potongan rambut	[potoŋan rambut]
peruca (f)	rambut palsu, wig	[rambut palsu], [vig]

bigode (m)	misai	[misaj]
barba (f)	janggut	[dʒaŋgut]
usar, ter (~ barba, etc.)	memelihara	[mɛmɛlihara]
trança (f)	tocang	[totʃaŋ]
suíças (f pl)	jambang	[dʒambaŋ]

ruivo	berambut merah perang	[bɛrambut mɛrah peraŋ]
grisalho	berambut	[bɛruban]
calvo	botak	[botak]
calva (f)	botak	[botak]
rabo-de-cavalo (m)	ikat ekor kuda	[ikat ekor kuda]
franja (f)	jambul	[dʒambul]

32. Corpo humano

| mão (f) | tangan | [taŋan] |
| braço (m) | lengan | [lɛŋan] |

dedo (m)	jari	[dʒari]
dedo (m) do pé	jari	[dʒari]
polegar (m)	ibu jari	[ibu dʒari]
dedo (m) mindinho	jari kelengkeng	[dʒari kɛleŋkŋ]
unha (f)	kuku	[kuku]

punho (m)	penumbuk	[pɛnumbuk]
palma (f) da mão	telapak	[tɛlapak]
pulso (m)	pergelangan	[pɛrgɛlaŋan]
antebraço (m)	lengan bawah	[lɛŋan bavah]
cotovelo (m)	siku	[siku]
ombro (m)	bahu	[bahu]

perna (f)	kaki	[kaki]
pé (m)	telapak kaki	[telapak kaki]
joelho (m)	lutut	[lutut]
barriga (f) da perna	betis	[bɛtis]
anca (f)	paha	[paha]
calcanhar (m)	tumit	[tumit]

corpo (m)	badan	[badan]
barriga (f)	perut	[prut]
peito (m)	dada	[dada]
seio (m)	tetek	[tetek]
lado (m)	rusuk	[rusuk]
costas (f pl)	belakang	[blakaŋ]
região (f) lombar	pinggul	[piŋgul]
cintura (f)	pinggang	[piŋgaŋ]

umbigo (m)	pusat	[pusat]
nádegas (f pl)	punggung	[puŋguŋ]
traseiro (m)	punggung	[puŋguŋ]

sinal (m)	tahi lalat manis	[tahi lalat manis]
sinal (m) de nascença	tanda kelahiran	[tanda kɛlahiran]
tatuagem (f)	tatu	[tatu]
cicatriz (f)	bekas luka	[bɛkas luka]

Vestuário & Acessórios

33. Roupa exterior. Casacos

roupa (f)	pakaian	[pakajan]
roupa (f) exterior	pakaian luar	[pakajan luar]
roupa (f) de inverno	pakaian musim sejuk	[pakajan musim sɛdʒuk]
sobretudo (m)	kot luaran	[kot luaran]
casaco (m) de peles	kot bulu	[kot bulu]
casaco curto (m) de peles	jaket berbulu	[dʒaket berbulu]
casaco (m) acolchoado	kot bulu pelepah	[kot bulu pɛlɛpah]
casaco, blusão (m)	jaket	[dʒaket]
impermeável (m)	baju hujan	[badʒu hudʒan]
impermeável	kalis air	[kalis air]

34. Vestuário de homem & mulher

camisa (f)	baju	[badʒu]
calças (f pl)	seluar	[sɛluar]
calças (f pl) de ganga	seluar jean	[sɛluar dʒin]
casaco (m) de fato	jaket	[dʒaket]
fato (m)	suit	[suit]
vestido (ex. ~ vermelho)	gaun	[gaun]
saia (f)	skirt	[skirt]
blusa (f)	blaus	[blaus]
casaco (m) de malha	jaket kait	[dʒaket kait]
casaco, blazer (m)	jaket	[dʒaket]
T-shirt, camiseta (f)	baju kaus	[badʒu kaus]
calções (Bermudas, etc.)	seluar pendek	[sɛluar pendek]
fato (m) de treino	pakaian sukan	[pakajan sukan]
roupão (m) de banho	jubah mandi	[dʒubah mandi]
pijama (m)	pijama	[pidʒama]
suéter (m)	sweater	[svetɛr]
pulôver (m)	pullover	[pullovɛr]
colete (m)	rompi	[rompi]
fraque (m)	kot bajang	[kot badʒaŋ]
smoking (m)	toksedo	[toksedo]
uniforme (m)	pakaian seragam	[pakajan sɛragam]
roupa (f) de trabalho	pakaian kerja	[pakajan kɛrdʒa]
fato-macaco (m)	baju monyet	[badʒu monjet]
bata (~ branca, etc.)	baju	[badʒu]

35. Vestuário. Roupa interior

roupa (f) interior	pakaian dalam	[pakajan dalam]
cuecas boxer (f pl)	seluar dalam lelaki	[sɛluar dalam lɛlaki]
cuecas (f pl)	seluar dalam perempuan	[sɛluar dalam pɛrɛmpuan]
camisola (f) interior	singlet	[siŋlet]
peúgas (f pl)	sok	[sok]
camisa (f) de noite	baju tidur	[badʒu tidur]
sutiã (m)	kutang	[kutaŋ]
meias longas (f pl)	stoking sampai lutut	[stokiŋ sampaj lutut]
meia-calça (f)	sarung kaki	[saruŋ kaki]
meias (f pl)	stoking	[stokiŋ]
fato (m) de banho	pakaian renang	[pakajan rɛnaŋ]

36. Adereços de cabeça

chapéu (m)	topi	[topi]
chapéu (m) de feltro	topi bulat	[topi bulat]
boné (m) de beisebol	topi besbol	[topi besbol]
boné (m)	kep	[kep]
boina (f)	beret	[beret]
capuz (m)	hud	[hud]
panamá (m)	topi panama	[topi panama]
gorro (m) de malha	topi kait	[topi kait]
lenço (m)	tudung	[tuduŋ]
chapéu (m) de mulher	topi perempuan	[topi pɛrɛmpuan]
capacete (m) de proteção	topi besi	[topi bɛsi]
bibico (m)	topi lipat	[topi lipat]
capacete (m)	helmet	[helmet]
chapéu-coco (m)	topi bulat	[topi bulat]
chapéu (m) alto	topi pesulap	[topi pɛsulap]

37. Calçado

calçado (m)	kasut	[kasut]
botinas (f pl)	but	[but]
sapatos (de salto alto, etc.)	kasut wanita	[kasut vanita]
botas (f pl)	kasut lars	[kasut lars]
pantufas (f pl)	selipar	[slipar]
ténis (m pl)	kasut tenis	[kasut tenis]
sapatilhas (f pl)	kasut kets	[kasut kets]
sandálias (f pl)	sandal	[sandal]
sapateiro (m)	tukang kasut	[tukaŋ kasut]
salto (m)	tumit	[tumit]

par (m)	sepasang	[sɛpasaŋ]
atacador (m)	tali kasut	[tali kasut]
apertar os atacadores	mengikat tali	[meŋikat tali]
calçadeira (f)	sudu kasut	[sudu kasut]
graxa (f) para calçado	belaking	[bɛlakiŋ]

38. Têxtil. Tecidos

algodão (m)	kapas	[kapas]
de algodão	daripada kapas	[daripada kapas]
linho (m)	linen	[linen]
de linho	daripada linen	[daripada linen]

seda (f)	sutera	[sutra]
de seda	sutera	[sutra]
lã (f)	kain bulu biri	[kain bulu biri]
de lã	bulu biri	[bulu biri]

veludo (m)	baldu	[baldu]
camurça (f)	belulang suede	[bɛlulaŋ suedɛ]
bombazina (f)	kain korduroi	[kain korduroj]

náilon (m)	nilon	[nilon]
de náilon	daripada nilon	[daripada nilon]
poliéster (m)	poliester	[poliestɛr]
de poliéster	poliester	[poliestɛr]

couro (m)	kulit	[kulit]
de couro	daripada kulit	[daripada kulit]
pele (f)	bulu	[bulu]
de peles, de pele	berbulu	[bɛrbulu]

39. Acessórios pessoais

luvas (f pl)	sarung tangan	[saruŋ taŋan]
mitenes (f pl)	miten	[mitɛn]
cachecol (m)	selendang	[sɛlendaŋ]

óculos (m pl)	kaca mata	[katʃa mata]
armação (f) de óculos	bingkai, rim	[biŋkaj], [rim]
guarda-chuva (m)	payung	[pajuŋ]
bengala (f)	tongkat	[toŋkat]
escova (f) para o cabelo	berus rambut	[brus rambut]
leque (m)	kipas	[kipas]

gravata (f)	tai	[taj]
gravata-borboleta (f)	tali leher kupu-kupu	[tali leher kupu kupu]
suspensórios (m pl)	tali bawat	[tali bavat]
lenço (m)	sapu tangan	[sapu taŋan]

| pente (m) | sikat | [sikat] |
| travessão (m) | cucuk rambut | [tʃutʃuk rambut] |

| gancho (m) de cabelo | pin rambut | [pin rambut] |
| fivela (f) | gancu | [gantʃu] |

| cinto (m) | ikat pinggang | [ikat piŋgaŋ] |
| correia (f) | tali beg | [tali beg] |

mala (f)	beg	[beg]
mala (f) de senhora	beg tangan	[beg taŋan]
mochila (f)	beg galas	[beg galas]

40. Vestuário. Diversos

moda (f)	fesyen	[feʃɛn]
na moda	berfesyen	[bɛrfeʃɛn]
estilista (m)	pereka fesyen	[pɛreka feʃɛn]

colarinho (m), gola (f)	kerah	[krah]
bolso (m)	saku	[saku]
de bolso	saku	[saku]
manga (f)	lengan	[lɛŋan]
alcinha (f)	gelung sangkut	[gɛluŋ saŋkut]
braguilha (f)	golbi	[golbi]

fecho (m) de correr	zip	[zip]
fecho (m), colchete (m)	kancing	[kantʃiŋ]
botão (m)	butang	[butaŋ]
casa (f) de botão	lubang butang	[lubaŋ butaŋ]
soltar-se (vr)	terlepas	[tɛrlɛpas]

coser, costurar (vi)	menjahit	[mɛndʒahit]
bordar (vt)	menyulam	[mɛnjulam]
bordado (m)	sulaman	[sulaman]
agulha (f)	jarum	[dʒarum]
fio (m)	benang	[bɛnaŋ]
costura (f)	jahitan	[dʒahitan]

sujar-se (vr)	menjadi kotor	[mɛndʒadi kotor]
mancha (f)	tompok	[tompok]
engelhar-se (vr)	renyuk	[rɛnjuk]
rasgar (vt)	merobek	[mɛrobek]
traça (f)	gegat	[gɛgat]

41. Cuidados pessoais. Cosméticos

pasta (f) de dentes	ubat gigi	[ubat gigi]
escova (f) de dentes	berus gigi	[bɛrus gigi]
escovar os dentes	memberus gigi	[mɛmbɛrus gigi]

máquina (f) de barbear	pisau cukur	[pisau tʃukur]
creme (m) de barbear	krim cukur	[krim tʃukur]
barbear-se (vr)	bercukur	[bɛrtʃukur]
sabonete (m)	sabun	[sabun]

champô (m)	syampu	[ʃampu]
tesoura (f)	gunting	[guntiŋ]
lima (f) de unhas	kikir kuku	[kikir kuku]
corta-unhas (m)	pemotong kuku	[pɛmotoŋ kuku]
pinça (f)	penyepit kecil	[pɛnjepit kɛtʃil]

cosméticos (m pl)	alat solek	[alat solek]
máscara (f) facial	masker	[maskɛr]
manicura (f)	manicure	[mɛnikjur]
fazer a manicura	melakukan perawatan kuku tangan	[mɛlakukan pɛravatan kuku taŋan]
pedicure (f)	pedicure	[pɛdikjur]

mala (f) de maquilhagem	beg mekap	[beg mekap]
pó (m)	bedak	[bɛdak]
caixa (f) de pó	kotak bedak	[kotak bɛdak]
blush (m)	pemerah pipi	[pɛmerah pipi]

perfume (m)	minyak wangi	[minjak vaŋi]
água (f) de toilette	air wangi	[air vaŋi]
loção (f)	losen	[losen]
água-de-colónia (f)	air kolong	[air koloŋ]

sombra (f) de olhos	pembayang mata	[pɛmbajaŋ mata]
lápis (m) delineador	pensel kening	[pensel kɛniŋ]
máscara (f), rímel (m)	maskara	[maskara]

batom (m)	gincu bibir	[gintʃu bibir]
verniz (m) de unhas	pengilat kuku	[peŋilat kuku]
laca (f) para cabelos	penyembur rambut	[pɛnjembur rambut]
desodorizante (m)	deodoran	[deodoran]

creme (m)	krim	[krim]
creme (m) de rosto	krim muka	[krim muka]
creme (m) de mãos	krim tangan	[krim taŋan]
creme (m) antirrugas	krim antikerut	[krim antikɛrut]
creme (m) de dia	krim siang	[krim siaŋ]
creme (m) de noite	krim malam	[krim malam]
de dia	siang	[siaŋ]
da noite	malam	[malam]

tampão (m)	tampon	[tampon]
papel (m) higiénico	kertas tandas	[kɛrtas tandas]
secador (m) elétrico	pengering rambut	[peŋɛriŋ rambut]

42. Joalheria

joias (f pl)	barang-barang kemas	[baraŋ baraŋ kɛmas]
precioso	permata	[pɛrmata]
marca (f) de contraste	cap kempa	[tʃap kɛmpa]

anel (m)	cincin	[tʃintʃin]
aliança (f)	cincin pertunangan	[tʃintʃin pɛrtunaŋan]
pulseira (f)	gelang tangan	[gɛlaŋ taŋan]

brincos (m pl)	**subang**	[subaŋ]
colar (m)	**kalung**	[kaluŋ]
coroa (f)	**mahkota**	[mahkota]
colar (m) de contas	**rantai manik**	[rantaj manik]

diamante (m)	**berlian**	[b'rlian]
esmeralda (f)	**zamrud**	[zamrud]
rubi (m)	**batu delima**	[batu d'lima]
safira (f)	**batu nilam**	[batu nilam]
pérola (f)	**mutiara**	[mutiara]
âmbar (m)	**batu ambar**	[batu ambar]

43. Relógios de pulso. Relógios

relógio (m) de pulso	**jam tangan**	[dʒam taŋan]
mostrador (m)	**permukaan jam**	[permukaan dʒam]
ponteiro (m)	**jarum**	[dʒarum]
bracelete (f) em aço	**gelang jam tangan**	[gɛlaŋ dʒam taŋan]
bracelete (f) em couro	**tali jam**	[tali dʒam]

pilha (f)	**bateri**	[batɛri]
descarregar-se	**luput**	[luput]
trocar a pilha	**menukar bateri**	[menukar batɛri]
estar adiantado	**kecepatan**	[kɛtʃepatan]
estar atrasado	**ketinggalan**	[kɛtiŋgalan]

relógio (m) de parede	**jam dinding**	[dʒam dindiŋ]
ampulheta (f)	**jam pasir**	[dʒam pasir]
relógio (m) de sol	**jam matahari**	[dʒam matahari]
despertador (m)	**jam loceng**	[dʒam lotʃeŋ]
relojoeiro (m)	**tukang jam**	[tukaŋ dʒam]
reparar (vt)	**membaiki**	[mɛmbaiki]

Alimentação. Nutrição

44. Comida

carne (f)	daging	[dagiŋ]
galinha (f)	ayam	[ajam]
frango (m)	anak ayam	[anak ajam]
pato (m)	itik	[itik]
ganso (m)	angsa	[aŋsa]
caça (f)	burung buruan	[buruŋ buruan]
peru (m)	ayam belanda	[ajam blanda]
carne (f) de porco	daging babi	[dagiŋ babi]
carne (f) de vitela	daging anak lembu	[dagiŋ anak lembu]
carne (f) de carneiro	daging bebiri	[dagiŋ bɛbiri]
carne (f) de vaca	daging lembu	[dagiŋ lɛmbu]
carne (f) de coelho	arnab	[arnab]
chouriço, salsichão (m)	sosej worst	[sosedʒ vorst]
salsicha (f)	sosej	[sosedʒ]
bacon (m)	dendeng babi	[deŋdeŋ babi]
fiambre (f)	ham	[ham]
presunto (m)	gamon	[gamon]
patê (m)	pate	[patɛ]
fígado (m)	hati	[hati]
carne (f) moída	bahan kisar	[bahan kisar]
língua (f)	lidah	[lidah]
ovo (m)	telur	[tɛlur]
ovos (m pl)	telur-telur	[tɛlur tɛlur]
clara (f) do ovo	putih telur	[putih tɛlur]
gema (f) do ovo	kuning telur	[kuniŋ tɛlur]
peixe (m)	ikan	[ikan]
mariscos (m pl)	makanan laut	[makanan laut]
crustáceos (m pl)	krustasia	[krustasia]
caviar (m)	caviar	[kaviar]
caranguejo (m)	ketam	[kɛtam]
camarão (m)	udang	[udaŋ]
ostra (f)	tiram	[tiram]
lagosta (f)	udang krai	[udaŋ kraj]
polvo (m)	sotong	[sotoŋ]
lula (f)	cumi-cumi	[ʧumi ʧumi]
esturjão (m)	ikan sturgeon	[ikan sturgeon]
salmão (m)	salmon	[salmon]
halibute (m)	ikan halibut	[ikan halibut]
bacalhau (m)	ikan kod	[ikan kod]

cavala, sarda (f)	ikan tenggiri	[ikan tɛŋgiri]
atum (m)	tuna	[tuna]
enguia (f)	ikan keli	[ikan kli]

truta (f)	ikan trout	[ikan trout]
sardinha (f)	sadin	[sadin]
lúcio (m)	ikan paik	[ikan pajk]
arenque (m)	ikan hering	[ikan hɛriŋ]

pão (m)	roti	[roti]
queijo (m)	keju	[kɛdʒu]
açúcar (m)	gula	[gula]
sal (m)	garam	[garam]

arroz (m)	beras, nasi	[bras], [nasi]
massas (f pl)	pasta	[pasta]
talharim (m)	mie	[mi]

manteiga (f)	mentega	[mɛntega]
óleo (m) vegetal	minyak sayur	[minjak sajur]
óleo (m) de girassol	minyak bunga matahari	[minjak buŋa matahari]
margarina (f)	marjerin	[mardʒɛrin]

azeitonas (f pl)	buah zaitun	[buah zajtun]
azeite (m)	minyak zaitun	[minjak zaɪtun]

leite (m)	susu	[susu]
leite (m) condensado	susu pekat	[susu pɛkat]
iogurte (m)	yogurt	[jogurt]
nata (f) azeda	krim asam	[krim asam]
nata (f) do leite	krim	[krim]

maionese (f)	mayonis	[majonis]
creme (m)	krim	[krim]

grãos (m pl) de cereais	bijirin berkupas	[bidʒirin bɛrkupas]
farinha (f)	tepung	[tɛpuŋ]
enlatados (m pl)	makanan dalam tin	[makanan dalam tin]

flocos (m pl) de milho	emping jagung	[ɛmpiŋ dʒaguŋ]
mel (m)	madu	[madu]
doce (m)	jem	[dʒɛm]
pastilha (f) elástica	gula-gula getah	[gula gula gɛtah]

45. Bebidas

água (f)	air	[air]
água (f) potável	air minum	[air minum]
água (f) mineral	air galian	[air galian]

sem gás	tanpa gas	[tanpa gas]
gaseificada	bergas	[bɛrgas]
com gás	bergas	[bɛrgas]
gelo (m)	ais	[ajs]

com gelo	dengan ais	[dɛŋan ajs]
sem álcool	tanpa alkohol	[tanpa alkohol]
bebida (f) sem álcool	minuman ringan	[minuman riŋan]
refresco (m)	minuman segar	[minuman sɛgar]
limonada (f)	limonad	[limonad]

bebidas (f pl) alcoólicas	arak	[arak]
vinho (m)	wain	[vajn]
vinho (m) branco	wain putih	[vajn putih]
vinho (m) tinto	wain merah	[vajn merah]

licor (m)	likur	[likur]
champanhe (m)	champagne	[ʃampejn]
vermute (m)	vermouth	[vermut]

uísque (m)	wiski	[viski]
vodka (f)	vodka	[vodka]
gim (m)	gin	[dʒin]
conhaque (m)	cognac	[konjak]
rum (m)	rum	[ram]

café (m)	kopi	[kopi]
café (m) puro	kopi O	[kopi o]
café (m) com leite	kopi susu	[kopi susu]
cappuccino (m)	cappuccino	[kaputʃino]
café (m) solúvel	kopi segera	[kopi sɛgɛra]

leite (m)	susu	[susu]
coquetel (m)	koktel	[koktel]
batido (m) de leite	susu kocak	[susu kotʃak]

sumo (m)	jus	[dʒus]
sumo (m) de tomate	jus tomato	[dʒus tomato]
sumo (m) de laranja	jus jeruk manis	[dʒus dʒɛruk manis]
sumo (m) fresco	jus segar	[dʒus sɛgar]

cerveja (f)	bir	[bir]
cerveja (f) clara	bir putih	[bir putih]
cerveja (f) preta	bir hitam	[bir hitam]

chá (m)	teh	[te]
chá (m) preto	teh hitam	[te hitam]
chá (m) verde	teh hijau	[te hidʒau]

46. Vegetais

| legumes (m pl) | sayuran | [sajuran] |
| verduras (f pl) | ulam-ulaman | [ulam ulaman] |

tomate (m)	tomato	[tomato]
pepino (m)	timun	[timun]
cenoura (f)	lobak merah	[lobak merah]
batata (f)	kentang	[kɛntaŋ]
cebola (f)	bawang	[bavaŋ]

alho (m)	**bawang putih**	[bavaŋ putih]
couve (f)	**kubis**	[kubis]
couve-flor (f)	**bunga kubis**	[buŋa kubis]
couve-de-bruxelas (f)	**kubis Brussels**	[kubis brasels]
brócolos (m pl)	**broccoli**	[brokoli]
beterraba (f)	**rut bit**	[rut bit]
beringela (f)	**terung**	[tɛruŋ]
curgete (f)	**labu kuning**	[labu kuniŋ]
abóbora (f)	**labu**	[labu]
nabo (m)	**turnip**	[turnip]
salsa (f)	**parsli**	[parsli]
funcho, endro (m)	**jintan hitam**	[dʒintan hitam]
alface (f)	**pokok salad**	[pokok salad]
aipo (m)	**saderi**	[sadɛri]
espargo (m)	**asparagus**	[asparagus]
espinafre (m)	**bayam**	[bajam]
ervilha (f)	**kacang sepat**	[katʃaŋ sɛpat]
fava (f)	**kacang**	[katʃaŋ]
milho (m)	**jagung**	[dʒaguŋ]
feijão (m)	**kacang buncis**	[katʃaŋ buntʃis]
pimentão (m)	**lada**	[lada]
rabanete (m)	**lobak**	[lobak]
alcachofra (f)	**articok**	[artitʃok]

47. Frutos. Nozes

fruta (f)	**buah**	[buah]
maçã (f)	**epal**	[epal]
pera (f)	**buah pear**	[buah pear]
limão (m)	**lemon**	[lemon]
laranja (f)	**jeruk manis**	[dʒeruk manis]
morango (m)	**strawberi**	[stroberi]
tangerina (f)	**limau mandarin**	[limau mandarin]
ameixa (f)	**plum**	[plam]
pêssego (m)	**pic**	[pitʃ]
damasco (m)	**aprikot**	[aprikot]
framboesa (f)	**raspberi**	[rasberi]
ananás (m)	**nanas**	[nanas]
banana (f)	**pisang**	[pisaŋ]
melancia (f)	**tembikai**	[tembikaj]
uva (f)	**anggur**	[aŋgur]
ginja (f)	**buah ceri**	[buah tʃeri]
cereja (f)	**ceri manis**	[tʃeri manis]
meloa (f)	**tembikai susu**	[tembikaj susu]
toranja (f)	**limau gedang**	[limau gɛdaŋ]
abacate (m)	**avokado**	[avokado]
papaia (f)	**betik**	[bɛtik]

| manga (f) | mempelam | [mɛmpɛlam] |
| romã (f) | buah delima | [buah dɛlima] |

groselha (f) vermelha	buah kismis merah	[buah kismis merah]
groselha (f) preta	buah kismis hitam	[buah kismis hitam]
groselha (f) espinhosa	buah gusberi	[buah gusberi]
mirtilo (m)	buah bilberi	[buah bilberi]
amora silvestre (f)	beri hitam	[beri hitam]

uvas (f pl) passas	kismis	[kismis]
figo (m)	buah tin	[buah tin]
tâmara (f)	buah kurma	[buah kurma]

amendoim (m)	kacang tanah	[katʃaŋ tanah]
amêndoa (f)	badam	[badam]
noz (f)	walnut	[volnat]
avelã (f)	kacang hazel	[katʃaŋ hazel]
coco (m)	buah kelapa	[buah klapa]
pistáchios (m pl)	pistasio	[pistasio]

48. Pão. Bolaria

pastelaria (f)	kuih-muih	[kuih muih]
pão (m)	roti	[roti]
bolacha (f)	biskit	[biskit]

chocolate (m)	coklat	[tʃoklat]
de chocolate	coklat	[tʃoklat]
rebuçado (m)	gula-gula	[gula gula]
bolo (cupcake, etc.)	kuih	[kuih]
bolo (m) de aniversário	kek	[kek]

| tarte (~ de maçã) | pai | [paj] |
| recheio (m) | inti | [inti] |

doce (m)	jem buah-buahan utuh	[dʒem buah buahan utuh]
geleia (f) de frutas	marmalad	[marmalad]
waffle (m)	wafer	[vafɛr]
gelado (m)	ais krim	[ajs krim]
pudim (m)	puding	[pudiŋ]

49. Pratos cozinhados

prato (m)	hidangan	[hidaŋan]
cozinha (~ portuguesa)	masakan	[masakan]
receita (f)	resipi	[rɛsipi]
porção (f)	hidangan	[hidaŋan]

salada (f)	salad	[salad]
sopa (f)	sup	[sup]
caldo (m)	sup kosong	[sup kosoŋ]
sandes (f)	sandwic	[sandvitʃ]

ovos (m pl) estrelados	telur mata kerbau	[tɛlur mata kerbau]
hambúrguer (m)	hamburger	[hamburger]
bife (m)	stik	[stik]

conduto (m)	garnish	[garniʃ]
espaguete (m)	spaghetti	[spaɣeti]
puré (m) de batata	kentang lecek	[kɛntaŋ letʃek]
pizza (f)	piza	[piza]
papa (f)	bubur	[bubur]
omelete (f)	telur dadar	[tɛlur dadar]

cozido em água	rebus	[rɛbus]
fumado	salai	[salaj]
frito	goreng	[goreŋ]
seco	dikeringkan	[dikɛriŋkan]
congelado	sejuk beku	[sɛdʒuk bɛku]
em conserva	dijeruk	[didʒɛruk]

doce (açucarado)	manis	[manis]
salgado	masin	[masin]
frio	sejuk	[sɛdʒuk]
quente	panas	[panas]
amargo	pahit	[pahit]
gostoso	sedap	[sɛdap]

cozinhar (em água a ferver)	merebus	[mɛrɛbus]
fazer, preparar (vt)	memasak	[mɛmasak]
fritar (vt)	menggoreng	[mɛŋgoreŋ]
aquecer (vt)	memanaskan	[mɛmanaskan]

salgar (vt)	membubuh garam	[mɛmbubuh garam]
apimentar (vt)	membubuh lada	[mɛmbubuh lada]
ralar (vt)	memarut	[mɛmarut]
casca (f)	kulit	[kulit]
descascar (vt)	mengupas	[mɛŋupas]

50. Especiarias

sal (m)	garam	[garam]
salgado	masin	[masin]
salgar (vt)	membubuh garam	[mɛmbubuh garam]

pimenta (f) preta	lada hitam	[lada hitam]
pimenta (f) vermelha	lada merah	[lada merah]
mostarda (f)	sawi	[savi]
raiz-forte (f)	remunggai	[rɛmuŋgaj]

condimento (m)	perasa	[pɛrasa]
especiaria (f)	rempah-rempah	[rempah rempah]
molho (m)	saus	[saus]
vinagre (m)	cuka	[tʃuka]

| anis (m) | lawang | [lavaŋ] |
| manjericão (m) | kemangi | [kɛmaŋi] |

cravo (m)	cengkeh	[ʧeŋkeh]
gengibre (m)	halia	[halia]
coentro (m)	ketumbar	[kɛtumbar]
canela (f)	kayu manis	[kaju manis]
sésamo (m)	bijan	[bidʒan]
folhas (f pl) de louro	daun bay	[daun bej]
páprica (f)	paprik	[paprik]
cominho (m)	jintan putih	[dʒintan putih]
açafrão (m)	safron	[safron]

51. Refeições

comida (f)	makanan	[makanan]
comer (vt)	makan	[makan]
pequeno-almoço (m)	makan pagi	[makan pagi]
tomar o pequeno-almoço	makan pagi	[makan pagi]
almoço (m)	makan tengah hari	[makan tɛŋah hari]
almoçar (vi)	makan tengah hari	[makan tɛŋah hari]
jantar (m)	makan malam	[makan malam]
jantar (vi)	makan malam	[makan malam]
apetite (m)	selera	[sɛlera]
Bom apetite!	Selamat jamu selera!	[sɛlamat dʒamu sɛlera]
abrir (~ uma lata, etc.)	membuka	[mɛmbuka]
derramar (vt)	menumpahkan	[mɛnumpahkan]
derramar-se (vr)	tertumpah	[tɛrtumpah]
ferver (vi)	mendidih	[mɛndidih]
ferver (vt)	mendidihkan	[mɛndidihkan]
fervido	masak	[masak]
arrefecer (vt)	menyejukkan	[mɛnjedʒukkan]
arrefecer-se (vr)	menjadi sejuk	[mɛndʒadi sɛdʒuk]
sabor, gosto (m)	rasa	[rasa]
gostinho (m)	rasa kesan	[rasa kɛsan]
fazer dieta	berdiet	[berdiet]
dieta (f)	diet	[diet]
vitamina (f)	vitamin	[vitamin]
caloria (f)	kalori	[kalori]
vegetariano (m)	vegetarian	[vegetarian]
vegetariano	vegetarian	[vegetarian]
gorduras (f pl)	lemak	[lɛmak]
proteínas (f pl)	protein	[protein]
carboidratos (m pl)	karbohidrat	[karbohidrat]
fatia (~ de limão, etc.)	irisan	[irisan]
pedaço (~ de bolo)	potongan	[potoŋan]
migalha (f)	remah	[rɛmah]

52. Por a mesa

colher (f)	sudu	[sudu]
faca (f)	pisau	[pisau]
garfo (m)	garpu	[garpu]

chávena (f)	cawan	[ʧavan]
prato (m)	pinggan	[piŋgan]
pires (m)	alas cawan	[alas ʧavan]
guardanapo (m)	napkin	[napkin]
palito (m)	cungkil gigi	[ʧuŋkil gigi]

53. Restaurante

restaurante (m)	restoran	[restoran]
café (m)	kedai kopi	[kɛdaj kopi]
bar (m), cervejaria (f)	bar	[bar]
salão (m) de chá	ruang teh	[ruaŋ te]

empregado (m) de mesa	pelayan	[pɛlajan]
empregada (f) de mesa	pelayan perempuan	[pɛlajan pɛrɛmpuan]
barman (m)	pelayan bar	[pɛlajan bar]

ementa (f)	menu	[menu]
lista (f) de vinhos	kad wain	[kad vajn]
reservar uma mesa	menempah meja	[mɛnɛmpah medʒa]

prato (m)	masakan	[masakan]
pedir (vt)	menempah	[mɛnɛmpah]
fazer o pedido	menempah	[mɛnɛmpah]

aperitivo (m)	aperitif	[aperitif]
entrada (f)	pembuka selera	[pɛmbuka sɛlera]
sobremesa (f)	pencuci mulut	[pɛnʧuʧi mulut]

conta (f)	bil	[bil]
pagar a conta	membayar bil	[mɛmbajar bil]
dar o troco	memberi wang baki	[mɛmbri vaŋ baki]
gorjeta (f)	tip	[tip]

Família, parentes e amigos

54. Informação pessoal. Formulários

nome (m)	nama	[nama]
apelido (m)	nama keluarga	[nama kɛluarga]
data (f) de nascimento	tarikh lahir	[tarih lahir]
local (m) de nascimento	tempat lahir	[tɛmpat lahir]
nacionalidade (f)	bangsa	[baŋsa]
lugar (m) de residência	tempat kediaman	[tɛmpat kediaman]
país (m)	negara	[nɛgara]
profissão (f)	profesion	[profesion]
sexo (m)	jenis kelamin	[dʒɛnis kɛlamin]
estatura (f)	tinggi badan	[tiŋgi badan]
peso (m)	berat	[brat]

55. Membros da família. Parentes

mãe (f)	ibu	[ibu]
pai (m)	bapa	[bapa]
filho (m)	anak lelaki	[anak lɛlaki]
filha (f)	anak perempuan	[anak pɛrɛmpuan]
filha (f) mais nova	anak perempuan bungsu	[anak pɛrɛmpuan buŋsu]
filho (m) mais novo	anak lelali bungsu	[anak lɛlali buŋsu]
filha (f) mais velha	anak perempuan sulung	[anak pɛrɛmpuan suluŋ]
filho (m) mais velho	anak lelaki sulung	[anak lɛlaki suluŋ]
irmão (m)	saudara	[saudara]
irmão (m) mais velho	abang	[abaŋ]
irmão (m) mais novo	adik lelaki	[adik lɛlaki]
irmã (f)	saudara perempuan	[saudara pɛrɛmpuan]
irmã (f) mais velha	kakak perempuan	[kakak pɛrɛmpuan]
irmã (f) mais nova	adik perempuan	[adik pɛrɛmpuan]
primo (m)	sepupu lelaki	[sɛpupu lɛlaki]
prima (f)	sepupu perempuan	[sɛpupu pɛrɛmpuan]
mamã (f)	ibu	[ibu]
papá (m)	bapa	[bapa]
pais (pl)	ibu bapa	[ibu bapa]
criança (f)	anak	[anak]
crianças (f pl)	anak-anak	[anak anak]
avó (f)	nenek	[nenek]
avô (m)	datuk	[datuk]

neto (m)	cucu lelaki	[ʧuʧu lɛlaki]
neta (f)	cucu perempuan	[ʧuʧu pɛrɛmpuan]
netos (pl)	cucu-cicit	[ʧuʧu ʧiʧit]

tio (m)	pak cik	[pak ʧik]
tia (f)	mak cik	[mak ʧik]
sobrinho (m)	anak saudara lelaki	[anak saudara lɛlaki]
sobrinha (f)	anak saudara perempuan	[anak saudara pɛrɛmpuan]

sogra (f)	ibu mertua	[ibu mɛrtua]
sogro (m)	bapa mertua	[bapa mɛrtua]
genro (m)	menantu lelaki	[mɛnantu lɛlaki]
madrasta (f)	ibu tiri	[ibu tiri]
padrasto (m)	bapa tiri	[bapa tiri]

criança (f) de colo	bayi	[baji]
bebé (m)	bayi	[baji]
menino (m)	budak kecil	[budak kɛʧil]

mulher (f)	isteri	[istri]
marido (m)	suami	[suami]
esposo (m)	suami	[suami]
esposa (f)	isteri	[istri]

casado	berkahwin, beristeri	[bɛrkahvin], [bɛristri]
casada	berkahwin, bersuami	[bɛrkahvin], [bɛrsuami]
solteiro	bujang	[buʤaŋ]
solteirão (m)	bujang	[buʤaŋ]
divorciado	bercerai	[bɛrʧɛraj]
viúva (f)	balu	[balu]
viúvo (m)	duda	[duda]

parente (m)	saudara	[saudara]
parente (m) próximo	keluarga dekat	[kɛluarga dɛkat]
parente (m) distante	saudara jauh	[saudara ʤauh]
parentes (m pl)	keluarga	[kɛluarga]

órfão (m), órfã (f)	piatu	[piatu]
tutor (m)	wali	[vali]
adotar (um filho)	mengangkat anak lelaki	[mɛŋaŋkat anak lɛlaki]
adotar (uma filha)	mengangkat anak perempuan	[mɛŋaŋkat anak pɛrɛmpuan]

56. Amigos. Colegas de trabalho

amigo (m)	sahabat	[sahabat]
amiga (f)	teman wanita	[tɛman vanita]
amizade (f)	persahabatan	[pɛrsahabatan]
ser amigos	bersahabat	[bɛrsahabat]

amigo (m)	teman	[tɛman]
amiga (f)	teman wanita	[tɛman vanita]
parceiro (m)	rakan	[rakan]
chefe (m)	bos	[bos]

superior (m)	kepala	[kɛpala]
proprietário (m)	pemilik	[pɛmilik]
subordinado (m)	orang bawahan	[oraŋ bavahan]
colega (m)	rakan	[rakan]

conhecido (m)	kenalan	[kɛnalan]
companheiro (m) de viagem	rakan seperjalanan	[rakan sɛpɛrdʒalanan]
colega (m) de classe	teman sedarjah	[tɛman sɛdardʒah]

vizinho (m)	jiran lelaki	[dʒiran lɛlaki]
vizinha (f)	jiran perempuan	[dʒiran pɛrɛmpuan]
vizinhos (pl)	jiran	[dʒiran]

57. Homem. Mulher

mulher (f)	perempuan	[pɛrɛmpuan]
rapariga (f)	gadis	[gadis]
noiva (f)	pengantin perempuan	[pɛŋantin pɛrɛmpuan]

bonita	cantik	[ʧantik]
alta	tinggi	[tiŋgi]
esbelta	ramping	[rampiŋ]
de estatura média	pendek	[pendek]

loura (f)	perempuan berambut blonde	[pɛrɛmpuan bɛrambut blonde]
morena (f)	perempuan berambut perang	[pɛrɛmpuan bɛrambut peraŋ]
de senhora	perempuan	[pɛrɛmpuan]
virgem (f)	perawan	[pɛravan]
grávida	hamil	[hamil]

homem (m)	lelaki	[lɛlaki]
louro (m)	lelaki berambut blonde	[lɛlaki bɛrambut blonde]
moreno (m)	lelaki berambut perang	[lɛlaki bɛrambut peraŋ]
alto	tinggi	[tiŋgi]
de estatura média	pendek	[pendek]
rude	kasar	[kasar]
atarracado	pendek dan gempal	[pendek dan gɛmpal]
robusto	tegap	[tɛgap]
forte	kuat	[kuat]
força (f)	kekuatan	[kɛkuatan]

gordo	gemuk	[gɛmuk]
moreno	berkulit gelap	[bɛrkulit gɛlap]
esbelto	ramping	[rampiŋ]
elegante	bergaya	[bɛrgaja]

58. Idade

idade (f)	usia	[usia]
juventude (f)	masa muda	[masa muda]

jovem	muda	[muda]
mais novo	lebih muda	[lɛbih muda]
mais velho	lebih tua	[lɛbih tua]

jovem (m)	pemuda	[pɛmuda]
adolescente (m)	remaja	[rɛmadʒa]
rapaz (m)	pemuda	[pɛmuda]

| velho (m) | lelaki tua | [lɛlaki tua] |
| velhota (f) | perempuan tua | [pɛrɛmpuan tua] |

adulto	dewasa	[devasa]
de meia-idade	pertengahan umur	[pɛrtɛŋahan umur]
idoso, de idade	lanjut usia	[landʒut usia]
velho	tua	[tua]

reforma (f)	pencen	[pentʃen]
reformar-se (vr)	bersara	[bɛrsara]
reformado (m)	pesara	[pɛsara]

59. Crianças

criança (f)	anak	[anak]
crianças (f pl)	anak-anak	[anak anak]
gémeos (m pl)	kembar	[kɛmbar]

berço (m)	buaiyan	[buajan]
guizo (m)	kelentong	[kelentoŋ]
fralda (f)	lampin	[lampin]

chupeta (f)	puting	[putiŋ]
carrinho (m) de bebé	kereta bayi	[kreta baʲi]
jardim (m) de infância	tadika	[tadika]
babysitter (f)	pengasuh kanak-kanak	[pɛŋasuh kanak kanak]

infância (f)	masa kanak-kanak	[masa kanak kanak]
boneca (f)	patung mainan	[patuŋ majnan]
brinquedo (m)	mainan	[majnan]
jogo (m) de armar	permainan binaan	[permajnan binaan]
bem-educado	berbudi bahasa	[bɛrbudi bahasa]
mal-educado	kurang ajar	[kuraŋ adʒar]
mimado	manja	[mandʒa]

ser travesso	berbuat nakal	[bɛrbuat nakal]
travesso, traquinas	nakal	[nakal]
travessura (f)	kenakalan	[kɛnakalan]
criança (f) travessa	budak nakal	[budak nakal]

| obediente | patuh | [patuh] |
| desobediente | tidak patuh | [tidak patuh] |

dócil	menurut kata	[mɛnurut kata]
inteligente	pandai, cerdik	[pandaj], [tʃɛrdik]
menino (m) prodígio	kanak-kanak genius	[kanak kanak genius]

60. Casais. Vida de família

beijar (vt)	mencium	[mɛnʧium]
beijar-se (vr)	bercium-ciuman	[bɛrʧium ʧiuman]
família (f)	keluarga	[kɛluarga]
familiar	keluarga, berkeluarga	[kɛluarga], [bɛrkɛluarga]
casal (m)	pasangan	[pasaŋan]
matrimónio (m)	perkahwinan	[pɛrkahvinan]
lar (m)	rumah	[rumah]
dinastia (f)	dinasti	[dinasti]

encontro (m)	janji temu	[ʤanʤi tɛmu]
beijo (m)	ciuman	[ʧiuman]

amor (m)	cinta	[ʧinta]
amar (vt)	mencintai	[mɛnʧintai]
amado, querido	kekasih	[kɛkasih]

ternura (f)	kelembutan	[kɛlɛmbutan]
terno, afetuoso	lembut	[lɛmbut]
fidelidade (f)	kesetiaan	[kesetiaan]
fiel	setia	[sɛtia]
cuidado (m)	perhatian	[pɛrhatian]
carinhoso	bertimbang rasa	[bɛrtimbaŋ rasa]

recém-casados (m pl)	pengantin baru	[pɛŋantin baru]
lua de mel (f)	bulan madu	[bulan madu]
casar-se (com um homem)	berkahwin, bersuami	[bɛrkahvin], [bɛrsuami]
casar-se (com uma mulher)	berkahwin, beristeri	[bɛrkahvin], [bɛristri]

boda (f)	majlis perkahwinan	[madʒlis pɛrkahvinan]
bodas (f pl) de ouro	perkahwinan emas	[pɛrkahvinan ɛmas]
aniversário (m)	ulang tahun	[ulaŋ tahun]

amante (m)	kekasih	[kɛkasih]
amante (f)	kekasih, perempuan simpanan	[kɛkasih], [pɛrɛmpuan simpanan]

adultério (m)	kecurangan	[kɛʧuraŋan]
cometer adultério	curang	[ʧuraŋ]
ciumento	cemburu	[ʧɛmburu]
ser ciumento	cemburu	[ʧɛmburu]
divórcio (m)	perceraian	[pɛrʧɛrajan]
divorciar-se (vr)	bercerai	[bɛrʧɛraj]

brigar (discutir)	bertengkar	[bɛrtɛŋkar]
fazer as pazes	berdamai	[bɛrdamaj]

juntos	bersama	[bɛrsama]
sexo (m)	seks	[seks]

felicidade (f)	kebahagiaan	[kɛbahagiaan]
feliz	berbahagia	[bɛrbahagia]
infelicidade (f)	kemalangan	[kɛmalaŋan]
infeliz	malang	[malaŋ]

Caráter. Sentimentos. Emoções

61. Sentimentos. Emoções

sentimento (m)	perasaan	[pɛrasaan]
sentimentos (m pl)	perasaan	[pɛrasaan]
sentir (vt)	merasa	[mɛrasa]
fome (f)	kelaparan	[kɛlaparan]
ter fome	lapar	[lapar]
sede (f)	kehausan	[kɛhausan]
ter sede	haus	[haus]
sonolência (f)	rasa ngantuk	[rasa ŋantuk]
estar sonolento	mahu tidur	[mahu tidur]
cansaço (m)	keletihan	[kɛlɛtihan]
cansado	letih	[lɛtih]
ficar cansado	letih	[lɛtih]
humor (m)	angin	[aŋin]
tédio (m)	kebosanan	[kɛbosanan]
aborrecer-se (vr)	bosan	[bosan]
isolamento (m)	kesepian	[kɛsepian]
isolar-se	bersunyi diri	[bɛrsunji diri]
preocupar (vt)	merisaukan	[mɛrisaukan]
preocupar-se (vr)	khuatir	[kuatir]
preocupação (f)	kekhuatiran	[kɛkuatiran]
ansiedade (f)	kekhuatiran	[kɛkuatiran]
preocupado	risau	[risau]
estar nervoso	naik resah	[naik rɛsah]
entrar em pânico	panik	[panik]
esperança (f)	harapan	[harapan]
esperar (vt)	harap	[harap]
certeza (f)	keyakinan	[kɛjakinan]
certo	yakin	[jakin]
indecisão (f)	keraguan	[kɛraguan]
indeciso	ragu-ragu	[ragu ragu]
ébrio, bêbado	mabuk	[mabuk]
sóbrio	waras	[varas]
fraco	lemah	[lɛmah]
feliz	berbahagia	[bɛrbahagia]
assustar (vt)	menakutkan	[mɛnakutkan]
fúria (f)	keberangan	[kɛberaŋan]
ira, raiva (f)	kemarahan	[kɛmarahan]
conforto (m)	keselesaan	[kɛsɛlesaan]
arrepender-se (vr)	terkilan	[tɛrkilan]

arrependimento (m)	rasa terkilan	[rasa tɛrkilan]
azar (m), má sorte (f)	nasib malang	[nasib malaŋ]
tristeza (f)	dukacita	[dukatʃita]

vergonha (f)	rasa malu	[rasa malu]
alegria (f)	keriangan	[kɛriaŋan]
entusiasmo (m)	keghairahan	[kɛɣairahan]
entusiasta (m)	orang yang bersemangat	[oraŋ jaŋ bɛrsɛmaŋat]
mostrar entusiasmo	memperlihatkan keghairahan	[mɛmpɛrlihatkan kɛɣajrahan]

62. Caráter. Personalidade

caráter (m)	sifat	[sifat]
falha (f) de caráter	kecacatan	[kɛtʃatʃatan]
mente (f)	otak	[otak]
razão (f)	akal	[akal]

consciência (f)	hati nurani	[hati nurani]
hábito (m)	kebiasaan	[kɛbiasaan]
habilidade (f)	bakat	[bakat]
saber (~ nadar, etc.)	pandai, boleh	[pandaj], [bole]

paciente	sabar	[sabar]
impaciente	tidak sabar	[tidak sabar]
curioso	suka ambil tahu	[suka ambil tahu]
curiosidade (f)	rasa ingin tahu	[rasa iŋin tahu]

modéstia (f)	kerendahan hati	[kɛrɛndahan hati]
modesto	rendah hati	[rɛndah hati]
imodesto	tidak kenal malu	[tidak kɛnal malu]

preguiça (f)	kemalasan	[kɛmalasan]
preguiçoso	malas	[malas]
preguiçoso (m)	pemalas	[pɛmalas]

astúcia (f)	kelicikan	[kɛlitʃikan]
astuto	licik	[litʃik]
desconfiança (f)	ketidakpercayaan	[kɛtidakpɛrtʃajaan]
desconfiado	tidak percaya	[tidak pɛrtʃaja]

generosidade (f)	kemurahan hati	[kɛmurahan hati]
generoso	murah hati	[murah hati]
talentoso	berbakat	[bɛrbakat]
talento (m)	bakat	[bakat]

corajoso	berani	[brani]
coragem (f)	keberanian	[kebranian]
honesto	jujur	[dʒudʒur]
honestidade (f)	kejujuran	[kɛdʒudʒuran]

prudente	berhati-hati	[bɛrhati hati]
valente	berani	[brani]
sério	serius	[serius]

severo	tegas	[tɛgas]
decidido	tegas	[tɛgas]
indeciso	ragu-ragu	[ragu ragu]
tímido	malu	[malu]
timidez (f)	sifat pemalu	[sifat pɛmalu]

confiança (f)	kepercayaan	[kɛpɛrʧajaan]
confiar (vt)	percaya	[pɛrʧaja]
crédulo	yang mudah percaya	[jaŋ mudah pɛrʧaja]

sinceramente	dengan tulus ikhlas	[dɛŋan tulus ihlas]
sincero	tulus ikhlas	[tulus ihlas]
sinceridade (f)	ketulusikhlasan	[kɛtulusihlasan]
aberto	terbuka	[tɛrbuka]

calmo	tenang	[tɛnaŋ]
franco	terus terang	[tɛrus tɛraŋ]
ingénuo	naif	[naif]
distraído	lalai	[lalaj]
engraçado	lucu	[luʧu]

ganância (f)	ketamakan	[kɛtamakan]
ganancioso	tamak	[tamak]
avarento	kedekut	[kɛdɛkut]
mau	jahat	[dʒahat]
teimoso	degil	[dɛgil]
desagradável	tidak menyenangkan	[tidak mɛnjenaŋkan]

egoísta (m)	egois	[egois]
egoísta	egoistik	[egoistik]
cobarde (m)	penakut	[pɛnakut]
cobarde	penakut	[pɛnakut]

63. O sono. Sonhos

dormir (vi)	tidur	[tidur]
sono (m)	tidur	[tidur]
sonho (m)	mimpi	[mimpi]
sonhar (vi)	bermimpi	[bɛrmimpi]
sonolento	ngantuk	[ŋantuk]

cama (f)	katil	[katil]
colchão (m)	tilam	[tilam]
cobertor (m)	selimut	[sɛlimut]
almofada (f)	bantal	[bantal]
lençol (m)	kain cadar	[kain ʧadar]

insónia (f)	insomnia	[insomnia]
insone	tidak tidur	[tidak tidur]
sonífero (m)	ubat tidur	[ubat tidur]
tomar um sonífero	menerima ubat tidur	[mɛnɛrima ubat tidur]

| estar sonolento | mahu tidur | [mahu tidur] |
| bocejar (vi) | menguap | [mɛŋwap] |

ir para a cama	pergi tidur	[pɛrgi tidur]
fazer a cama	menyediakan katil	[mɛnjediakan katil]
adormecer (vi)	tidur	[tidur]

pesadelo (m)	mimpi ngeri	[mimpi ŋɛri]
ronco (m)	dengkuran	[dɛŋkuran]
roncar (vi)	berdengkur	[bɛrdɛŋkur]

despertador (m)	jam loceng	[dʒam loʧeŋ]
acordar, despertar (vt)	membangunkan	[mɛmbaŋuŋkan]
acordar (vi)	bangun	[baŋun]
levantar-se (vr)	bangun	[baŋun]
lavar-se (vr)	mencuci muka	[mɛnʧuʧi muka]

64. Humor. Riso. Alegria

humor (m)	humor	[humor]
sentido (m) de humor	rasa humor	[rasa humor]
divertir-se (vr)	bersuka ria	[bɛrsuka ria]
alegre	riang, gembira	[riaŋ], [gɛmbira]
alegria (f)	keriangan	[kɛriaŋan]

sorriso (m)	senyuman	[sɛnjuman]
sorrir (vi)	senyum	[sɛnjum]
começar a rir	tertawa	[tɛrtava]
rir (vi)	ketawa	[kɛtava]
riso (m)	ketawa	[kɛtava]

anedota (f)	anekdot	[anekdot]
engraçado	lucu	[luʧu]
ridículo	lucu	[luʧu]

brincar, fazer piadas	berjenaka	[bɛrdʒɛnaka]
piada (f)	jenaka	[dʒɛnaka]
alegria (f)	kegembiraan	[kɛgɛmbiraan]
regozijar-se (vr)	bergembira	[bɛrgɛmbira]
alegre	gembira	[gɛmbira]

65. Discussão, conversação. Parte 1

comunicação (f)	pergaulan	[pɛrgaulan]
comunicar-se (vr)	bergaul	[bɛrgaul]

conversa (f)	percakapan	[pɛrʧakapan]
diálogo (m)	dialog	[dialog]
discussão (f)	perbincangan	[pɛrbinʧaŋan]
debate (m)	debat	[debat]
debater (vt)	berdebat	[bɛrdebat]

interlocutor (m)	kawan berbual	[kavan bɛrbual]
tema (m)	tema, topik	[tema], [topik]
ponto (m) de vista	pendirian	[pɛndirian]

| opinião (f) | pendapat | [pɛndapat] |
| discurso (m) | ucapan | [utʃapan] |

discussão (f)	perbincangan	[pɛrbintʃaŋan]
discutir (vt)	membincangkan	[mɛmbintʃaŋkan]
conversa (f)	percakapan	[pɛrtʃakapan]
conversar (vi)	bercakap	[bɛrtʃakap]
encontro (m)	perjumpaan	[pɛrdʒumpaan]
encontrar-se (vr)	berjumpa	[bɛrdʒumpa]

provérbio (m)	peribahasa	[pɛribahasa]
ditado (m)	perumpamaan	[pɛrumpamaan]
adivinha (f)	teka-teki	[tɛka tɛki]
dizer uma adivinha	memberi teka-teki	[mɛmbri tɛka tɛki]
senha (f)	kata laluan	[kata laluan]
segredo (m)	rahsia	[rahsia]

juramento (m)	sumpah	[sumpah]
jurar (vi)	bersumpah	[bɛrsumpah]
promessa (f)	janji	[dʒandʒi]
prometer (vt)	menjanji	[mɛndʒandʒi]

conselho (m)	nasihat	[nasihat]
aconselhar (vt)	menasihatkan	[mɛnasihatkan]
seguir o conselho	mengikuti nasihat	[mɛŋikuti nasihat]
escutar (~ os conselhos)	mendengar nasihat	[mɛndɛŋar nasihat]

novidade, notícia (f)	berita	[brita]
sensação (f)	sensasi	[sensasi]
informação (f)	data	[data]
conclusão (f)	kesimpulan	[kɛsimpulan]
voz (f)	suara	[suara]
elogio (m)	pujian	[pudʒian]
amável	mesra	[mɛsra]

palavra (f)	perkataan	[pɛrkataan]
frase (f)	rangkai kata	[raŋkaj kata]
resposta (f)	jawapan	[dʒavapan]

| verdade (f) | kebenaran | [kɛbɛnaran] |
| mentira (f) | kebohongan | [kɛbohoŋan] |

pensamento (m)	fikiran	[fikiran]
ideia (f)	gagasan	[gagasan]
fantasia (f)	khalayan	[halajan]

66. Discussão, conversação. Parte 2

estimado	yang dihormati	[jaŋ dihormati]
respeitar (vt)	menghormati	[mɛŋɣormati]
respeito (m)	penghormatan	[pɛŋɣormatan]
Estimado ..., Caro ...	... yang dihormati	[jaŋ dihormati]
apresentar (vt)	memperkenalkan	[mɛmpɛrkɛnalkan]
travar conhecimento	berkenalan	[bɛrkɛnalan]

intenção (f)	niat	[niat]
tencionar (vt)	berniat	[bɛrniat]
desejo (m)	pengharapan	[pɛŋɣarapan]
desejar (ex. ~ boa sorte)	mengharapkan	[mɛŋɣarapkan]

surpresa (f)	kehairanan	[kɛhajranan]
surpreender (vt)	menghairankan	[mɛŋɣajraŋkan]
surpreender-se (vr)	hairan	[hajran]

dar (vt)	memberi	[mɛmbri]
pegar (tomar)	mengambil	[mɛŋambil]
devolver (vt)	mengembalikan	[mɛŋɛmbalikan]
retornar (vt)	mengembalikan	[mɛŋɛmbalikan]

desculpar-se (vr)	minta maaf	[minta maaf]
desculpa (f)	permintaan maaf	[pɛrmintaan maaf]
perdoar (vt)	memaafkan	[mɛmaafkan]

falar (vi)	bercakap	[bɛrʧakap]
escutar (vt)	mendengar	[mɛndɛŋar]
ouvir até o fim	mendengar	[mɛndɛŋar]
compreender (vt)	memahami	[mɛmahami]

mostrar (vt)	menunjukkan	[mɛnundʒukkan]
olhar para ...	memandang	[mɛmandaŋ]
chamar (dizer em voz alta o nome)	memanggil	[mɛmaŋgil]
distrair (vt)	mengusik	[mɛŋusik]
perturbar (vt)	mengganggu	[mɛŋgaŋgu]
entregar (~ em mãos)	menyerahkan	[mɛnjerahkan]

pedido (m)	permintaan	[pɛrmintaan]
pedir (ex. ~ ajuda)	meminta	[mɛminta]
exigência (f)	tuntutan	[tuntutan]
exigir (vt)	menuntut	[mɛnuntut]

chamar nomes (vt)	mengejek	[mɛŋedʒek]
zombar (vt)	mencemuhkan	[mɛnʧɛmuhkan]
zombaria (f)	cemuhan	[ʧɛmuhan]
alcunha (f)	nama julukan	[nama dʒulukan]

insinuação (f)	pembayang	[pɛmbajaŋ]
insinuar (vt)	membayangkan	[mɛmbajaŋkan]
subentender (vt)	bermaksud	[bɛrmaksud]

descrição (f)	penggambaran	[pɛŋgambaran]
descrever (vt)	menggambarkan	[mɛŋgambarkan]
elogio (m)	pujian	[pudʒian]
elogiar (vt)	memuji	[mɛmudʒi]

desapontamento (m)	kekecewaan	[kɛkɛʧevaan]
desapontar (vt)	mengecewakan	[mɛŋɛʧevakan]
desapontar-se (vr)	kecewa	[kɛʧeva]

suposição (f)	dugaan	[dugaan]
supor (vt)	menduga	[mɛnduga]

| advertência (f) | peringatan | [pɛriŋatan] |
| advertir (vt) | memperingatkan | [mɛmpɛriŋatkan] |

67. Discussão, conversação. Parte 3

| convencer (vt) | meyakinkan | [mɛjakiŋkan] |
| acalmar (vt) | menenangkan | [mɛnɛnaŋkan] |

silêncio (o ~ é de ouro)	diam	[diam]
ficar em silêncio	diam	[diam]
sussurrar (vt)	membisik	[mɛmbisik]
sussurro (m)	bisikan	[bisikan]

| francamente | terus terang | [tɛrus tɛraŋ] |
| a meu ver ... | menurut pendapat saya | [mɛnurut pɛndapat saja] |

detalhe (~ da história)	perincian	[pɛrintʃian]
detalhado	terperinci	[tɛrpɛrintʃi]
detalhadamente	secara terperinci	[sɛtʃara tɛrpɛrintʃi]

| dica (f) | bayangan | [bajaŋan] |
| dar uma dica | memberi bayangan | [mɛmbri bajaŋan] |

olhar (m)	pandangan	[pandaŋan]
dar uma vista de olhos	memandang	[mɛmandaŋ]
fixo (olhar ~)	kaku	[kaku]
piscar (vi)	mengelipkan mata	[mɛŋɛlipkan mata]
pestanejar (vt)	mengelipkan	[mɛŋɛlipkan]
acenar (com a cabeça)	mengangguk	[mɛŋaŋguk]

suspiro (m)	keluhan	[kɛluhan]
suspirar (vi)	mengeluh	[mɛŋɛluh]
estremecer (vi)	terkejut	[tɛrkɛdʒut]
gesto (m)	isyarat	[iɕarat]
tocar (com as mãos)	menyentuh	[mɛnjentuh]
agarrar (~ pelo braço)	menangkap	[mɛnaŋkap]
bater de leve	menepuk	[mɛnɛpuk]

Cuidado!	Hati-hati!	[hati hati]
A sério?	Yakah?	[jakah]
Tem certeza?	Awak yakin?	[avak jakin]
Boa sorte!	Semoga berjaya!	[sɛmoga bɛrdʒaja]
Compreendi!	Faham!	[faham]
Que pena!	Sayang!	[sajaŋ]

68. Acordo. Recusa

consentimento (~ mútuo)	persetujuan	[pɛrsɛtudʒuan]
consentir (vi)	setuju	[sɛtudʒu]
aprovação (f)	persetujuan	[pɛrsɛtudʒuan]
aprovar (vt)	menyetujui	[mɛnjetudʒui]
recusa (f)	penolakan	[pɛnolakan]

negar-se (vt)	menolak	[mɛnolak]
Está ótimo!	Baik sekali!	[baik sɛkali]
Muito bem!	Baiklah!	[baiklah]
Está bem! De acordo!	Okeylah!	[okejlah]

proibido	larangan	[laraŋan]
é proibido	dilarang	[dilaraŋ]
é impossível	mustahil	[mustahil]
incorreto	salah	[salah]

rejeitar (~ um pedido)	menolak	[mɛnolak]
apoiar (vt)	menyokong	[mɛnjokoŋ]
aceitar (desculpas, etc.)	menerima	[mɛnɛrima]

confirmar (vt)	mengesahkan	[mɛŋɛsahkan]
confirmação (f)	pengesahan	[pɛŋɛsahan]
permissão (f)	izin	[izin]
permitir (vt)	mengizinkan	[mɛŋiziŋkan]
decisão (f)	keputusan	[kɛputusan]
não dizer nada	membisu	[mɛmbisu]

condição (com uma ~)	syarat, terma	[ɕarat], [tɛrma]
pretexto (m)	dalih	[dalih]
elogio (m)	pujian	[pudʒian]
elogiar (vt)	memuji	[mɛmudʒi]

69. Sucesso. Boa sorte. Insucesso

êxito, sucesso (m)	kejayaan	[kɛdʒajaan]
com êxito	dengan berjaya	[dɛŋan bɛrdʒaja]
bem sucedido	berjaya	[bɛrdʒaja]

sorte (fortuna)	tuah	[tuah]
Boa sorte!	Semoga berjaya!	[sɛmoga bɛrdʒaja]
de sorte	bertuah	[bɛrtuah]
sortudo, felizardo	bertuah	[bɛrtuah]

fracasso (m)	kegagalan	[kɛgagalan]
pouca sorte (f)	nasib malang	[nasib malaŋ]
azar (m), má sorte (f)	nasib malang	[nasib malaŋ]

mal sucedido	gagal	[gagal]
catástrofe (f)	kemalangan	[kɛmalaŋan]

orgulho (m)	kebanggaan	[kɛbaŋgaan]
orgulhoso	berbangga	[bɛrbaŋga]
estar orgulhoso	bangga	[baŋga]

vencedor (m)	pemenang	[pɛmɛnaŋ]
vencer (vi)	menang	[mɛnaŋ]
perder (vt)	tewas	[tevas]
tentativa (f)	percubaan	[pɛrtʃubaan]
tentar (vt)	mencuba	[mɛntʃuba]
chance (m)	peluang	[pɛluaŋ]

70. Conflitos. Emoções negativas

grito (m)	jeritan	[dʒɛritan]
gritar (vi)	berjerit	[bɛrdʒɛrit]
começar a gritar	menjerit	[mɛndʒɛrit]

discussão (f)	pertengkaran	[pɛrtɛŋkaran]
discutir (vt)	bertengkar	[bɛrtɛŋkar]
escândalo (m)	pergaduhan	[pɛrgaduhan]
criar escândalo	bergaduh	[bɛrgaduh]
conflito (m)	sengketa	[sɛŋketa]
mal-entendido (m)	salah faham	[salah faham]

insulto (m)	penghinaan	[pɛŋɣinaan]
insultar (vt)	menghina	[mɛŋɣina]
insultado	terhina	[tɛrhina]
ofensa (f)	rasa tersinggung hati	[rasa tɛrsiŋguŋ hati]
ofender (vt)	menyinggung hati	[mɛnjiŋguŋ hati]
ofender-se (vr)	tersinggung hati	[tɛrsiŋguŋ hati]

indignação (f)	kemarahan	[kɛmarahan]
indignar-se (vr)	marah	[marah]
queixa (f)	aduan	[aduan]
queixar-se (vr)	mengadu	[mɛŋadu]

desculpa (f)	permintaan maaf	[pɛrmintaan maaf]
desculpar-se (vr)	minta maaf	[minta maaf]
pedir perdão	minta maaf	[minta maaf]

crítica (f)	kritikan	[kritikan]
criticar (vt)	mengkritik	[mɛŋkritik]
acusação (f)	tuduhan	[tuduhan]
acusar (vt)	menuduh	[mɛnuduh]

vingança (f)	dendam	[dɛndam]
vingar (vt)	mendendam	[mɛndɛndam]
vingar-se (vr)	membalas	[membalas]

desprezo (m)	rasa benci	[rasa bɛntʃi]
desprezar (vt)	benci akan	[bɛntʃi akan]
ódio (m)	kebencian	[kɛbɛntʃian]
odiar (vt)	membenci	[mɛmbɛntʃi]

nervoso	resah	[rɛsah]
estar nervoso	naik resah	[naik rɛsah]
zangado	marah	[marah]
zangar (vt)	memarahkan	[mɛmarahkan]

humilhação (f)	penghinaan	[pɛŋɣinaan]
humilhar (vt)	merendahkan	[mɛrɛndahkan]
humilhar-se (vr)	merendahkan diri	[mɛrɛndahkan diri]

choque (m)	kejutan	[kɛdʒutan]
chocar (vt)	mengejutkan	[mɛŋɛdʒutkan]
aborrecimento (m)	kesusahan	[kɛsusahan]

desagradável	**tidak menyenangkan**	[tidak mɛnjenaŋkan]
medo (m)	**ketakutan**	[kɛtakutan]
terrível (tempestade, etc.)	**dahsyat**	[dahɕat]
assustador (ex. história ~a)	**seram**	[sɛram]
horror (m)	**rasa ngeri**	[rasa ŋɛri]
horrível (crime, etc.)	**mengerikan**	[mɛŋɛrikan]

começar a tremer	**menggigil**	[mɛŋgigil]
chorar (vi)	**menangis**	[mɛnaŋis]
começar a chorar	**menangis**	[mɛnaŋis]
lágrima (f)	**air mata**	[air mata]

falta (f)	**kebersalahan**	[kɛbɛrsalahan]
culpa (f)	**rasa bersalah**	[rasa bɛrsalah]
desonra (f)	**keaiban**	[keaiban]
protesto (m)	**bantahan**	[bantahan]
stresse (m)	**tekanan**	[tɛkanan]

perturbar (vt)	**mengganggu**	[mɛŋgaŋgu]
zangar-se com ...	**naik berang**	[naik beraŋ]
zangado	**marah**	[marah]
terminar (vt)	**memberhentikan**	[mɛmbɛrhɛntikan]
praguejar	**memarahi**	[mɛmarahi]

assustar-se	**takut**	[takut]
golpear (vt)	**memukul**	[mɛmukul]
brigar (na rua, etc.)	**berkelahi**	[bɛrkɛlahi]

resolver (o conflito)	**menyelesaikan**	[mɛnjelɛsajkan]
descontente	**tidak puas**	[tidak puas]
furioso	**garang**	[garaŋ]

Não está bem!	**Ini kurang baik!**	[ini kuraŋ baik]
É mau!	**Ini buruk!**	[ini buruk]

Medicina

71. Doenças

doença (f)	penyakit	[pɛnjakit]
estar doente	sakit	[sakit]
saúde (f)	kesihatan	[kɛsihatan]
nariz (m) a escorrer	hidung berair	[hiduŋ bɛrair]
amigdalite (f)	radang tenggorok	[radaŋ tɛŋgorok]
constipação (f)	selesema	[sɛlsɛma]
constipar-se (vr)	demam selesema	[dɛmam sɛlsɛma]
bronquite (f)	bronkitis	[broŋkitis]
pneumonia (f)	radang paru-paru	[radaŋ paru paru]
gripe (f)	selesema	[sɛlsɛma]
míope	rabun jauh	[rabun dʒauh]
presbita	rabun dekat	[rabun dɛkat]
estrabismo (m)	mata juling	[mata dʒuliŋ]
estrábico	bermata juling	[bɛrmata dʒuliŋ]
catarata (f)	katarak	[katarak]
glaucoma (m)	glaukoma	[glaukoma]
AVC (m), apoplexia (f)	angin amhar	[aŋin amhar]
ataque (m) cardíaco	serangan jantung	[sɛraŋan dʒantuŋ]
enfarte (m) do miocárdio	serangan jantung	[sɛraŋan dʒantuŋ]
paralisia (f)	lumpuh	[lumpuh]
paralisar (vt)	melumpuhkan	[mɛlumpuhkan]
alergia (f)	alahan	[alahan]
asma (f)	penyakit lelah	[pɛnjakit lɛlah]
diabetes (f)	diabetes	[diabetes]
dor (f) de dentes	sakit gigi	[sakit gigi]
cárie (f)	karies	[karis]
diarreia (f)	cirit-birit	[tʃirit birit]
prisão (f) de ventre	sembelit	[sɛmbɛlit]
desarranjo (m) intestinal	sakit perut	[sakit prut]
intoxicação (f) alimentar	keracunan	[kɛratʃunan]
intoxicar-se	keracunan	[kɛratʃunan]
artrite (f)	artritis	[artritis]
raquitismo (m)	penyakit riket	[penjakit riket]
reumatismo (m)	reumatisme	[reumatismɛ]
arteriosclerose (f)	aterosklerosis	[aterosklerosis]
gastrite (f)	gastritis	[gastritis]
apendicite (f)	apendisitis	[apendisitis]

colecistite (f)	radang pundi hempedu	[radaŋ pundi hɛmpɛdu]
úlcera (f)	ulser	[ulser]
sarampo (m)	campak	[ʧampak]
rubéola (f)	penyakit campak Jerman	[pɛnjakit ʧampak dʒerman]
iterícia (f)	sakit kuning	[sakit kuniŋ]
hepatite (f)	hepatitis	[hepatitis]
esquizofrenia (f)	skizofrenia	[skizofrenia]
raiva (f)	penyakit anjing gila	[pɛnjakit andʒiŋ gila]
neurose (f)	neurosis	[neurosis]
comoção (f) cerebral	gegaran otak	[gɛgaran otak]
cancro (m)	barah, kanser	[barah], [kansɛr]
esclerose (f)	sklerosis	[sklerosis]
esclerose (f) múltipla	sklerosis berbilang	[sklerosis bɛrbilaŋ]
alcoolismo (m)	alkoholisme	[alkoholismɛ]
alcoólico (m)	kaki arak	[kaki arak]
sífilis (f)	sifilis	[sifilis]
SIDA (f)	AIDS	[ejds]
tumor (m)	tumor	[tumor]
maligno	ganas	[ganas]
benigno	bukan barah	[bukan barah]
febre (f)	demam	[dɛmam]
malária (f)	malaria	[malaria]
gangrena (f)	kelemayuh	[kɛlɛmajuh]
enjoo (m)	mabuk laut	[mabuk laut]
epilepsia (f)	epilepsi	[epilepsi]
epidemia (f)	wabak	[vabak]
tifo (m)	tifus	[tifus]
tuberculose (f)	tuberkulosis	[tubɛrkulosis]
cólera (f)	penyakit taun	[pɛnjakit taun]
peste (f)	sampar	[sampar]

72. Sintomas. Tratamentos. Parte 1

sintoma (m)	tanda	[tanda]
temperatura (f)	suhu	[suhu]
febre (f)	suhu tinggi	[suhu tiŋgi]
pulso (m)	nadi	[nadi]
vertigem (f)	rasa pening	[rasa pɛniŋ]
quente (testa, etc.)	panas	[panas]
calafrio (m)	gigil	[gigil]
pálido	pucat	[puʧat]
tosse (f)	batuk	[batuk]
tossir (vi)	batuk	[batuk]
espirrar (vi)	bersin	[bɛrsin]
desmaio (m)	pengsan	[peŋsan]

desmaiar (vi)	jatuh pengsan	[dʒatuh peŋsan]
nódoa (f) negra	luka lebam	[luka lɛbam]
galo (m)	bengkak	[bɛŋkak]
magoar-se (vr)	melanggar	[mɛlaŋgar]
pisadura (f)	luka memar	[luka mɛmar]
aleijar-se (vr)	kena luka memar	[kɛna luka mɛmar]

coxear (vi)	berjalan pincang	[bɛrdʒalan pintʃaŋ]
deslocação (f)	seliuh	[sɛliuh]
deslocar (vt)	terseliuh	[tɛrɛeliuh]
fratura (f)	patah	[patah]
fraturar (vt)	patah	[patah]

corte (m)	hirisan	[hirisan]
cortar-se (vr)	terhiris	[tɛrhiris]
hemorragia (f)	pendarahan	[pɛndarahan]

queimadura (f)	luka bakar	[luka bakar]
queimar-se (vr)	terkena luka bakar	[tɛrkɛna luka bakar]

picar (vt)	mencucuk	[mɛntʃutʃuk]
picar-se (vr)	tercucuk	[tɛrtʃutʃuk]
lesionar (vt)	mencedera	[mntʃedɛra]
lesão (m)	cedera	[tʃedɛra]
ferida (f), ferimento (m)	cedera	[tʃedɛra]
trauma (m)	trauma	[trauma]

delirar (vi)	meracau	[mɛratʃau]
gaguejar (vi)	gagap	[gagap]
insolação (f)	strok matahari	[strok matahari]

73. Sintomas. Tratamentos. Parte 2

dor (f)	sakit	[sakit]
farpa (no dedo)	selumbar	[sɛlumbar]

suor (m)	peluh	[pɛluh]
suar (vi)	berpeluh	[bɛrpɛluh]
vómito (m)	muntah	[muntah]
convulsões (f pl)	kekejangan	[kɛkɛdʒaŋan]

grávida	hamil	[hamil]
nascer (vi)	dilahirkan	[dilahirkan]
parto (m)	kelahiran	[kɛlahiran]
dar à luz	melahirkan	[mɛlahirkan]
aborto (m)	pengguguran anak	[pɛŋguguran anak]

respiração (f)	pernafasan	[pɛrnafasan]
inspiração (f)	tarikan nafas	[tarikan nafas]
expiração (f)	penghembusan nafas	[pɛŋɣɛmbusan nafas]
expirar (vi)	menghembuskan nafas	[mɛŋɣɛmbuskan nafas]
inspirar (vi)	menarik nafas	[mɛnarik nafas]
inválido (m)	orang kurang upaya	[oraŋ kuraŋ upaja]
aleijado (m)	orang kurang upaya	[oraŋ kuraŋ upaja]

toxicodependente (m)	penagih dadah	[pɛnagih dadah]
surdo	tuli	[tuli]
mudo	bisu	[bisu]
surdo-mudo	bisu tuli	[bisu tuli]

louco (adj.)	gila	[gila]
louco (m)	lelaki gila	[lɛlaki gila]
louca (f)	perempuan gila	[pɛrɛmpuan gila]
ficar louco	menjadi gila	[mɛndʒadi gila]

gene (m)	gen	[gen]
imunidade (f)	kekebalan	[kɛkɛbalan]
hereditário	pusaka, warisan	[pusaka], [varisan]
congénito	bawaan	[bavaan]

vírus (m)	virus	[virus]
micróbio (m)	kuman	[kuman]
bactéria (f)	kuman	[kuman]
infeção (f)	jangkitan	[dʒaŋkitan]

74. Sintomas. Tratamentos. Parte 3

| hospital (m) | hospital | [hospital] |
| paciente (m) | pesakit | [pɛsakit] |

diagnóstico (m)	diagnosis	[diagnosis]
cura (f)	rawatan	[ravatan]
tratamento (m) médico	rawatan	[ravatan]
curar-se (vr)	berubat	[bɛrubat]
tratar (vt)	merawat	[mɛravat]
cuidar (pessoa)	merawat	[mɛravat]
cuidados (m pl)	jagaan	[dʒagaan]

operação (f)	pembedahan, surgeri	[pɛmbɛdahan], ['sødʒeri]
enfaixar (vt)	membalut	[membalut]
enfaixamento (m)	pembalutan	[pɛmbalutan]

vacinação (f)	suntikan	[suntikan]
vacinar (vt)	menanam cacar	[mɛnanam tʃatʃar]
injeção (f)	cucukan, injeksi	[tʃutʃukan], [indʒeksi]
dar uma injeção	membuat suntikan	[mɛmbuat suntikan]

ataque (~ de asma, etc.)	serangan	[sɛraŋan]
amputação (f)	pemotongan	[pɛmotoŋan]
amputar (vt)	memotong	[mɛmotoŋ]
coma (f)	keadaan koma	[kɛadaan koma]
estar em coma	dalam keadaan koma	[dalam kɛadaan koma]
reanimação (f)	rawatan rapi	[ravatan rapi]

recuperar-se (vr)	sembuh	[sɛmbuh]
estado (~ de saúde)	keadaan	[kɛadaan]
consciência (f)	kesedaran	[kɛsedaran]
memória (f)	ingatan	[iŋatan]
tirar (vt)	mencabut	[mɛntʃabut]

| chumbo (m), obturação (f) | tampal gigi | [tampal gigi] |
| chumbar, obturar (vt) | menampal | [mɛnampal] |

| hipnose (f) | hipnosis | [hipnosis] |
| hipnotizar (vt) | menghipnosis | [mɛŋɣipnosis] |

75. Médicos

médico (m)	doktor	[doktor]
enfermeira (f)	jururawat	[dʒururavat]
médico (m) pessoal	doktor peribadi	[doktor pribadi]

dentista (m)	doktor gigi	[doktor gigi]
oculista (m)	doktor mata	[doktor mata]
terapeuta (m)	doktor am	[doktor am]
cirurgião (m)	doktor bedah	[doktor bɛdah]

psiquiatra (m)	doktor penyakit jiwa	[doktor pɛnjakit dʒiva]
pediatra (m)	doktor kanak-kanak	[doktor kanak kanak]
psicólogo (m)	pakar psikologi	[pakar psikologi]
ginecologista (m)	doktor sakit puan	[doktor sakit puan]
cardiologista (m)	pakar kardiologi	[pakar kardiologi]

76. Medicina. Drogas. Acessórios

medicamento (m)	ubat	[ubat]
remédio (m)	ubat	[ubat]
receitar (vt)	mempreskripsikan	[mɛmpreskripsikan]
receita (f)	preskripsi	[preskripsi]

comprimido (m)	pil	[pil]
pomada (f)	ubat sapu	[ubat sapu]
ampola (f)	ampul	[ampul]
preparado (m)	ubat cair	[ubat tʃair]
xarope (m)	sirup	[sirup]
cápsula (f)	pil	[pil]
remédio (m) em pó	serbuk	[sɛrbuk]

ligadura (f)	kain pembalut	[kain pɛmbalut]
algodão (m)	kapas	[kapas]
iodo (m)	iodin	[iodin]

penso (m) rápido	plaster	[plastɛr]
conta-gotas (m)	pipet	[pipet]
termómetro (m)	meter suhu	[metɛr suhu]
seringa (f)	picagari	[pitʃagari]

| cadeira (f) de rodas | kerusi roda | [krusi roda] |
| muletas (f pl) | tongkat ketiak | [toŋkat kɛtiak] |

| analgésico (m) | ubat penahan sakit | [ubat pɛnahan sakit] |
| laxante (m) | julap | [dʒulap] |

álcool (m) etílico	alkohol	[alkohol]
ervas (f pl) medicinais	herba perubatan	[hɛrba pɛrubatan]
de ervas (chá ~)	herba	[hɛrba]

77. Fumar. Produtos tabágicos

tabaco (m)	tembakau	[tɛmbakau]
cigarro (m)	sigaret	[sigaret]
charuto (m)	cerutu	[tʃɛrutu]
cachimbo (m)	paip	[pajp]
maço (~ de cigarros)	kotak	[kotak]

fósforos (m pl)	mancis	[mantʃis]
caixa (f) de fósforos	kotak mancis	[kotak mantʃis]
isqueiro (m)	pemetik api	[pɛmɛtik api]
cinzeiro (m)	tempat abu rokok	[tɛmpat abu rokok]
cigarreira (f)	celepa rokok	[tʃɛlɛpa rokok]

| boquilha (f) | pemegang rokok | [pɛmɛgaŋ rokok] |
| filtro (m) | penapis | [pɛnapis] |

fumar (vi, vt)	merokok	[mɛrokok]
acender um cigarro	menyalakan api rokok	[mɛnjalakan api rokok]
tabagismo (m)	merokok	[mɛrokok]
fumador (m)	perokok	[pɛrokok]

beata (f)	puntung rokok	[puntuŋ rokok]
fumo (m)	asap	[asap]
cinza (f)	abu	[abu]

HABITAT HUMANO

Cidade

78. Cidade. Vida na cidade

cidade (f)	bandar	[bandar]
capital (f)	ibu negara	[ibu nɛgara]
aldeia (f)	kampung	[kampuŋ]
mapa (m) da cidade	pelan bandar	[plan bandar]
centro (m) da cidade	pusat bandar	[pusat bandar]
subúrbio (m)	pinggir bandar	[piŋgir bandar]
suburbano	pinggir bandar	[piŋgir bandar]
periferia (f)	pinggir	[piŋgir]
arredores (m pl)	persekitaran	[pɛrsekitaran]
quarteirão (m)	blok	[blok]
quarteirão (m) residencial	blok kediaman	[blok kɛdiaman]
tráfego (m)	lalu lintas, trafik	[lalu lintas], [trafik]
semáforo (m)	lampu isyarat	[lampu iɕarat]
transporte (m) público	pengangkutan awam bandar	[pɛŋaŋkutan avam bandar]
cruzamento (m)	persimpangan	[pɛrsimpaŋan]
passadeira (f)	lintasan pejalan kaki	[lintasan pɛdʒalan kaki]
passagem (f) subterrânea	terowong pejalan kaki	[tɛrovoŋ pɛdʒalan kaki]
cruzar, atravessar (vt)	melintas	[mɛlintas]
peão (m)	pejalan kaki	[pɛdʒalan kaki]
passeio (m)	kaki lima	[kaki lima]
ponte (f)	jambatan	[dʒambatan]
margem (f) do rio	jalan tepi sungai	[dʒalan tɛpi suŋaj]
fonte (f)	pancutan air	[pantʃutan air]
alameda (f)	lorong	[loroŋ]
parque (m)	taman	[taman]
bulevar (m)	boulevard	[bulevard]
praça (f)	dataran	[dataran]
avenida (f)	lebuh	[lɛbuh]
rua (f)	jalan	[dʒalan]
travessa (f)	lorong	[loroŋ]
beco (m) sem saída	buntu	[buntu]
casa (f)	rumah	[rumah]
edifício, prédio (m)	bangunan	[baŋunan]
arranha-céus (m)	cakar langit	[tʃakar laŋit]
fachada (f)	muka	[muka]

telhado (m)	bumbung	[bumbuŋ]
janela (f)	tingkap	[tiŋkap]
arco (m)	lengkung	[lɛŋkuŋ]
coluna (f)	tiang	[tiaŋ]
esquina (f)	sudut	[sudut]

montra (f)	cermin pameran	[tʃɛrmin pameran]
letreiro (m)	papan nama	[papan nama]
cartaz (m)	poster	[postɛr]
cartaz (m) publicitário	poster iklan	[postɛr iklan]
painel (m) publicitário	papan iklan	[papan iklan]

lixo (m)	sampah	[sampah]
cesta (f) do lixo	tong sampah	[toŋ sampah]
jogar lixo na rua	menyepah	[mɛnjepah]
aterro (m) sanitário	tempat sampah	[tɛmpat sampah]

cabine (f) telefónica	pondok telefon	[pondok telefon]
candeeiro (m) de rua	tiang lampu jalan	[tiaŋ lampu dʒalan]
banco (m)	bangku	[baŋku]

polícia (m)	anggota polis	[aŋgota polis]
polícia (instituição)	polis	[polis]
mendigo (m)	pengemis	[pɛŋɛmis]
sem-abrigo (m)	orang yang tiada tempat berteduh	[oraŋ jaŋ tiada tɛmpat bɛrtɛduh]

79. Instituições urbanas

loja (f)	kedai	[kɛdaj]
farmácia (f)	kedai ubat	[kɛdaj ubat]
ótica (f)	kedai optik	[kɛdaj optik]
centro (m) comercial	pusat membeli-belah	[pusat membli blah]
supermercado (m)	pasaraya	[pasaraja]

padaria (f)	kedai roti	[kɛdaj roti]
padeiro (m)	pembakar roti	[pɛmbakar roti]
pastelaria (f)	kedai kuih	[kɛdaj kuih]
mercearia (f)	barang-barang runcit	[baraŋ baraŋ runtʃit]
talho (m)	kedai daging	[kɛdaj dagiŋ]

| loja (f) de legumes | kedai sayur | [kɛdaj sajur] |
| mercado (m) | pasar | [pasar] |

café (m)	kedai kopi	[kɛdaj kopi]
restaurante (m)	restoran	[restoran]
bar (m), cervejaria (f)	kedai bir	[kɛdaj bir]
pizzaria (f)	kedai piza	[kɛdaj piza]

salão (m) de cabeleireiro	kedai gunting rambut	[kɛdaj guntiŋ rambut]
correios (m pl)	pejabat pos	[pɛdʒabat pos]
lavandaria (f)	kedai cucian kering	[kedaj tʃutʃian kɛriŋ]
estúdio (m) fotográfico	studio foto	[studio foto]
sapataria (f)	kedai kasut	[kɛdaj kasut]

livraria (f)	kedai buku	[kɛdaj buku]
loja (f) de artigos de desporto	kedai barang sukan	[kɛdaj baraŋ sukan]

reparação (f) de roupa	pembaikan baju	[pɛmbaikan badʒu]
aluguer (m) de roupa	sewaan kostum	[sevaan kostum]
aluguer (m) de filmes	sewa filem	[seva filɛm]

circo (m)	sarkas	[sarkas]
jardim (m) zoológico	zoo	[zu]
cinema (m)	pawagam	[pavagam]
museu (m)	muzium	[muzium]
biblioteca (f)	perpustakaan	[pɛrpustakaan]

teatro (m)	teater	[teatɛr]
ópera (f)	opera	[opɛra]
clube (m) noturno	kelab malam	[klab malam]
casino (m)	kasino	[kasino]

mesquita (f)	masjid	[masdʒid]
sinagoga (f)	saumaah	[saumaah]
catedral (f)	katedral	[katɛdral]
templo (m)	rumah ibadat	[rumah ibadat]
igreja (f)	gereja	[gɛredʒa]

instituto (m)	institut	[institut]
universidade (f)	universiti	[univɛrsiti]
escola (f)	sekolah	[sɛkolah]

prefeitura (f)	prefekture	[prefekturɛ]
câmara (f) municipal	dewan bandaran	[devan bandaran]
hotel (m)	hotel	[hotel]
banco (m)	bank	[baŋk]

embaixada (f)	kedutaan besar	[kɛdutaan bɛsar]
agência (f) de viagens	agensi pelancongan	[agensi pɛlanʧoŋan]
agência (f) de informações	pejabat penerangan	[pɛdʒabat pɛnɛraŋan]
casa (f) de câmbio	pusat pertukaran mata wang	[pusat pɛrtukaran mata vaŋ]

metro (m)	LRT	[ɛl ar ti]
hospital (m)	hospital	[hospital]

posto (m) de gasolina	stesen minyak	[stesen minjak]
parque (m) de estacionamento	tempat letak kereta	[tɛmpat lɛtak kreta]

80. Sinais

letreiro (m)	papan nama	[papan nama]
inscrição (f)	tulisan	[tulisan]
cartaz, póster (m)	poster	[postɛr]
sinal (m) informativo	penunjuk	[pɛnundʒuk]
seta (f)	anak panah	[anak panah]
aviso (advertência)	peringatan	[pɛriŋatan]
sinal (m) de aviso	amaran	[amaran]

avisar, advertir (vt)	memperingati	[mɛmpɛriŋati]
dia (m) de folga	hari kelepasan	[hari kɛlɛpasan]
horário (m)	jadual waktu	[dʒadual vaktu]
horário (m) de funcionamento	waktu pejabat	[vaktu pɛdʒabat]

BEM-VINDOS!	SELAMAT DATANG!	[sɛlamat dataŋ]
ENTRADA	MASUK	[masuk]
SAÍDA	KELUAR	[kɛluar]

EMPURRE	TOLAK	[tolak]
PUXE	TARIK	[tarik]
ABERTO	BUKA	[buka]
FECHADO	TUTUP	[tutup]

| MULHER | PEREMPUAN | [pɛrɛmpuan] |
| HOMEM | LELAKI | [lɛlaki] |

DESCONTOS	POTONGAN	[potoŋan]
SALDOS	JUALAN MURAH	[dʒualan murah]
NOVIDADE!	BARU!	[baru]
GRÁTIS	PERCUMA	[pɛrtʃuma]

ATENÇÃO!	PERHATIAN!	[pɛrhatian]
NÃO HÁ VAGAS	TIDAK ADA TEMPAT DUDUK YANG KOSONG	[tidak ada tɛmpat duduk jaŋ kosoŋ]
RESERVADO	DITEMPAH	[ditɛmpah]

| ADMINISTRAÇÃO | PENTADBIRAN | [pɛntadbiran] |
| SOMENTE PESSOAL AUTORIZADO | KAKITANGAN SAJA | [kakitaŋan sadʒa] |

CUIDADO CÃO FEROZ	AWAS, ANJING GANAS!	[avas], [andʒiŋ ganas]
PROIBIDO FUMAR!	DILARANG MEROKOK!	[dilaraŋ mɛrokok]
NÃO TOCAR	JANGAN SENTUH!	[dʒaŋan sɛntuh]

PERIGOSO	BERBAHAYA	[bɛrbahaja]
PERIGO	BAHAYA	[bahaja]
ALTA TENSÃO	VOLTAN TINGGI	[voltan tiŋgi]
PROIBIDO NADAR	DILARANG BERENANG!	[dilaraŋ bɛrɛnaŋ]
AVARIADO	ROSAK	[rosak]

INFLAMÁVEL	MUDAH TERBAKAR	[mudah tɛrbakar]
PROIBIDO	DILARANG	[dilaraŋ]
ENTRADA PROIBIDA	DILARANG MASUK!	[dilaraŋ masuk]
CUIDADO TINTA FRESCA	CAT BASAH	[tʃat basah]

81. Transportes urbanos

autocarro (m)	bas	[bas]
elétrico (m)	trem	[trem]
troleicarro (m)	bas elektrik	[bas elektrik]
itinerário (m)	laluan	[laluan]
número (m)	nombor	[nombor]
ir de … (carro, etc.)	naik	[naik]

| entrar (~ no autocarro) | naik | [naik] |
| descer de ... | turun | [turun] |

paragem (f)	perhentian	[pɛrhɛntian]
próxima paragem (f)	perhentian berikut	[pɛrhɛntian bɛrikut]
ponto (m) final	perhentian akhir	[pɛrhɛntian aχir]
horário (m)	jadual waktu	[dʒadual vaktu]
esperar (vt)	menunggu	[mɛnuŋgu]

| bilhete (m) | tiket | [tiket] |
| custo (m) do bilhete | harga tiket | [harga tiket] |

bilheteiro (m)	juruwang, kasyier	[dʒuruvaŋ], [kaʃier]
controlo (m) dos bilhetes	pemeriksaan tiket	[pɛmɛriksaan tiket]
revisor (m)	konduktor	[konduktor]

atrasar-se (vr)	lambat	[lambat]
perder (o autocarro, etc.)	ketinggalan	[kɛtiŋgalan]
estar com pressa	tergesa-gesa	[tɛrgɛsa gɛsa]

táxi (m)	teksi	[teksi]
taxista (m)	pemandu teksi	[pɛmandu teksi]
de táxi (ir ~)	naik teksi	[naik tɛksi]
praça (f) de táxis	perhentian teksi	[pɛrhɛntian teksi]
chamar um táxi	memanggil teksi	[mɛmaŋgil teksi]
apanhar um táxi	mengambil teksi	[mɛŋambil teksi]

tráfego (m)	lalu lintas, trafik	[lalu lintas], [trafik]
engarrafamento (m)	kesesakan trafik	[kɛsɛsakan trafik]
horas (f pl) de ponta	jam sibuk	[dʒam sibuk]
estacionar (vi)	meletak kereta	[mɛlɛtak kreta]
estacionar (vt)	meletak	[mɛlɛtak]
parque (m) de estacionamento	tempat meletak	[tɛmpat mɛlɛtak]

metro (m)	LRT	[ɛl ar ti]
estação (f)	stesen	[stesen]
ir de metro	naik LRT	[naik ɛl ar ti]
comboio (m)	kereta api, tren	[kreta api], [tren]
estação (f)	stesen kereta api	[stesen kreta api]

82. Turismo

monumento (m)	tugu	[tugu]
fortaleza (f)	kubu	[kubu]
palácio (m)	istana	[istana]
castelo (m)	istana kota	[istana kota]
torre (f)	menara	[mɛnara]
mausoléu (m)	mausoleum	[mausoleum]

arquitetura (f)	seni bina	[sɛni bina]
medieval	abad pertengahan	[abad pɛrtɛŋahan]
antigo	kuno	[kuno]
nacional	nasional	[nasional]
conhecido	terkenal	[tɛrkɛnal]

turista (m)	pelancong	[pɛlantʃoŋ]
guia (pessoa)	pemandu	[pɛmandu]
excursão (f)	darmawisata	[darmavisata]
mostrar (vt)	menunjukkan	[mɛnundʒukkan]
contar (vt)	menceritakan	[mɛntʃɛritakan]

encontrar (vt)	mendapati	[mɛndapati]
perder-se (vr)	kehilangan	[kɛhilaŋan]
mapa (~ do metrô)	peta	[pɛta]
mapa (~ da cidade)	pelan	[plan]

lembrança (f), presente (m)	cenderamata	[tʃɛndramata]
loja (f) de presentes	kedai cenderamata	[kedaj tʃɛndramata]
fotografar (vt)	mengambil gambar	[mɛŋambil gambar]
fotografar-se	bergambar	[bɛrgambar]

83. Compras

comprar (vt)	membeli	[mɛmbli]
compra (f)	belian	[blian]
fazer compras	membeli-belah	[mɛmbli blah]
compras (f pl)	berbelanja	[bɛrblandʒa]

| estar aberta (loja, etc.) | buka | [buka] |
| estar fechada | tutup | [tutup] |

calçado (m)	kasut	[kasut]
roupa (f)	pakaian	[pakajan]
cosméticos (m pl)	alat solek	[alat solek]
alimentos (m pl)	bahan makanan	[bahan makanan]
presente (m)	hadiah	[hadiah]

| vendedor (m) | penjual | [pɛndʒual] |
| vendedora (f) | jurujual perempuan | [dʒurudʒual pɛrɛmpuan] |

caixa (f)	tempat juruwang	[tɛmpat dʒuruvaŋ]
espelho (m)	cermin	[tʃɛrmin]
balcão (m)	kaunter	[kaunter]
cabine (f) de provas	bilik acu	[bilik atʃu]

provar (vt)	mencuba	[mɛntʃuba]
servir (vi)	sesuai	[sɛsuaj]
gostar (apreciar)	suka	[suka]

preço (m)	harga	[harga]
etiqueta (f) de preço	tanda harga	[tanda harga]
custar (vt)	berharga	[bɛrharga]
Quanto?	Berapa?	[brapa]
desconto (m)	potongan	[potoŋan]

não caro	tidak mahal	[tidak mahal]
barato	murah	[murah]
caro	mahal	[mahal]
É caro	Ini mahal	[ini mahal]

aluguer (m)	sewaan	[sevaan]
alugar (vestidos, etc.)	menyewa	[mɛnjeva]
crédito (m)	pinjaman	[pindʒaman]
a crédito	dengan pinjaman sewa beli	[dɛŋan pindʒaman seva eli]

84. Dinheiro

dinheiro (m)	wang	[vaŋ]
câmbio (m)	pertukaran	[pɛrtukaran]
taxa (f) de câmbio	kadar pertukaran	[kadar pɛrtukaran]
Caixa Multibanco (m)	ATM	[ɛj ti ɛm]
moeda (f)	syiling	[ʃiliŋ]

dólar (m)	dolar	[dolar]
euro (m)	euro	[euro]

lira (f)	lire Itali	[lirɛ itali]
marco (m)	Deutsche Mark	[dojtʃe mark]
franco (m)	franc	[fraŋk]
libra (f) esterlina	paun	[paun]
iene (m)	yen	[jen]

dívida (f)	hutang	[hutaŋ]
devedor (m)	si berhutang	[si bɛrhutaŋ]
emprestar (vt)	meminjamkan	[mɛmindʒamkan]
pedir emprestado	meminjam	[mɛmindʒam]

banco (m)	bank	[baŋk]
conta (f)	akaun	[akaun]
depositar (vt)	memasukkan	[mɛmasukkan]
depositar na conta	memasukkan ke dalam akaun	[mɛmasukkan ke dalam akaun]
levantar (vt)	mengeluarkan wang	[mɛŋɛluarkan vaŋ]

cartão (m) de crédito	kad kredit	[kad kredit]
dinheiro (m) vivo	wang tunai	[vaŋ tunaj]
cheque (m)	cek	[tʃek]
passar um cheque	menulis cek	[mɛnulis tʃek]
livro (m) de cheques	buku cek	[buku tʃek]

carteira (f)	beg duit	[beg duit]
porta-moedas (m)	dompet	[dompet]
cofre (m)	peti besi	[pɛti bɛsi]

herdeiro (m)	pewaris	[pɛvaris]
herança (f)	warisan	[varisan]
fortuna (riqueza)	kekayaan	[kɛkajaan]

arrendamento (m)	sewa	[seva]
renda (f) de casa	sewa rumah	[seva rumah]
alugar (vt)	menyewa	[mɛnjeva]

preço (m)	harga	[harga]
custo (m)	kos	[kos]

soma (f)	jumlah	[dʒumlah]
gastar (vt)	menghabiskan	[mɛŋɣabiskan]
gastos (m pl)	belanja	[blandʒa]
economizar (vi)	menjimatkan	[mɛndʒimatkan]
económico	cermat	[tʃɛrmat]

pagar (vt)	membayar	[mɛmbajar]
pagamento (m)	pembayaran	[pɛmbajaran]
troco (m)	sisa wang	[sisa vaŋ]

imposto (m)	cukai	[tʃukaj]
multa (f)	denda	[dɛnda]
multar (vt)	mendenda	[mɛndɛnda]

85. Correios. Serviço postal

correios (m pl)	pejabat pos	[pɛdʒabat pos]
correio (m)	mel	[mel]
carteiro (m)	posmen	[posmen]
horário (m)	waktu pejabat	[vaktu pɛdʒabat]

carta (f)	surat	[surat]
carta (f) registada	surat berdaftar	[surat bɛrdaftar]
postal (m)	poskad	[poskad]
telegrarna (m)	telegram	[telegram]
encomenda (f) postal	kiriman pos	[kiriman pos]
remessa (f) de dinheiro	kiriman wang	[kiriman vaŋ]

receber (vt)	menerima	[mɛnɛrima]
enviar (vt)	mengirim	[mɛŋirim]
envio (m)	pengiriman	[pɛŋiriman]

endereço (m)	alamat	[alamat]
código (m) postal	poskod	[poskod]
remetente (m)	pengirim	[pɛŋirim]
destinatário (m)	penerima	[pɛnɛrima]

nome (m)	nama	[nama]
apelido (m)	nama keluarga	[nama kɛluarga]

tarifa (f)	tarif	[tarif]
ordinário	biasa, lazim	[biasa], [lazim]
económico	ekonomik	[ekonomik]

peso (m)	berat	[brat]
pesar (estabelecer o peso)	menimbang	[mɛnimbaŋ]
envelope (m)	sampul surat	[sampul surat]
selo (m)	setem	[sɛtem]
colar o selo	melekatkan setem	[mɛlɛkatkan ɛetem]

Moradia. Casa. Lar

86. Casa. Habitação

casa (f)	rumah	[rumah]
em casa	di rumah	[di rumah]
pátio (m)	halaman	[halaman]
cerca (f)	jeriji pagar	[dʒɛridʒi pagar]

tijolo (m)	batu bata	[batu bata]
de tijolos	batu bata	[batu bata]
pedra (f)	batu	[batu]
de pedra	batu	[batu]
betão (m)	konkrit	[koŋkrit]
de betão	konkrit	[koŋkrit]

novo	baru	[baru]
velho	tua	[tua]
decrépito	usang, uzur	[usaŋ], [uzur]
moderno	moden	[modɛn]
de muitos andares	bertingkat	[bɛrtiŋkat]
alto	tinggi	[tiŋgi]

| andar (m) | tingkat | [tiŋkat] |
| de um andar | satu tingkat | [satu tiŋkat] |

| andar (m) de baixo | lantai bawah | [lantaj bavah] |
| andar (m) de cima | lantai atas | [lantaj atas] |

| telhado (m) | bumbung | [bumbuŋ] |
| chaminé (f) | cerobong | [tʃɛroboŋ] |

telha (f)	genting	[gɛntiŋ]
de telha	genting	[gɛntiŋ]
sótão (m)	loteng	[lotɛŋ]

| janela (f) | tingkap | [tiŋkap] |
| vidro (m) | kaca | [katʃa] |

| parapeito (m) | ambang tingkap | [ambaŋ tiŋkap] |
| portadas (f pl) | daun tingkap | [daun tiŋkap] |

parede (f)	dinding	[dindiŋ]
varanda (f)	langkan	[laŋkan]
tubo (m) de queda	paip salir	[pajp salir]

em cima	di atas	[di atas]
subir (~ as escadas)	naik	[naik]
descer (vi)	turun	[turun]
mudar-se (vr)	berpindah	[bɛrpindah]

87. Casa. Entrada. Elevador

entrada (f)	pintu masuk	[pintu masuk]
escada (f)	tangga	[taŋga]
degraus (m pl)	anak tangga	[anak taŋga]
corrimão (m)	selusur tangan	[sɛlusur taŋan]
hall (m) de entrada	ruang legar	[ruaŋ legar]

caixa (f) de correio	peti surat	[pɛti surat]
caixote (m) do lixo	tong sampah	[toŋ sampah]
conduta (f) do lixo	pelongsor sampah	[pɛloŋsor sampah]

elevador (m)	lif	[lif]
elevador (m) de carga	lif muatan	[lif muatan]
cabine (f)	gerabak lif	[gɛrabak lif]
pegar o elevador	naik lif	[naik lif]

apartamento (m)	pangsapuri	[paŋsapuri]
moradores (m pl)	penghuni	[pɛnɣuni]
vizinho (m)	jiran lelaki	[dʒiran lɛlaki]
vizinha (f)	jiran perempuan	[dʒiran pɛrɛmpuan]
vizinhos (pl)	jiran	[dʒiran]

88. Casa. Eletricidade

eletricidade (f)	t'naga elektrik	[tenaga elektrik]
lâmpada (f)	bal lampu	[bal lampu]
interruptor (m)	suis	[suis]
fusível (m)	fius	[fius]

fio, cabo (m)	kawat, wayar	[kavat], [vajar]
instalação (f) elétrica	pemasangan wayar	[pɛmasaŋan vajar]
contador (m) de eletricidade	meter elektrik	[metɛr elektrik]
indicação (f), registo (m)	bacaan	[batʃaan]

89. Casa. Portas. Fechaduras

porta (f)	pintu	[pintu]
portão (m)	pintu gerbang	[pintu gɛrbaŋ]
maçaneta (f)	tangkai	[taŋkaj]
destrancar (vt)	membuka kunci	[mɛmbuka kuntʃi]
abrir (vt)	membuka	[mɛmbuka]
fechar (vt)	menutup	[mɛnutup]

chave (f)	kunci	[kuntʃi]
molho (m)	sejambak	[sɛdʒambak]
ranger (vi)	berkerik	[bɛrɛerik]
rangido (m)	bunyi kerik	[bunji kɛrik]
dobradiça (f)	engsel	[eŋsel]
tapete (m) de entrada	ambal	[ambal]
fechadura (f)	kunci pintu	[kuntʃi pintu]

buraco (m) da fechadura	lubang kunci	[lubaŋ kuntʃi]
ferrolho (m)	selak pintu	[sɛlak pintu]
fecho (ferrolho pequeno)	selak pintu	[sɛlak pintu]
cadeado (m)	mangga	[maŋga]

tocar (vt)	membunyikan	[mɛmbunjikan]
toque (m)	bunyi loceng	[bunji lotʃeŋ]
campainha (f)	loceng	[lotʃeŋ]
botão (m)	tombol	[tombol]
batida (f)	ketukan	[kɛtukan]
bater (vi)	mengetuk	[mɛŋɛtuk]

código (m)	kod	[kod]
fechadura (f) de código	kunci kod	[kuntʃi kod]
telefone (m) de porta	interkom	[intɛrkom]
número (m)	nombor	[nombor]
placa (f) de porta	papan tanda	[papan tanda]
vigia (f), olho (m) mágico	lubang intai	[lubaŋ intaj]

90. Casa de campo

aldeia (f)	kampung	[kampuŋ]
horta (f)	kebun sayur	[kɛbun sajur]
cerca (f)	pagar	[pagar]
paliçada (f)	pagar	[pagar]
cancela (f) do jardim	pintu pagar	[pintu pagar]

celeiro (m)	rengkiang	[rɛŋkiaŋ]
adega (f)	bilik stor bawah tanah	[bilik stor bavah tanah]
galpão, barracão (m)	bangsal	[baŋsal]
poço (m)	perigi	[pɛrigi]

fogão (m)	dapur	[dapur]
atiçar o fogo	membakar dapur	[mɛmbakar dapur]
lenha (carvão ou ~)	kayu bakar	[kaju bakar]
acha (lenha)	kayu api	[kaju api]

varanda (f)	serambi	[sɛrambi]
alpendre (m)	serambi	[sɛrambi]
degraus (m pl) de entrada	anjung depan	[andʒuŋ dɛpan]
balouço (m)	buyaian	[buajan]

91. Moradia. Mansão

casa (f) de campo	rumah luar bandar	[rumah luar bandar]
vila (f)	vila	[vila]
ala (~ do edifício)	sayap	[sajap]

jardim (m)	kebun	[kɛbun]
parque (m)	taman	[taman]
estufa (f)	rumah hijau	[rumah hidʒau]
cuidar de …	memelihara	[mɛmɛlihara]

piscina (f)	kolam renang	[kolam rɛnaŋ]
ginásio (m)	gimnasium	[gimnasium]
campo (m) de ténis	gelanggang tenis	[gɛlaŋgaŋ tenis]
cinema (m)	pawagam	[pavagam]
garagem (f)	garaj	[garadʒ]

| propriedade (f) privada | harta benda persendirian | [harta bɛnda pɛrsɛndirian] |
| terreno (m) privado | ladang persendirian | [ladaŋ pɛrsɛndirian] |

| advertência (f) | peringatan | [pɛriŋatan] |
| sinal (m) de aviso | tulisan amaran | [tulisan amaran] |

guarda (f)	kawalan keselamatan	[kavalan kɛsɛlamatan]
guarda (m)	pengawal keselamatan	[pɛŋaval kɛsɛlamatan]
alarme (m)	alat penggera	[alat pɛŋgɛra]

92. Castelo. Palácio

castelo (m)	istana kota	[istana kota]
palácio (m)	istana	[istana]
fortaleza (f)	kubu	[kubu]
muralha (f)	tembok	[tembok]
torre (f)	menara	[mɛnara]
calabouço (m)	menara utama	[mɛnara utama]

grade (f) levadiça	gril pintu kota	[gril pintu kota]
passagem (f) subterrânea	laluan bawah tanah	[laluan bavah tanah]
fosso (m)	parit	[parit]
corrente, cadeia (f)	rantai	[rantaj]
seteira (f)	lubang untuk memanah	[lubaŋ untuk mɛmanah]

magnífico	cemerlang	[tʃɛmɛrlaŋ]
majestoso	hebat dan agung	[hebat dan aguŋ]
inexpugnável	tidak boleh dicapai	[tidak bole ditʃapaj]
medieval	abad pertengahan	[abad pɛrtɛŋahan]

93. Apartamento

apartamento (m)	pangsapuri	[paŋsapuri]
quarto (m)	bilik	[bilik]
quarto (m) de dormir	bilik tidur	[bilik tidur]
sala (f) de jantar	bilik makan	[bilik makan]
sala (f) de estar	ruang tamu	[ruaŋ tamu]
escritório (m)	bilik bacaan	[bilik batʃaan]

antessala (f)	ruang depan	[ruaŋ dɛpan]
quarto (m) de banho	bilik mandi	[bilik mandi]
toilette (lavabo)	tandas	[tandas]

teto (m)	siling	[siliŋ]
chão, soalho (m)	lantai	[lantaj]
canto (m)	sudut	[sudut]

94. Apartamento. Limpeza

arrumar, limpar (vt)	mengemaskan	[mɛŋɛmaskan]
guardar (no armário, etc.)	menyimpan	[mɛnjimpan]
pó (m)	habuk, debu	[habuk], [dɛbu]
empoeirado	berhabuk	[bɛrhabuk]
limpar o pó	mengesat debu	[mɛŋɛsat debu]
aspirador (m)	pembersih vakum	[pɛmbɛrsih vakum]
aspirar (vt)	memvakum	[mɛmvakum]
varrer (vt)	menyapu	[mɛnjapu]
sujeira (f)	sampah	[sampah]
arrumação (f), ordem (f)	keteraturan	[kɛteraturan]
desordem (f)	keadaan berselerak	[kɛadaan bɛrɛelerak]
esfregão (m)	mop lantai	[mop lantaj]
pano (m), trapo (m)	lap	[lap]
vassoura (f)	penyapu	[pɛnjapu]
pá (f) de lixo	penadah sampah	[pɛnadah sampah]

95. Mobiliário. Interior

mobiliário (m)	perabot	[pɛrabot]
mesa (f)	meja	[medʒa]
cadeira (f)	kerusi	[krusi]
cama (f)	katil	[katil]
divã (m)	sofa	[sofa]
cadeirão (m)	kerusi tangan	[krusi taŋan]
estante (f)	almari buku	[almari buku]
prateleira (f)	rak	[rak]
guarda-vestidos (m)	almari	[almari]
cabide (m) de parede	tempat sangkut baju	[tɛmpat saŋkut badʒu]
cabide (m) de pé	penyangkut kot	[pɛnjaŋkut kot]
cómoda (f)	almari laci	[almari latʃi]
mesinha (f) de centro	meja tamu	[medʒa tamu]
espelho (m)	cermin	[tʃɛrmin]
tapete (m)	permaidani	[pɛrmajdani]
tapete (m) pequeno	ambal	[ambal]
lareira (f)	perapian	[pɛrapian]
vela (f)	linlin	[linlin]
castiçal (m)	kaki dian	[kaki dian]
cortinas (f pl)	langsir	[laŋsir]
papel (m) de parede	kertas dinding	[kɛrtas dindiŋ]
estores (f pl)	kerai	[kraj]
candeeiro (m) de mesa	lampu meja	[lampu medʒa]
candeeiro (m) de parede	lampu dinding	[lampu dindiŋ]

| candeeiro (m) de pé | lampu lantai | [lampu lantaj] |
| lustre (m) | candelier | [tʃandelir] |

pé (de mesa, etc.)	kaki	[kaki]
braço (m)	lengan	[lɛŋan]
costas (f pl)	sandaran	[sandaran]
gaveta (f)	laci	[latʃi]

96. Quarto de dormir

roupa (f) de cama	linen	[linen]
almofada (f)	bantal	[bantal]
fronha (f)	sarung bantal	[saruŋ bantal]
cobertor (m)	selimut	[sɛlimut]
lençol (m)	kain cadar	[kain tʃadar]
colcha (f)	tutup tilam bantal	[tutup tilam bantal]

97. Cozinha

cozinha (f)	dapur	[dapur]
gás (m)	gas	[gas]
fogão (m) a gás	dapur gas	[dapur gas]
fogão (m) elétrico	dapur elektrik	[dapur elektrik]
forno (m)	oven	[oven]
forno (m) de micro-ondas	dapur gelombang mikro	[dapur gɛlombaŋ mikro]

frigorífico (m)	peti sejuk	[pɛti sɛdʒuk]
congelador (m)	petak sejuk beku	[petak sɛdʒuk bɛku]
máquina (f) de lavar louça	mesin basuh pinggan mangkuk	[mesin basuh piŋgan maŋkuk]

moedor (m) de carne	pengisar daging	[pɛŋisar dagiŋ]
espremedor (m)	pemerah jus	[pɛmɛrah dʒus]
torradeira (f)	pembakar roti	[pɛmbakar roti]
batedeira (f)	pengadun	[pɛŋadun]

máquina (f) de café	pembuat kopi	[pɛmbuat kopi]
cafeteira (f)	kole kopi	[kole kopi]
moinho (m) de café	pengisar kopi	[pɛŋisar kopi]

chaleira (f)	cerek	[tʃerek]
bule (m)	poci	[potʃi]
tampa (f)	tutup	[tutup]
coador (m) de chá	penapis the	[pɛnapis teh]

colher (f)	sudu	[sudu]
colher (f) de chá	sudu teh	[sudu teh]
colher (f) de sopa	sudu makan	[sudu makan]
garfo (m)	garpu	[garpu]
faca (f)	pisau	[pisau]
louça (f)	pinggan mangkuk	[piŋgan maŋkuk]
prato (m)	pinggan	[piŋgan]

pires (m)	alas cawan	[alas ʧavan]
cálice (m)	gelas wain kecil	[glas vajn keʧil]
copo (m)	gelas	[glas]
chávena (f)	cawan	[ʧavan]

açucareiro (m)	tempat gula	[tɛmpat gula]
saleiro (m)	tempat garam	[tɛmpat garam]
pimenteiro (m)	tempat lada	[tɛmpat lada]
manteigueira (f)	tempat mentega	[tɛmpat mɛntega]

panela, caçarola (f)	periuk	[priuk]
frigideira (f)	kuali	[kuali]
concha (f)	sendok	[sendok]
passador (m)	alat peniris	[alat pɛniris]
bandeja (f)	dulang	[dulaŋ]

garrafa (f)	botol	[botol]
boião (m) de vidro	balang	[balaŋ]
lata (f)	tin	[tin]

abre-garrafas (m)	pembuka botol	[pɛmbuka botol]
abre-latas (m)	pembuka tin	[pɛmbuka tin]
saca-rolhas (m)	skru gabus	[skru gabus]
filtro (m)	penapis	[pɛnapis]
filtrar (vt)	menapis	[mɛnapis]

| lixo (m) | sampah | [sampah] |
| balde (m) do lixo | baldi sampah | [baldi sampah] |

98. Casa de banho

quarto (m) de banho	bilik mandi	[bilik mandi]
água (f)	air	[air]
torneira (f)	pili	[pili]
água (f) quente	air panas	[air panas]
água (f) fria	air sejuk	[air sɛʤuk]

pasta (f) de dentes	ubat gigi	[ubat gigi]
escovar os dentes	memberus gigi	[mɛmbɛrus gigi]
escova (f) de dentes	berus gigi	[bɛrus gigi]

barbear-se (vr)	bercukur	[bɛrʧukur]
espuma (f) de barbear	buih cukur	[buih ʧukur]
máquina (f) de barbear	pisau cukur	[pisau ʧukur]

lavar (vt)	mencuci	[mɛnʧuʧi]
lavar-se (vr)	mandi	[mandi]
duche (m)	pancuran mandi	[panʧuran mandi]
tomar um duche	mandi di bawah pancuran air	[mandi di bavah panʧuran air]

banheira (f)	tab mandi	[tab mandi]
sanita (f)	mangkuk tandas	[maŋkuk tandas]
lavatório (m)	sink cuci tangan	[siŋk ʧuʧi taŋan]

| sabonete (m) | sabun | [sabun] |
| saboneteira (f) | tempat sabun | [tɛmpat sabun] |

esponja (f)	span	[span]
champô (m)	syampu	[ʃampu]
toalha (f)	tuala	[tuala]
roupão (m) de banho	jubah mandi	[dʒubah mandi]

lavagem (f)	pembasuhan	[pɛmbasuhan]
máquina (f) de lavar	mesin pembasuh	[mesin pɛmbasuh]
lavar a roupa	membasuh	[mɛmbasuh]
detergente (m)	serbuk pencuci	[serbuk pɛnʧuʧi]

99. Eletrodomésticos

televisor (m)	peti televisyen	[pɛti televiʃɛn]
gravador (m)	perakam	[pɛrakam]
videogravador (m)	perakam video	[pɛrakam video]
rádio (m)	pesawat radio	[pɛsavat radio]
leitor (m)	pemain	[pɛmajn]

projetor (m)	penayang video	[pɛnajaŋ video]
cinema (m) em casa	pawagam rumah	[pavagam rumah]
leitor (m) de DVD	pemain DVD	[pɛmajn di vi di]
amplificador (m)	penguat	[pɛŋwat]
console (f) de jogos	konsol permainan video	[konsol pɛrmajnan video]

câmara (f) de vídeo	kamera video	[kamera video]
máquina (f) fotográfica	kamera foto	[kamera foto]
câmara (f) digital	kamera digital	[kamera digital]

aspirador (m)	pembersih vakum	[pɛmbɛrsih vakum]
ferro (m) de engomar	seterika	[sɛtɛrika]
tábua (f) de engomar	papan seterika	[papan sɛtɛrika]

telefone (m)	telefon	[telefon]
telemóvel (m)	telefon bimbit	[telefon bimbit]
máquina (f) de escrever	mesin taip	[mesin tajp]
máquina (f) de costura	mesin jahit	[mesin dʒahit]

microfone (m)	mikrofon	[mikrofon]
auscultadores (m pl)	pendengar telinga	[pɛndɛŋar tɛliŋa]
controlo remoto (m)	alat kawalan jauh	[alat kavalan dʒauh]

CD (m)	cakera padat	[ʧakra padat]
cassete (f)	kaset	[kaset]
disco (m) de vinil	piring hitam	[piriŋ hitam]

100. Reparações. Renovação

| renovação (f) | pembaikan | [pɛmbaikan] |
| renovar (vt), fazer obras | membuat renovasi | [mɛmbuat renovasi] |

reparar (vt)	membaiki	[mɛmbaiki]
consertar (vt)	membereskan	[mɛmbereskan]
refazer (vt)	membuat semula	[mɛmbuat sɛmula]

tinta (f)	cat	[ʧat]
pintar (vt)	mencat	[mɛnʧat]
pintor (m)	tukang cat	[tukaŋ ʧat]
pincel (m)	berus	[bɛrus]

| cal (f) | cat kapur | [ʧat kapur] |
| caiar (vt) | mengapur | [mɛŋapur] |

papel (m) de parede	kertas dinding	[kɛrtas dindiŋ]
colocar papel de parede	menampal kertas dinding	[mɛnampal kɛrtas dindiŋ]
verniz (m)	varnis	[varnis]
envernizar (vt)	memvarnis	[memvarnis]

101. Canalizações

água (f)	air	[air]
água (f) quente	air panas	[air panas]
água (f) fria	air sejuk	[air sɛʤuk]
torneira (f)	pili	[pili]

gota (f)	titisan	[titisan]
gotejar (vi)	menitis	[mɛnitis]
vazar (vt)	bocor	[boʧor]
vazamento (m)	bocor	[boʧor]
poça (f)	lopak	[lopak]

tubo (m)	paip	[pajp]
válvula (f)	injap	[inʤap]
entupir-se (vr)	tersumbat	[tɛrsumbat]

ferramentas (f pl)	alat-alat	[alat alat]
chave (f) inglesa	perengkuh	[pɛrɛŋkuh]
desenroscar (vt)	memutar-buka	[mɛmutar buka]
enroscar (vt)	mengetatkan	[mɛŋetatkan]

desentupir (vt)	membersihkan	[mɛmbɛrsihkan]
canalizador (m)	tukang paip	[tukaŋ pajp]
cave (f)	tingkat bawah tanah	[tiŋkat bavah tanah]
sistema (m) de esgotos	saluran pembetungan	[saluran pɛmbetuŋan]

102. Fogo. Deflagração

incêndio (m)	api	[api]
chama (f)	nyala	[njala]
faísca (f)	bunga api	[buŋa api]
fumo (m)	asap	[asap]
tocha (f)	obor	[obor]
fogueira (f)	unggun api	[uŋgun api]

gasolina (f)	minyak	[minjak]
querosene (m)	minyak tanah	[minjak tanah]
inflamável	mudah terbakar	[mudah tɛrbakar]
explosivo	mudah meletup	[mudah mɛlɛtup]
PROIBIDO FUMAR!	DILARANG MEROKOK!	[dilaraŋ mɛrokok]
segurança (f)	keselamatan	[kɛsɛlamatan]
perigo (m)	bahaya	[bahaja]
perigoso	berbahaya	[bɛrbahaja]
incendiar-se (vr)	mula bernyala	[mula bɛrnjala]
explosão (f)	letupan	[lɛtupan]
incendiar (vt)	membakar	[mɛmbakar]
incendiário (m)	pelaku kebakaran	[pɛlaku kɛbakaran]
incêndio (m) criminoso	pembakaran	[pɛmbakaran]
arder (vi)	bernyala	[bɛrnjala]
queimar (vi)	terbakar	[tɛrbakar]
queimar tudo (vi)	terbakar	[tɛrbakar]
chamar os bombeiros	memanggil pasukan bomba	[mɛmaŋgil pasukan bomba]
bombeiro (m)	anggota bomba	[aŋgota bomba]
carro (m) de bombeiros	kereta bomba	[kreta bomba]
corpo (m) de bombeiros	pasukan bomba	[pasukan bomba]
escada (f) extensível	tangga jenjang	[taŋga dʒɛndʒaŋ]
mangueira (f)	hos	[hos]
extintor (m)	pemadam api	[pɛmadam api]
capacete (m)	topi besi	[topi bɛsi]
sirene (f)	siren	[sirɛn]
gritar (vi)	berteriak	[bɛrtɛriak]
chamar por socorro	memanggil	[mɛmaŋgil]
salvador (m)	penyelamat	[pɛnjelamat]
salvar, resgatar (vt)	menyelamatkan	[mɛnjelamatkan]
chegar (vi)	datang	[dataŋ]
apagar (vt)	memadamkan	[mɛmadamkan]
água (f)	air	[air]
areia (f)	pasir	[pasir]
ruínas (f pl)	puing	[puiŋ]
ruir (vi)	runtuh	[runtuh]
desmoronar (vi)	jatuh	[dʒatuh]
desabar (vi)	roboh	[roboh]
fragmento (m)	serpihan	[sɛrpihan]
cinza (f)	abu	[abu]
sufocar (vi)	mati lemas	[mati lɛmas]
perecer (vi)	terbunuh, mati	[tɛrbunuh], [mati]

ATIVIDADES HUMANAS

Emprego. Negócios. Parte 1

103. Escritório. O trabalho no escritório

escritório (~ de advogados)	**pejabat**	[pɛdʒabat]
escritório (do diretor, etc.)	**pejabat**	[pɛdʒabat]
receção (f)	**meja sambut tetamu**	[medʒa sambut tɛtamu]
secretário (m)	**setiausaha**	[sɛtiausaha]
diretor (m)	**pengarah**	[pɛŋarah]
gerente (m)	**menejar**	[mɛnedʒar]
contabilista (m)	**akauntan**	[akauntan]
empregado (m)	**kakitangan**	[kakitaŋan]
mobiliário (m)	**perabot**	[pɛrabot]
mesa (f)	**meja**	[medʒa]
cadeira (f)	**kerusi tangan**	[krusi taŋan]
bloco (m) de gavetas	**almari kecil berlaci**	[almari kɛtʃil bɛrlatʃi]
cabide (m) de pé	**penyangkut kot**	[pɛnjaŋkut kot]
computador (m)	**komputer**	[komputɛr]
impressora (f)	**printer**	[printɛr]
fax (m)	**faks**	[faks]
fotocopiadora (f)	**mesin fotokopi**	[mesin fotokopi]
papel (m)	**kertas**	[kɛrtas]
artigos (m pl) de escritório	**alat-alat tulis**	[alat alat tulis]
tapete (m) de rato	**alas tetikus**	[alas tɛtikus]
folha (f) de papel	**helai**	[hɛlaj]
pasta (f)	**folder**	[foldɛr]
catálogo (m)	**katalog**	[katalog]
diretório (f) telefónico	**buku rujukan**	[buku rudʒukan]
documentação (f)	**dokumentasi**	[dokumɛntasi]
brochura (f)	**brosur**	[brosur]
flyer (m)	**surat sebaran**	[surat sebaran]
amostra (f)	**contoh**	[tʃontoh]
formação (f)	**latihan**	[latihan]
reunião (f)	**mesyuarat**	[mɛʃuarat]
hora (f) de almoço	**masa rehat**	[masa rehat]
fazer uma cópia	**membuat salinan**	[mɛmbuat salinan]
tirar cópias	**membuat salinan**	[mɛmbuat salinan]
receber um fax	**menerima faks**	[mɛnɛrima faks]
enviar um fax	**mengirim faks**	[mɛŋirim faks]
fazer uma chamada	**menelefon**	[mɛnelefon]

responder (vt)	menjawab	[mɛndʒavab]
passar (vt)	menyambung	[mɛnjambuŋ]

marcar (vt)	menentukan	[mɛnɛntukan]
demonstrar (vt)	memperlihatkan	[mɛmpɛrlihatkan]
estar ausente	tidak hadir	[tidak hadir]
ausência (f)	ketidakhadiran	[kɛtidaχadiran]

104. Processos negociais. Parte 1

negócio (m)	usaha	[usaha]
ocupação (f)	pekerjaan	[pɛkɛrdʒaan]

firma, empresa (f)	firma	[firma]
companhia (f)	syarikat	[ɕarikat]
corporação (f)	perbadanan	[pɛrbadanan]
empresa (f)	perusahaan	[pɛrusahaan]
agência (f)	agensi	[agensi]

acordo (documento)	perjanjian	[pɛrdʒandʒian]
contrato (m)	kontrak	[kontrak]
acordo (transação)	transaksi	[transaksi]
encomenda (f)	tempahan	[tɛmpahan]
cláusulas (f pl), termos (m pl)	syarat, terma	[ɕarat], [tɛrma]

por grosso (adv)	secara borong	[sɛtɕara boroŋ]
por grosso (adj)	borongan	[boroŋan]
venda (f) por grosso	jualan borong	[dʒualan boroŋ]
a retalho	runcit	[runtɕit]
venda (f) a retalho	jualan runcit	[dʒualan runtɕit]

concorrente (m)	pesaing	[pɛsaiŋ]
concorrência (f)	persaingan	[pɛrsaiŋan]
competir (vi)	bersaing	[bɛrsaiŋ]

sócio (m)	rakan kongsi	[rakan koŋsi]
parceria (f)	kerakanan	[kɛrakanan]

crise (f)	krisis	[krisis]
bancarrota (f)	kebankrapan	[kɛbaŋkrapan]
entrar em falência	jatuh bengkrap	[dʒatuh baŋkrap]
dificuldade (f)	kesukaran	[kɛsukaran]
problema (m)	masalah	[masalah]
catástrofe (f)	kemalangan	[kɛmalaŋan]

economia (f)	ekonomi	[ekonomi]
económico	ekonomi	[ekonomi]
recessão (f) económica	kemerosotan ekonomi	[kɛmɛrosotan ekonomi]

objetivo (m)	tujuan	[tudʒuan]
tarefa (f)	tugas	[tugas]

comerciar (vi, vt)	berdagang	[bɛrdagaŋ]
rede (de distribuição)	rangkaian	[raŋkajan]

| estoque (m) | stok | [stok] |
| sortimento (m) | pilihan | [pilihan] |

líder (m)	pemimpin	[pɛmimpin]
grande (~ empresa)	besar	[bɛsar]
monopólio (m)	monopoli	[monopoli]

teoria (f)	teori	[teori]
prática (f)	praktik	[praktik]
experiência (falar por ~)	pengalaman	[pɛŋalaman]
tendência (f)	tendensi	[tendɛnsi]
desenvolvimento (m)	perkembangan	[pɛrkɛmbaŋan]

105. Processos negociais. Parte 2

| rentabilidade (f) | keuntungan | [kɛuntuŋan] |
| rentável | menguntungkan | [mɛŋuntuŋkan] |

delegação (f)	delegasi	[delegasI]
salário, ordenado (m)	gaji, upah	[gadʒi], [upah]
corrigir (um erro)	memperbaiki	[mɛmpɛrbaiki]
viagem (f) de negócios	lawatan kerja	[lavatan kɛrdʒa]
comissão (f)	suruhanjaya	[suruhandʒaja]

controlar (vt)	mengawal	[mɛŋaval]
conferência (f)	persidangan	[pɛrsidaŋan]
licença (f)	lesen	[lesen]
confiável	boleh diharap	[bole diharap]

empreendimento (m)	inisiatif	[inisiatif]
norma (f)	standard	[standard]
circunstância (f)	keadaan	[kɛadaan]
dever (m)	tugas	[tugas]

empresa (f)	pertubuhan	[pɛrtubuhan]
organização (f)	pengurusan	[pɛŋurusan]
organizado	terurus	[tɛrurus]
anulação (f)	pembatalan	[pɛmbatalan]
anular, cancelar (vt)	membatalkan	[mɛmbatalkan]
relatório (m)	penyata	[pɛnjata]

patente (f)	paten	[paten]
patentear (vt)	berpaten	[bɛrpaten]
planear (vt)	merancang	[mɛrantʃaŋ]

prémio (m)	ganjaran	[gandʒaran]
profissional	profesional	[profesional]
procedimento (m)	prosedur	[prosedur]

examinar (a questão)	meninjau	[mɛnindʒau]
cálculo (m)	penghitungan	[pɛŋɣituŋan]
reputação (f)	reputasi	[reputasi]
risco (m)	risiko	[risiko]
dirigir (~ uma empresa)	memimpin	[mɛmimpin]

informação (f)	data	[data]
propriedade (f)	milik	[milik]
união (f)	kesatuan	[kɛsatuan]

seguro (m) de vida	insurans nyawa	[insurans njava]
fazer um seguro	menginsurans	[mɛŋinsurans]
seguro (m)	insurans	[insurans]

leilão (m)	lelong	[leloŋ]
notificar (vt)	memberitahu	[mɛmbritahu]
gestão (f)	pengurusan	[pɛŋurusan]
serviço (indústria de ~s)	khidmat	[χidmat]

fórum (m)	forum	[forum]
funcionar (vi)	berfungsi	[bɛrfuŋsi]
estágio (m)	peringkat	[priŋkat]
jurídico	guaman	[guaman]
jurista (m)	peguam	[pɛguam]

106. Produção. Trabalhos

usina (f)	loji	[lodʒi]
fábrica (f)	kilang	[kilaŋ]
oficina (f)	bengkel	[beŋkel]
local (m) de produção	perusahaan	[pɛrusahaan]

indústria (f)	industri	[industri]
industrial	industri	[industri]
indústria (f) pesada	industri berat	[industri brat]
indústria (f) ligeira	industri ringan	[industri riŋan]

produção (f)	hasil pengeluaran	[hasil pɛŋɛluaran]
produzir (vt)	mengeluarkan	[mɛŋɛluarkan]
matérias-primas (f pl)	bahan mentah	[bahan mɛntah]

chefe (m) de brigada	fomen	[fomen]
brigada (f)	kumpulan pekerja	[kumpulan pɛkɛrdʒa]
operário (m)	buruh, pekerja	[buruh], [pɛkɛrdʒa]

dia (m) de trabalho	hari kerja	[hari kɛrdʒa]
pausa (f)	perhentian	[pɛrhɛntian]
reunião (f)	mesyuarat	[mɛɕuarat]
discutir (vt)	membincangkan	[mɛmbintʃaŋkan]

plano (m)	rancangan	[rantʃaŋan]
cumprir o plano	menunaikan rancangan	[mɛnunajkan rantʃaŋan]
taxa (f) de produção	norma keluaran	[norma kɛluaran]
qualidade (f)	mutu	[mutu]
controlo (m)	pemeriksaan	[pɛmɛriksaan]
controlo (m) da qualidade	pemeriksaan mutu	[pɛmɛriksaan mutu]

segurança (f) no trabalho	keselamatan kerja	[kɛsɛlamatan kɛrdʒa]
disciplina (f)	disiplin	[disiplin]
infração (f)	pelanggaran	[pɛlaŋgaran]

violar (as regras)	melanggar	[mɛlaŋgar]
greve (f)	pemogokan	[pɛmogokan]
grevista (m)	pemogok	[pɛmogok]
estar em greve	mogok	[mogok]
sindicato (m)	kesatuan sekerja	[kɛsatuan sɛkɛrdʒa]
inventar (vt)	menemu	[mɛnɛmu]
invenção (f)	penemuan	[pɛnɛmuan]
pesquisa (f)	penyelidikan	[pɛnjelidikan]
melhorar (vt)	memperbaik	[mɛmpɛrbaik]
tecnologia (f)	teknologi	[teknologi]
desenho (m) técnico	rajah	[radʒah]
carga (f)	muatan	[muatan]
carregador (m)	pemuat	[pɛmuat]
carregar (vt)	memuat	[mɛmuat]
carregamento (m)	pemuatan	[pɛmuatan]
descarregar (vt)	memunggah	[mɛmuŋgah]
descarga (f)	pemunggahan	[pɛmuŋgahan]
transporte (m)	pengangkutan	[pɛŋaŋkutan]
companhia (f) de transporte	syarikat pengangkutan	[ɕarikat pɛŋaŋkutan]
transportar (vt)	mengangkut	[mɛŋaŋkut]
vagão (m) de carga	gerabak barang	[gɛrabak baraŋ]
cisterna (f)	tangki	[taŋki]
camião (m)	lori	[lori]
máquina-ferramenta (f)	mesin	[mesin]
mecanismo (m)	mekanisme	[mekanisme]
resíduos (m pl) industriais	sisa buangan	[sisa buaŋan]
embalagem (f)	pembungkusan	[pɛmbuŋkusan]
embalar (vt)	membungkus	[mɛmbuŋkus]

107. Contrato. Acordo

contrato (m)	kontrak	[kontrak]
acordo (m)	perjanjian	[pɛrdʒandʒian]
adenda (f), anexo (m)	lampiran	[lampiran]
assinar o contrato	membuat surat perjanjian	[mɛmbuat surat pɛrdʒandʒian]
assinatura (f)	tanda tangan	[tanda taŋan]
assinar (vt)	menandatangani	[mɛnandataŋani]
carimbo (m)	cap	[ʧap]
objeto (m) do contrato	subjek perjanjian	[subdʒek pɛrdʒandʒian]
cláusula (f)	fasal, perkara	[fasal], [pɛrkara]
partes (f pl)	pihak	[pihak]
morada (f) jurídica	alamat rasmi	[alamat rasmi]
violar o contrato	melanggar perjanjian	[mɛlaŋgar pɛrdʒandʒian]
obrigação (f)	kewajipan	[kɛvadʒipan]
responsabilidade (f)	tanggungjawab	[taŋgundʒavab]

força (f) maior	keadaan memaksa	[kɛadaan mɛmaksa]
litígio (m), disputa (f)	pertengkaran	[pɛrtɛŋkaran]
multas (f pl)	sekatan	[sɛkatan]

108. Importação & Exportação

importação (f)	import	[import]
importador (m)	pengimport	[pɛŋimport]
importar (vt)	mengimport	[mɛŋimport]
de importação	import	[import]

exportação (f)	eksport	[eksport]
exportador (m)	pengeksport	[pɛŋeksport]
exportar (vt)	mengeksport	[mɛŋeksport]
de exportação	eksport	[eksport]

| mercadoria (f) | barangan | [baraŋan] |
| lote (de mercadorias) | konsainan | [konsajnan] |

peso (m)	berat	[brat]
volume (m)	jumlah	[dʒumlah]
metro (m) cúbico	meter padu	[metɛr padu]

produtor (m)	pembuat	[pɛmbuat]
companhia (f) de transporte	syarikat pengangkutan	[carikat pɛŋaŋkutan]
contentor (m)	kontena	[kontena]

fronteira (f)	sempadan	[sɛmpadan]
alfândega (f)	kastam	[kastam]
taxa (f) alfandegária	ikrar kastam	[ikrar kastam]
funcionário (m) da alfândega	anggota kastam	[aŋgota kastam]
contrabando (atividade)	penyeludupan	[pɛnjeludupan]
contrabando (produtos)	barang-barang seludupan	[baraŋ baraŋ sɛludupan]

109. Finanças

ação (f)	saham	[saham]
obrigação (f)	bon	[bon]
nota (f) promissória	bil pertukaran	[bil pɛrtukaran]

| bolsa (f) | bursa | [bursa] |
| cotação (m) das ações | harga saham | [harga saham] |

| tornar-se mais barato | menjadi murah | [mɛndʒadi murah] |
| tornar-se mais caro | menjadi mahal | [mɛndʒadi mahal] |

| parte (f) | pangsa | [paŋsa] |
| participação (f) maioritária | saham majoriti | [saham madʒoriti] |

investimento (m)	pelaburan	[pɛlaburan]
investir (vt)	melabur	[mɛlabur]
percentagem (f)	peratus	[pɛratus]

juros (m pl)	bunga	[buŋa]
lucro (m)	untung	[untuŋ]
lucrativo	beruntung	[bɛruntuŋ]
imposto (m)	cukai	[ʧukaj]
divisa (f)	mata wang	[mata vaŋ]
nacional	nasional	[nasional]
câmbio (m)	pertukaran	[pɛrtukaran]
contabilista (m)	akauntan	[akauntan]
contabilidade (f)	pejabat perakaunan	[pɛdʒabat pɛrakaunan]
bancarrota (f)	kebankrapan	[kɛbaŋkrapan]
falência (f)	kehancuran	[kɛhanʧuran]
ruína (f)	kebankrapan	[kɛbaŋkrapan]
arruinar-se (vr)	bankrap	[baŋkrap]
inflação (f)	inflasi	[inflasi]
desvalorização (f)	devaluisi	[devaluisi]
capital (m)	modal	[modal]
rendimento (m)	pendapatan	[pɛndapatan]
volume (m) de negócios	peredaran	[pɛredaran]
recursos (m pl)	wang	[vaŋ]
recursos (m pl) financeiros	sumber wang	[sumbɛr vaŋ]
despesas (f pl) gerais	kos tidak langsung	[kos tidak laŋsuŋ]
reduzir (vt)	mengurangkan	[mɛŋuraŋkan]

110. Marketing

marketing (m)	pemasaran	[pɛmasaran]
mercado (m)	pasaran	[pasaran]
segmento (m) do mercado	segmen pasaran	[segmɛn pasaran]
produto (m)	hasil	[hasil]
mercadoria (f)	barangan	[baraŋan]
marca (f)	jenama	[dʒɛnama]
marca (f) comercial	cap dagang	[ʧap dagaŋ]
logotipo (m)	logo	[logo]
logo (m)	logo	[logo]
demanda (f)	permintaan	[pɛrmintaan]
oferta (f)	penawaran	[pɛnavaran]
necessidade (f)	keperluan	[kɛpɛrluan]
consumidor (m)	pengguna	[pɛŋguna]
análise (f)	analisis	[analisis]
analisar (vt)	menganalisis	[mɛŋanalisis]
posicionamento (m)	penentududukan	[pɛnɛntududukan]
posicionar (vt)	menentukan kedudukan	[mɛnɛntukan kɛdudukan]
preço (m)	harga	[harga]
política (f) de preços	dasar harga	[dasar harga]
formação (f) de preços	pembentukan harga	[pɛmbentukan harga]

111. Publicidade

publicidade (f)	**iklan**	[iklan]
publicitar (vt)	**mengiklankan**	[mɛŋiklaŋkan]
orçamento (m)	**bajet**	[badʒet]
anúncio (m) publicitário	**iklan**	[iklan]
publicidade (f) televisiva	**iklan TV**	[iklan tivi]
publicidade (f) na rádio	**iklan di radio**	[iklan di radio]
publicidade (f) exterior	**iklan luaran**	[iklan luaran]
comunicação (f) de massa	**sebaran am**	[sebaran am]
periódico (m)	**terbitan berkala**	[tɛrbitan bɛrkala]
imagem (f)	**imej**	[imedʒ]
slogan (m)	**slogan**	[slogan]
mote (m), divisa (f)	**motto**	[motto]
campanha (f)	**kempen**	[kempen]
companha (f) publicitária	**kempen iklan**	[kempen iklan]
grupo (m) alvo	**kelompok sasaran**	[kɛlompok sasaran]
cartão (m) de visita	**kad nama**	[kad nama]
flyer (m)	**surat sebaran**	[surat sebaran]
brochura (f)	**brosur**	[brosur]
folheto (m)	**brosur**	[brosur]
boletim (~ informativo)	**buletin**	[bulɛtin]
letreiro (m)	**papan nama**	[papan nama]
cartaz, póster (m)	**poster**	[postɛr]
painel (m) publicitário	**papan iklan**	[papan iklan]

112. Banca

banco (m)	**bank**	[baŋk]
sucursal, balcão (f)	**cawangan**	[ʧavaŋan]
consultor (m)	**perunding**	[pɛrundiŋ]
gerente (m)	**pengurus**	[pɛŋurus]
conta (f)	**akaun**	[akaun]
número (m) da conta	**nombor akaun**	[nombor akaun]
conta (f) corrente	**akaun semasa**	[akaun sɛmasa]
conta (f) poupança	**akaun simpanan**	[akaun simpanan]
abrir uma conta	**membuka akaun**	[mɛmbuka akaun]
fechar uma conta	**menutup akaun**	[mɛnutup akaun]
depositar na conta	**memasukkan wang ke dalam akaun**	[mɛmasukkan vaŋ kɛ dalam akaun]
levantar (vt)	**mengeluarkan wang**	[mɛŋɛluarkan vaŋ]
depósito (m)	**simpanan wang**	[simpanan vaŋ]
fazer um depósito	**memasukkan wang**	[mɛmasukkan vaŋ]

transferência (f) bancária	transfer	[transfer]
transferir (vt)	mengirim duit	[mɛŋirim duit]
soma (f)	jumlah	[dʒumlah]
Quanto?	Berapa?	[brapa]
assinatura (f)	tanda tangan	[tanda taŋan]
assinar (vt)	menandatangani	[mɛnandataŋani]
cartão (m) de crédito	kad kredit	[kad kredit]
código (m)	kod	[kod]
número (m)	nombor kad kredit	[nombor kad kredit]
do cartão de crédito		
Caixa Multibanco (m)	ATM	[ɛj ti ɛm]
cheque (m)	cek	[ʧek]
passar um cheque	menulis cek	[mɛnulis ʧek]
livro (m) de cheques	buku cek	[buku ʧek]
empréstimo (m)	pinjaman	[pindʒaman]
pedir um empréstimo	meminta pinjaman	[mɛminta pindʒaman]
obter um empréstimo	mengambil pinjaman	[mɛŋambil pindʒaman]
conceder um empréstimo	memberi pinjaman	[mɛmbri pindʒaman]
garantia (f)	jaminan	[dʒaminan]

113. Telefone. Conversação telefónica

telefone (m)	telefon	[telefon]
telemóvel (m)	telefon bimbit	[telefon bimbit]
secretária (f) electrónica	mesin menjawab panggilan telefon	[mesin mɛndʒavab paŋgilan telefon]
fazer uma chamada	menelefon	[mɛnelefon]
chamada (f)	panggilan telefon	[paŋgilan telefon]
marcar um número	mendail nombor	[mɛndajl nombor]
Alô!	Helo!	[helo]
perguntar (vt)	menyoal	[mɛnjoal]
responder (vt)	menjawab	[mɛndʒavab]
ouvir (vt)	mendengar	[mɛndɛŋar]
bem	baik	[baik]
mal	buruk	[buruk]
ruído (m)	bising	[bisiŋ]
auscultador (m)	gagang	[gagaŋ]
pegar o telefone	mengankat gagang telefon	[mɛŋaŋkat gagaŋ telefon]
desligar (vi)	meletakkan gagang telefon	[mɛlɛtakkan gagaŋ telefon]
ocupado	sibuk	[sibuk]
tocar (vi)	berdering	[bɛrdɛriŋ]
lista (f) telefónica	buku panduan telefon	[buku panduan telefon]
local	tempatan	[tɛmpatan]

chamada (f) local	panggilan tempatan	[paŋgilan tɛmpatan]
de longa distância	antarabandar	[antarabandar]
chamada (f) de longa distância	panggilan antarabandar	[paŋgilan antarabandar]
internacional	antarabangsa	[antarabaŋsa]
chamada (f) internacional	panggilan antarabangsa	[paŋgilan antarabaŋsa]

114. Telefone móvel

telemóvel (m)	telefon bimbit	[telefon bimbit]
ecrã (m)	peranti paparan	[pɛranti paparan]
botão (m)	tombol	[tombol]
cartão SIM (m)	Kad SIM	[kad sim]

bateria (f)	bateri	[batɛri]
descarregar-se	nyahcas	[njahʧas]
carregador (m)	pengecas	[pɛŋɛʧas]

menu (m)	menu	[menu]
definições (f pl)	setting	[setiŋ]
melodia (f)	melodi nada dering	[melodi nada dɛriŋ]
escolher (vt)	memilih	[mɛmilih]

calculadora (f)	mesin hitung	[mesin hituŋ]
correio (m) de voz	mesin menjawab panggilan telefon	[mesin mɛnʤavab paŋgilan telefon]
despertador (m)	jam loceng	[ʤam loʧeŋ]
contatos (m pl)	buku panduan telefon	[buku panduan telefon]

| mensagem (f) de texto | SMS, khidmat pesanan ringkas | [ɛs ɛm ɛs], [hidmat pɛsanan riŋkas] |
| assinante (m) | pelanggan | [pɛlaŋgan] |

115. Estacionário

| caneta (f) | pena mata bulat | [pɛna mata bulat] |
| caneta (f) tinteiro | pena tinta | [pɛna tinta] |

lápis (m)	pensel	[pensel]
marcador (m)	pen penyerlah	[pen pɛnjerlah]
caneta (f) de feltro	marker	[marker]

| bloco (m) de notas | buku catatan | [buku ʧatatan] |
| agenda (f) | buku harian | [buku harian] |

régua (f)	kayu pembaris	[kaju pɛmbaris]
calculadora (f)	mesin hitung	[mesin hituŋ]
borracha (f)	getah pemadam	[gɛtah pɛmadam]
pionés (m)	paku tekan	[paku tɛkan]
clipe (m)	klip kertas	[klip kɛrtas]
cola (f)	perekat	[pɛrɛkat]
agrafador (m)	pengokot	[pɛŋokot]

furador (m)	penebuk	[pɛnɛbuk]
afia-lápis (m)	pengasah pensel	[pɛŋasah pensel]

116. Vários tipos de documentos

relatório (m)	laporan	[laporan]
acordo (m)	perjanjian	[pɛrdʒandʒian]
ficha (f) de inscrição	borang permohonan	[boraŋ pɛrmohonan]
autêntico	asli	[asli]
crachá (m)	tag	[tag]
cartão (m) de visita	kad nama	[kad nama]

certificado (m)	sijil	[sidʒil]
cheque (m)	cek	[tʃek]
conta (f)	bil	[bil]
constituição (f)	perlembagaan	[pɛrlɛmbagaan]

contrato (m)	perjanjian	[pɛrdʒandʒian]
cópia (f)	salinan	[salinan]
exemplar (m)	naskhah	[naskah]

declaração (f) alfandegária	ikrar kastam	[ikrar kastam]
documento (m)	dokumen	[dokumen]
carta (f) de condução	lesen memandu	[lesen memandu]
adenda (ao contrato)	lampiran	[lampiran]
questionário (m)	borang	[boraŋ]

bilhete (m) de identidade	surat akuan	[surat akuan]
inquérito (m)	pertanyaan	[pɛrtanjaan]
convite (m)	kad jemputan	[kad dʒɛmputan]
fatura (f)	invois	[invojs]

lei (f)	undang-undang	[undaŋ undaŋ]
carta (correio)	surat	[surat]
papel (m) timbrado	kepala surat	[kɛpala surat]
lista (f)	senarai, daftar	[sɛnaraj], [daftar]
manuscrito (m)	manuskrip	[manuskrip]
boletim (~ informativo)	buletin	[bulɛtin]
bilhete (mensagem breve)	nota, catatan	[nota], [tʃatatan]

passe (m)	surat pas	[surat pas]
passaporte (m)	pasport	[pasport]
permissão (f)	surat izin	[surat izin]
CV, currículo (m)	ringkasan	[riŋkasan]
vale (nota promissória)	resit	[rɛsit]
recibo (m)	resit	[rɛsit]
talão (f)	slip, resit	[slip], [rɛsit]
relatório (m)	laporan	[laporan]

mostrar (vt)	memperlihatkan	[mɛmpɛrlihatkan]
assinar (vt)	menandatangani	[mɛnandataŋani]
assinatura (f)	tanda tangan	[tanda taŋan]
carimbo (m)	cap	[tʃap]
texto (m)	teks	[teks]

bilhete (m)	tiket	[tiket]
riscar (vt)	mencoret	[mɛntʃoret]
preencher (vt)	mengisi	[mɛŋisi]

guia (f) de remessa	surat muat	[surat muat]
testamento (m)	surat wasiat	[surat vasiat]

117. Tipos de negócios

serviços (m pl) de contabilidade	khidmat perakaunan	[χidmat pɛrakaunan]
publicidade (f)	iklan	[iklan]
agência (f) de publicidade	agensi periklanan	[agensi periklanan]
ar (m) condicionado	penghawa dingin	[pɛŋɣava diŋin]
companhia (f) aérea	syarikat penerbangan	[ɕarikat pɛnɛrbaŋan]

bebidas (f pl) alcoólicas	minuman keras	[minuman kras]
comércio (m) de antiguidades	antikuiti	[antikuiti]
galeria (f) de arte	balai seni lukis	[balaj sɛni lukis]
serviços (m pl) de auditoria	perkhidmatan audit	[pɛrχidmatan audit]

negócios (m pl) bancários	perniagaan perbankan	[pɛrniagaan pɛrbaŋkan]
bar (m)	bar	[bar]
salão (m) de beleza	salon kecantikan	[salon kɛtʃantikan]
livraria (f)	kedai buku	[kɛdaj buku]
cervejaria (f)	kilang bir	[kilaŋ bir]
centro (m) de escritórios	pusat perniagaan	[pusat pɛrniagaan]
escola (f) de negócios	sekolah perniagaan	[sɛkolah pɛrniagaan]

casino (m)	kasino	[kasino]
construção (f)	pembinaan	[pɛmbinaan]
serviços (m pl) de consultoria	perundingan	[pɛrundiŋan]

estomatologia (f)	pergigian	[pɛrgigian]
design (m)	reka bentuk	[reka bɛntuk]
farmácia (f)	kedai ubat	[kɛdaj ubat]
lavandaria (f)	kedai cucian kering	[kedaj tʃutʃian kɛriŋ]
agência (f) de emprego	agensi pekerjaan	[agensi pɛkɛrdʒaan]

serviços (m pl) financeiros	khidmat kewangan	[χidmat kɛvaŋan]
alimentos (m pl)	bahan makanan	[bahan makanan]
agência (f) funerária	rumah urus mayat	[rumah urus majat]
mobiliário (m)	perabot	[pɛrabot]
roupa (f)	pakaian	[pakajan]
hotel (m)	hotel	[hotel]

gelado (m)	ais krim	[ajs krim]
indústria (f)	industri	[industri]
seguro (m)	insurans	[insurans]
internet (f)	Internet	[intɛrnet]
investimento (m)	pelaburan	[pɛlaburan]

joalheiro (m)	tukang emas	[tukaŋ ɛmas]
joias (f pl)	barang-barang kemas	[baraŋ baraŋ kɛmas]

lavandaria (f)	dobi	[dobi]
serviços (m pl) jurídicos	khidmat guaman	[xidmat guaman]
indústria (f) ligeira	industri ringan	[industri riŋan]
revista (f)	majalah	[madʒalah]
vendas (f pl) por catálogo	perniagaan gaya pos	[pɛrniagaan gaja pos]
medicina (f)	perubatan	[pɛrubatan]
cinema (m)	pawagam	[pavagam]
museu (m)	muzium	[muzium]
agência (f) de notícias	syarikat berita	[ɕarikat brita]
jornal (m)	akhbar	[ahbar]
clube (m) noturno	kelab malam	[klab malam]
petróleo (m)	minyak	[minjak]
serviço (m) de encomendas	perkhidmatan kurier	[pɛrxidmatan kurir]
indústria (f) farmacêutica	farmasi	[farmasi]
poligrafia (f)	percetakan	[pɛrʧetakan]
editora (f)	penerbit	[pɛnɛrbit]
rádio (m)	radio	[radio]
imobiliário (m)	hartanah	[hartanah]
restaurante (m)	restoran	[restoran]
empresa (f) de segurança	agensi pengawal keselamatan	[agensi pɛŋaval kɛselamatan]
desporto (m)	sukan	[sukan]
bolsa (f)	bursa	[bursa]
loja (f)	kedai	[kɛdaj]
supermercado (m)	pasaraya	[pasaraja]
piscina (f)	kolam renang	[kolam rɛnaŋ]
alfaiataria (f)	kedai jahit	[kedaj dʒahit]
televisão (f)	televisyen	[televiɕɛn]
teatro (m)	teater	[teatɛr]
comércio (atividade)	perdagangan	[pɛrdagaŋan]
serviços (m pl) de transporte	pengangkutan	[pɛŋaŋkutan]
viagens (f pl)	pelancongan	[pɛlanʧoŋan]
veterinário (m)	pakar veterinar	[pakar vetɛrinar]
armazém (m)	stor	[stor]
recolha (f) do lixo	pengangkutan sampah	[pɛŋaŋkutan sampah]

Emprego. Negócios. Parte 2

118. Espetáculo. Feira

feira (f)	pameran	[pameran]
feira (f) comercial	pameran dagangan	[pameran dagaŋan]
participação (f)	penyertaan	[pɛnjertaan]
participar (vi)	menyertai	[mɛnjertai]
participante (m)	peserta	[pɛserta]
diretor (m)	pengarah	[pɛŋarah]
direção (f)	pejabat pengelola	[pɛdʒabat pɛŋɛlola]
organizador (m)	pengurus	[pɛŋurus]
organizar (vt)	mengurus	[mɛŋurus]
ficha (f) de inscrição	borang penyertaan	[boraŋ pɛnjertaan]
preencher (vt)	mengisi	[mɛŋisi]
detalhes (m pl)	perincian	[pɛrintʃian]
informação (f)	maklumat	[maklumat]
preço (m)	harga	[harga]
incluindo	termasuk	[tɛrmasuk]
incluir (vt)	termasuk	[tɛrmasuk]
pagar (vt)	membayar	[mɛmbajar]
taxa (f) de inscrição	yuran pendaftaran	[juran pɛndaftaran]
entrada (f)	masuk	[masuk]
pavilhão (m)	gerai	[gɛraj]
inscrever (vt)	mendaftar	[mɛndaftar]
crachá (m)	lencana	[lɛntʃana]
stand (m)	gerai	[gɛraj]
reservar (vt)	menempah	[mɛnɛmpah]
vitrina (f)	almari kaca	[almari katʃa]
foco, spot (m)	lampu	[lampu]
design (m)	reka bentuk	[reka bɛntuk]
pôr, colocar (vt)	menempatkan	[mɛnɛmpatkan]
ser colocado, -a	bertempat	[bɛrtɛmpat]
distribuidor (m)	pengedar	[pɛŋedar]
fornecedor (m)	pembekal	[pɛmbɛkal]
fornecer (vt)	membekal	[mɛmbɛkal]
país (m)	negara	[nɛgara]
estrangeiro	asing	[asiŋ]
produto (m)	barangan	[baraŋan]
associação (f)	asosiasi	[asosiasi]
sala (f) de conferências	dewan persidangan	[devan pɛrsidaŋan]

| congresso (m) | kongres | [koŋres] |
| concurso (m) | sayembara | [saɛmbara] |

visitante (m)	pelawat	[pɛlavat]
visitar (vt)	melawat	[mɛlavat]
cliente (m)	pelanggan	[pɛlaŋgan]

119. Media

jornal (m)	akhbar	[ahbar]
revista (f)	majalah	[madʒalah]
imprensa (f)	akhbar	[ahbar]
rádio (m)	radio	[radio]
estação (f) de rádio	stesen radio	[stesen radio]
televisão (f)	televisyen	[televiʃɛn]

apresentador (m)	juruacara	[dʒuruatʃara]
locutor (m)	juruhebah	[dʒuruhebah]
comentador (m)	pengulas	[pɛŋulas]

jornalista (m)	wartawan	[vartavan]
correspondente (m)	pemberita	[pɛmbrita]
repórter (m) fotográfico	wartawan foto	[vartavan foto]
repórter (m)	pemberita	[pɛmbrita]

| redator (m) | editor | [editor] |
| redator-chefe (m) | ketua pengarang | [kɛtua pɛŋaraŋ] |

assinar a ...	berlangganan	[bɛrlaŋganan]
assinatura (f)	langganan	[laŋganan]
assinante (m)	pelanggan	[pɛlaŋgan]
ler (vt)	membaca	[mɛmbatʃa]
leitor (m)	pembaca	[pɛmbatʃa]

tiragem (f)	edaran	[edaran]
mensal	bulanan	[bulanan]
semanal	mingguan	[miŋguan]
número (jornal, revista)	keluaran	[kɛluaran]
recente	baru	[baru]

manchete (f)	tajuk	[tadʒuk]
pequeno artigo (m)	rencana kecil	[rɛntʃana kɛtʃil]
coluna (~ semanal)	ruang	[ruaŋ]
artigo (m)	rencana	[rɛntʃana]
página (f)	halaman	[halaman]

reportagem (f)	ulasan selari	[ulasan sɛlari]
evento (m)	peristiwa	[pɛristiva]
sensação (f)	sensasi	[sensasi]
escândalo (m)	skandal	[skandal]
escandaloso	penuh skandal	[pɛnuh skandal]
grande	hebat	[hebat]
programa (m) de TV	siaran	[siaran]
entrevista (f)	temu duga	[tɛmu duga]

| transmissão (f) em direto | siaran langsung | [siaran laŋsuŋ] |
| canal (m) | saluran | [saluran] |

120. Agricultura

agricultura (f)	pertanian	[pɛrtanian]
camponês (m)	petani	[pɛtani]
camponesa (f)	perempuan petani	[pɛrɛmpuan pɛtani]
agricultor (m)	peladang	[pɛladaŋ]

| trator (m) | jentarik | [dʒɛntarik] |
| ceifeira-debulhadora (f) | penuai lengkap | [pɛnuaj lɛŋkap] |

arado (m)	tenggala	[tɛŋgala]
arar (vt)	menenggala	[mɛnɛŋgala]
campo (m) lavrado	tanah tenggala	[tanah tɛŋgala]
rego (m)	alur	[alur]

semear (vt)	menyemai	[mɛnjemaj]
semeadora (f)	mesin penyemai	[mesin pɛnjemaj]
semeadura (f)	penyemaian	[pɛnjemajan]

| gadanha (f) | sabit besar | [sabit bɛsar] |
| gadanhar (vt) | menyabit | [mɛnjabit] |

| pá (f) | penyodok | [pɛnjodok] |
| cavar (vt) | menggali | [mɛŋgali] |

enxada (f)	cangkul	[tʃaŋkul]
carpir (vt)	menajak	[mɛnadʒak]
erva (f) daninha	rumpai	[rumpaj]

regador (m)	cerek penyiram	[tʃerek pɛnjiram]
regar (vt)	menyiram	[mɛnjiram]
rega (f)	penyiraman	[pɛnjiraman]

| forquilha (f) | serampang peladang | [sɛrampaŋ pɛladaŋ] |
| ancinho (m) | pencakar | [pɛntʃakar] |

fertilizante (m)	baja	[badʒa]
fertilizar (vt)	membaja	[mɛmbadʒa]
estrume (m)	baja kandang	[badʒa kandaŋ]

campo (m)	ladang	[ladaŋ]
prado (m)	padang rumput	[padaŋ rumput]
horta (f)	kebun sayur	[kɛbun sajur]
pomar (m)	dusun	[dusun]

pastar (vt)	menggembala	[mɛŋgɛmbala]
pastor (m)	penggembala	[pɛŋgɛmbala]
pastagem (f)	padang rumput ternak	[padaŋ rumput tɛrnak]
pecuária (f)	penternakan	[pɛntɛrnakan]
criação (f) de ovelhas	penternakan kambing biri-biri	[pɛntɛrnakan kambiŋ biri biri]

plantação (f)	perladangan	[pɛrladaŋan]
canteiro (m)	batas	[batas]
invernadouro (m)	rumah hijau	[rumah hidʒau]

| seca (f) | kemarau | [kɛmarau] |
| seco (verão ~) | kontang | [kontaŋ] |

cereal (m)	padi-padian	[padi padian]
cereais (m pl)	padi-padian	[padi padian]
colher (vt)	menuai	[mɛnuaj]

moleiro (m)	pemilik kincir	[pɛmilik kintʃir]
moinho (m)	kincir	[kintʃir]
moer (vt)	mengisar	[mɛŋisar]
farinha (f)	tepung	[tɛpuŋ]
palha (f)	jerami	[dʒɛrami]

121. Construção. Processo de construção

canteiro (m) de obras	tapak pembinaan	[tapak pɛmbinaan]
construir (vt)	membina	[mɛmbina]
construtor (m)	buruh binaan	[buruh binaan]

projeto (m)	reka bentuk	[reka bɛntuk]
arquiteto (m)	jurubina	[dʒurubina]
operário (m)	buruh, pekerja	[buruh], [pɛkɛrdʒa]

fundação (f)	asas, dasar	[asas], [dasar]
telhado (m)	bumbung	[bumbuŋ]
estaca (f)	cerucuk	[tʃɛrutʃuk]
parede (f)	dinding	[dindiŋ]

| varões (m pl) para betão | bar penguat | [bar pɛŋwat] |
| andaime (m) | perancah | [pɛrantʃah] |

betão (m)	konkrit	[koŋkrit]
granito (m)	granit	[granit]
pedra (f)	batu	[batu]
tijolo (m)	batu bata	[batu bata]

areia (f)	pasir	[pasir]
cimento (m)	simen	[simen]
emboço (m)	turap	[turap]
emboçar (vt)	menurap	[mɛnurap]
tinta (f)	cat	[tʃat]
pintar (vt)	mencat	[mɛntʃat]
barril (m)	tong	[toŋ]

grua (f), guindaste (m)	kran	[kran]
erguer (vt)	menaikkan	[mɛnaikkan]
baixar (vt)	menurunkan	[mɛnuruŋkan]

| buldózer (m) | jentolak | [dʒɛntolak] |
| escavadora (f) | jenkaut | [dʒɛŋkaut] |

caçamba (f)	pencedok	[pɛntʃedok]
escavar (vt)	menggali	[mɛŋgali]
capacete (m) de proteção	topi besi	[topi bɛsi]

122. Ciência. Investigação. Cientistas

ciência (f)	ilmu, sains	[ilmu], [sajns]
científico	saintifik	[saintifik]
cientista (m)	ilmuwan	[ilmuvan]
teoria (f)	teori	[teori]

axioma (m)	aksiom	[aksiom]
análise (f)	analisis	[analisis]
analisar (vt)	menganalisis	[mɛŋanalisis]
argumento (m)	hujah	[hudʒah]
substância (f)	jirim	[dʒirim]

hipótese (f)	hipotesis	[hipotesis]
dilema (m)	dilema	[dilema]
tese (f)	tesis	[tesis]
dogma (m)	dogma	[dogma]

doutrina (f)	doktrin	[doktrin]
pesquisa (f)	penyelidikan	[pɛnjelidikan]
pesquisar (vt)	mengkaji	[mɛŋkadʒi]
teste (m)	pengujian	[pɛŋudʒian]
laboratório (m)	makmal	[makmal]

método (m)	kaedah	[kaedah]
molécula (f)	molekul	[molekul]
monitoramento (m)	pemonitoran	[pɛmonitoran]
descoberta (f)	penemuan	[pɛnɛmuan]

postulado (m)	postulat	[postulat]
princípio (m)	prinsip	[prinsip]
prognóstico (previsão)	ramalan	[ramalan]
prognosticar (vt)	meramalkan	[mɛramalkan]

síntese (f)	sintesis	[sintesis]
tendência (f)	tendensi	[tendɛnsi]
teorema (m)	teorem	[teorem]

| ensinamentos (m pl) | pelajaran | [pɛladʒaran] |
| facto (m) | fakta | [fakta] |

| expedição (f) | ekspedisi | [ekspedisi] |
| experiência (f) | percubaan | [pɛrtʃubaan] |

académico (m)	ahli akademi	[ahli akademi]
bacharel (m)	sarjana muda	[sardʒana muda]
doutor (m)	doktor	[doktor]
docente (m)	Profesor Madya	[profesor madja]
mestre (m)	Sarjana	[sardʒana]
professor (m) catedrático	profesor	[profesor]

Profissões e ocupações

123. Procura de emprego. Demissão

trabalho (m)	kerja, pekerjaan	[kɛrdʒa], [pɛkɛrdʒaan]
equipa (f)	kakitangan	[kakitaŋan]
carreira (f)	kerjaya	[kɛrdʒaja]
perspetivas (f pl)	perspektif	[pɛrspektif]
mestria (f)	kemahiran	[kɛmahiran]
seleção (f)	pilihan	[pilihan]
agência (f) de emprego	agensi pekerjaan	[agensi pɛkɛrdʒaan]
CV, currículo (m)	biodata	[biodata]
entrevista (f) de emprego	temuduga	[tɛmuduga]
vaga (f)	lowongan	[lovoŋan]
salário (m)	gaji, upah	[gadʒi], [upah]
salário (m) fixo	gaji	[gadʒi]
pagamento (m)	pembayaran	[pɛmbajaran]
posto (m)	jawatan	[dʒavatan]
dever (do empregado)	tugas	[tugas]
gama (f) de deveres	bidang tugas	[bidaŋ tugas]
ocupado	sibuk	[sibuk]
despedir, demitir (vt)	memecat	[mɛmɛtʃat]
demissão (f)	pemecatan	[pɛmɛtʃatan]
desemprego (m)	pengangguran	[pɛŋaŋguran]
desempregado (m)	pengganggur	[pɛŋgaŋgur]
reforma (f)	pencen	[pentʃen]
reformar-se	bersara	[bɛrsara]

124. Gente de negócios

diretor (m)	pengarah	[pɛŋarah]
gerente (m)	pengurus	[pɛŋurus]
patrão, chefe (m)	bos	[bos]
superior (m)	kepala	[kɛpala]
superiores (m pl)	pihak atasan	[pihak atasan]
presidente (m)	presiden	[presiden]
presidente (m) de direção	pengerusi	[pɛŋerusi]
substituto (m)	timbalan	[timbalan]
assistente (m)	pembantu	[pɛmbantu]
secretário (m)	setiausaha	[sɛtiausaha]

secretário (m) pessoal	setiausaha sulit	[sɛtiausaha sulit]
homem (m) de negócios	peniaga	[pɛniaga]
empresário (m)	pengusaha	[pɛŋusaha]
fundador (m)	pengasas	[pɛŋasas]
fundar (vt)	mengasaskan	[mɛŋasaskan]
fundador, sócio (m)	pengasas	[pɛŋasas]
parceiro, sócio (m)	rakan	[rakan]
acionista (m)	pemegang saham	[pɛmɛgaŋ saham]
milionário (m)	jutawan	[dʒutavan]
bilionário (m)	multijutawan	[multidʒutavan]
proprietário (m)	pemilik	[pɛmilik]
proprietário (m) de terras	tuan tanah	[tuan tanah]
cliente (m)	pelanggan	[pɛlaŋgan]
cliente (m) habitual	pelanggan tetap	[pɛlaŋgan tetap]
comprador (m)	pembeli	[pɛmbli]
visitante (m)	pelawat	[pɛlavat]
profissional (m)	profesional	[profesional]
perito (m)	pakar	[pakar]
especialista (m)	pakar	[pakar]
banqueiro (m)	pengurus bank	[pɛŋurus baŋk]
corretor (m)	broker	[brokɛr]
caixa (m, f)	juruwang, kasyier	[dʒuruvaŋ], [kaʃier]
contabilista (m)	akauntan	[akauntan]
guarda (m)	pengawal keselamatan	[pɛŋaval kɛsɛlamatan]
investidor (m)	pelabur	[pɛlabur]
devedor (m)	si berhutang	[si bɛrhutaŋ]
credor (m)	pemberi pinjaman	[pɛmbri pindʒaman]
mutuário (m)	peminjam	[pɛmindʒam]
importador (m)	pengimport	[pɛŋimport]
exportador (m)	pengeksport	[pɛŋeksport]
produtor (m)	pembuat	[pɛmbuat]
distribuidor (m)	pengedar	[pɛŋedar]
intermediário (m)	perantara	[pɛrantara]
consultor (m)	perunding	[pɛrundiŋ]
representante (m)	wakil	[vakil]
agente (m)	ejen	[edʒen]
agente (m) de seguros	ejen insurans	[edʒen insurans]

125. Profissões de serviços

cozinheiro (m)	tukang masak	[tukaŋ masak]
cozinheiro chefe (m)	kepala tukang masak	[kɛpala tukaŋ masak]
padeiro (m)	pembakar roti	[pɛmbakar roti]
barman (m)	pelayan bar	[pɛlajan bar]

empregado (m) de mesa	pelayan lelaki	[pɛlajan lɛlaki]
empregada (f) de mesa	pelayan perempuan	[pɛlajan pɛrɛmpuan]
advogado (m)	peguam	[pɛguam]
jurista (m)	peguam	[pɛguam]
notário (m)	notari awam	[notari avam]
eletricista (m)	juruelektrik	[dʒuruelektrik]
canalizador (m)	tukang paip	[tukaŋ pajp]
carpinteiro (m)	tukang kayu	[tukaŋ kaju]
massagista (m)	tukang urut lelaki	[tukaŋ urut lɛlaki]
massagista (f)	tukang urut perempuan	[tukaŋ urut pɛrɛmpuan]
médico (m)	doktor	[doktor]
taxista (m)	pemandu teksi	[pɛmandu teksi]
condutor (automobilista)	pemandu	[pɛmandu]
entregador (m)	kurier	[kurir]
camareira (f)	pengemas rumah	[pɛŋɛmas rumah]
guarda (m)	pengawal keselamatan	[pɛŋaval kɛsɛlamatan]
hospedeira (f) de bordo	pramugari	[pramugari]
professor (m)	guru	[guru]
bibliotecário (m)	pustakawan	[pustakavan]
tradutor (m)	penterjemah	[pɛntɛrdʒemah]
intérprete (m)	penterjemah	[pɛntɛrdʒemah]
guia (pessoa)	pemandu	[pɛmandu]
cabeleireiro (m)	tukang gunting rambut	[tukaŋ guntiŋ rambut]
carteiro (m)	posmen	[posmen]
vendedor (m)	jurujual	[dʒurudʒual]
jardineiro (m)	tukang kebun	[tukaŋ kɛbun]
criado (m)	pembantu rumah	[pɛmbantu rumah]
criada (f)	amah	[amah]
empregada (f) de limpeza	pembersih	[pɛmbɛrsih]

126. Profissões militares e postos

soldado (m) raso	prebet	[prebet]
sargento (m)	sarjan	[sardʒan]
tenente (m)	leftenan	[leftɛnan]
capitão (m)	kapten	[kaptɛn]
major (m)	mejar	[medʒar]
coronel (m)	kolonel	[kolonɛl]
general (m)	jeneral	[dʒɛnɛral]
marechal (m)	marsyal	[marʃal]
almirante (m)	laksamana	[laksamana]
militar (m)	anggota tentera	[aŋgota tɛntra]
soldado (m)	perajurit	[pradʒurit]
oficial (m)	pegawai	[pɛgavaj]

comandante (m)	pemerintah	[pɛmɛrintah]
guarda (m) fronteiriço	pengawal sempadan	[pɛŋaval sɛmpadan]
operador (m) de rádio	pengendali radio	[pɛŋɛndali radio]
explorador (m)	pengintip	[pɛŋintip]
sapador (m)	askar jurutera	[askar dʒurutra]
atirador (m)	penembak	[pɛnembak]
navegador (m)	pemandu	[pɛmandu]

127. Oficiais. Padres

rei (m)	raja	[radʒa]
rainha (f)	ratu	[ratu]
príncipe (m)	putera	[putra]
princesa (f)	puteri	[putri]
czar (m)	tsar, raja	[tsar], [radʒa]
czarina (f)	tsarina, ratu	[tsarina], [ratu]
presidente (m)	presiden	[presiden]
ministro (m)	menteri	[mɛntri]
primeiro-ministro (m)	perdana menteri	[perdana mɛntri]
senador (m)	senator	[senator]
diplomata (m)	diplomat	[diplomat]
cônsul (m)	konsul	[konsul]
embaixador (m)	duta besar	[duta bɛsar]
conselheiro (m)	penasihat	[pɛnasihat]
funcionário (m)	kakitangan	[kakitaŋan]
prefeito (m)	ketua prefekture	[kɛtua prefekturɛ]
Presidente (m) da Câmara	datuk bandar	[datuk bandar]
juiz (m)	hakim	[hakim]
procurador (m)	jaksa	[dʒaksa]
missionário (m)	mubaligh	[mubaliɣ]
monge (m)	biarawan	[biaravan]
abade (m)	kepala biara	[kɛpala biara]
rabino (m)	rabbi	[rabbi]
vizir (m)	wazir	[vazir]
xá (m)	syah	[ʃah]
xeque (m)	syeikh	[ʃejh]

128. Profissões agrícolas

apicultor (m)	pemelihara lebah	[pɛmɛlihara lɛbah]
pastor (m)	penggembala	[pɛŋgɛmbala]
agrónomo (m)	ahli agronomi	[ahli agronomi]
criador (m) de gado	penternak	[pɛntɛrnak]
veterinário (m)	pakar veterinar	[pakar vetɛrinar]

agricultor (m)	**peladang**	[pɛladaŋ]
vinicultor (m)	**pembuat wain**	[pɛmbuat vajn]
zoólogo (m)	**ahli zoologi**	[ahli zoologi]
cowboy (m)	**koboi**	[koboj]

129. Profissões artísticas

ator (m)	**pelakon**	[pɛlakon]
atriz (f)	**aktres**	[aktres]
cantor (m)	**penyanyi lelaki**	[pɛnjanji lɛlaki]
cantora (f)	**penyanyi perempuan**	[pɛnjanji pɛrɛmpuan]
bailarino (m)	**penari lelaki**	[pɛnari lɛlaki]
bailarina (f)	**penari perempuan**	[pɛnari pɛrɛmpuan]
artista (m)	**artis**	[artis]
artista (f)	**aktres**	[aktres]
músico (m)	**pemuzik**	[pɛmuzik]
pianista (m)	**pemain piano**	[pɛmajn piano]
guitarrista (m)	**pemain gitar**	[pɛmajn gitar]
maestro (m)	**konduktor**	[konduktor]
compositor (m)	**komposer**	[komposɛr]
empresário (m)	**impresario**	[impresario]
realizador (m)	**pengarah**	[pɛŋarah]
produtor (m)	**produser**	[produsɛr]
argumentista (m)	**penulis skrip**	[pɛnulis skrip]
crítico (m)	**pengkritik**	[pɛŋkritik]
escritor (m)	**penulis**	[pɛnulis]
poeta (m)	**penyair**	[pɛnjair]
escultor (m)	**pematung**	[pɛmatuŋ]
pintor (m)	**pelukis**	[pɛlukis]
malabarista (m)	**penjugel**	[pɛndʒugɛl]
palhaço (m)	**badut**	[badut]
acrobata (m)	**akrobat**	[akrobat]
mágico (m)	**ahli silap mata**	[ahli silap mata]

130. Várias profissões

médico (m)	**doktor**	[doktor]
enfermeira (f)	**jururawat**	[dʒururavat]
psiquiatra (m)	**doktor penyakit jiwa**	[doktor pɛnjakit dʒiva]
estomatologista (m)	**doktor gigi**	[doktor gigi]
cirurgião (m)	**doktor bedah**	[doktor bɛdah]
astronauta (m)	**angkasawan**	[aŋkasavan]
astrónomo (m)	**ahli astronomi**	[ahli astronomi]

piloto (m)	juruterbang	[dʒurutɛrbaŋ]
motorista (m)	pemandu	[pɛmandu]
maquinista (m)	pemandu kereta api	[pɛmandu kreta api]
mecânico (m)	mekanik	[mekanik]

mineiro (m)	buruh lombong	[buruh lomboŋ]
operário (m)	buruh, pekerja	[buruh], [pɛkɛrdʒa]
serralheiro (m)	tukang logam	[tukaŋ logam]
marceneiro (m)	tukang tanggam	[tukaŋ taŋgam]
torneiro (m)	tukang pelarik	[tukaŋ pɛlarik]
construtor (m)	buruh binaan	[buruh binaan]
soldador (m)	jurukimpal	[dʒurukimpal]

professor (m) catedrático	profesor	[profesor]
arquiteto (m)	jurubina	[dʒurubina]
historiador (m)	sejarawan	[sɛdʒaravan]
cientista (m)	ilmuwan	[ilmuvan]
físico (m)	ahli fizik	[ahli fizik]
químico (m)	ahli kimia	[ahli kimia]

arqueólogo (m)	ahli arkeologi	[ahli arkeologi]
geólogo (m)	ahli geologi	[ahli geologi]
pesquisador (cientista)	penyelidik	[pɛnjelidik]

| babysitter (f) | pengasuh kanak-kanak | [pɛŋasuh kanak kanak] |
| professor (m) | guru | [guru] |

redator (m)	editor	[editor]
redator-chefe (m)	ketua pengarang	[kɛtua pɛŋaraŋ]
correspondente (m)	pemberita	[pɛmbrita]
datilógrafa (f)	jurutaip	[dʒurutajp]

designer (m)	pereka bentuk	[pereka bɛntuk]
especialista (m) em informática	tukang komputer	[tukaŋ komputɛr]
programador (m)	juruprogram	[dʒuruprogram]
engenheiro (m)	jurutera	[dʒurutra]

marujo (m)	pelaut	[pɛlaut]
marinheiro (m)	kelasi	[kɛlasi]
salvador (m)	penyelamat	[pɛnjelamat]

bombeiro (m)	anggota bomba	[aŋgota bomba]
polícia (m)	anggota polis	[aŋgota polis]
guarda-noturno (m)	warden	[vardɛn]
detetive (m)	mata-mata	[mata mata]

funcionário (m) da alfândega	anggota kastam	[aŋgota kastam]
guarda-costas (m)	pengawal peribadi	[pɛŋaval pribadi]
guarda (m) prisional	warden penjara	[vardɛn pɛndʒara]
inspetor (m)	inspektor	[inspektor]

desportista (m)	atlet, ahli sukan	[atlet], [ahli sukan]
treinador (m)	pelatih	[pɛlatih]
talhante (m)	tukang daging	[tukaŋ dagiŋ]
sapateiro (m)	tukang kasut	[tukaŋ kasut]

comerciante (m)	**pedagang**	[pɛdagaŋ]
carregador (m)	**pemuat**	[pɛmuat]
estilista (m)	**pereka fesyen**	[pɛreka feʃɛn]
modelo (f)	**peragawati**	[pragavati]

131. Ocupações. Estatuto social

aluno, escolar (m)	**budak sekolah**	[budak sɛkolah]
estudante (~ universitária)	**mahasiswa**	[mahasisva]
filósofo (m)	**ahli falsafah**	[ahli falsafah]
economista (m)	**ahli ekonomi**	[ahli ekonomi]
inventor (m)	**penemu**	[pɛnɛmu]
desempregado (m)	**pengganggur**	[pɛŋgaŋgur]
reformado (m)	**pesara**	[pɛsara]
espião (m)	**pengintip**	[pɛŋintip]
preso (m)	**tahanan**	[tahanan]
grevista (m)	**pemogok**	[pɛmogok]
burocrata (m)	**birokrat**	[birokrat]
viajante (m)	**pengembara**	[pɛŋɛmbara]
homossexual (m)	**homoseksual**	[homoseksual]
hacker (m)	**penggodam**	[pɛŋgodam]
hippie	**hipi**	[hipi]
bandido (m)	**samseng**	[samsɛŋ]
assassino (m) a soldo	**pembunuh upahan**	[pɛmbunuh upahan]
toxicodependente (m)	**penagih dadah**	[pɛnagih dadah]
traficante (m)	**pengedar dadah**	[pɛŋedar dadah]
prostituta (f)	**pelacur**	[pɛlatʃur]
chulo (m)	**bapa ayam**	[bapa ajam]
bruxo (m)	**ahli sihir lelaki**	[ahli sihir lɛlaki]
bruxa (f)	**ahli sihir perempuan**	[ahli sihir pɛrɛmpuan]
pirata (m)	**lanun**	[lanun]
escravo (m)	**hamba**	[hamba]
samurai (m)	**samurai**	[samuraj]
selvagem (m)	**orang yang tidak bertamadun**	[oraŋ jaŋ tidak bɛrtamadun]

Desportos

132. Tipos de desportos. Desportistas

desportista (m)	atlet, ahli sukan	[atlet], [ahli sukan]
tipo (m) de desporto	jenis sukan	[dʒɛnis sukan]
basquetebol (m)	bola keranjang	[bola krandʒaŋ]
jogador (m) de basquetebol	pemain bola keranjang	[pɛmajn bola krandʒaŋ]
beisebol (m)	besbol	[besbol]
jogador (m) de beisebol	pemain besbol	[pɛmajn besbol]
futebol (m)	bola sepak	[bola sɛpak]
futebolista (m)	pemain bola sepak	[pɛmajn bola sepak]
guarda-redes (m)	penjaga gol	[pɛndʒaga gol]
hóquei (m)	hoki	[hoki]
jogador (m) de hóquei	pemain hoki	[pɛmajn hoki]
voleibol (m)	bola tampar	[bola tampar]
jogador (m) de voleibol	pemain bola tampar	[pɛmajn bola tampar]
boxe (m)	tinju	[tindʒu]
boxeador, pugilista (m)	petinju	[pɛtindʒu]
luta (f)	gusti	[gusti]
lutador (m)	ahli gusti	[ahli gusti]
karaté (m)	karate	[karate]
karateca (m)	atlet karate	[atlet karate]
judo (m)	judo	[dʒudo]
judoca (m)	atlet judo	[atlet dʒudo]
ténis (m)	tenis	[tenis]
tenista (m)	petenis	[pɛtenis]
natação (f)	berenang	[bɛrɛnaŋ]
nadador (m)	perenang	[pɛrɛnaŋ]
esgrima (f)	bermain pedang	[bɛrmajn pɛdaŋ]
esgrimista (m)	pemain pedang	[pɛmajn pɛdaŋ]
xadrez (m)	catur	[tʃatur]
xadrezista (m)	pemain catur	[pɛmajn tʃatur]
alpinismo (m)	mendaki gunung	[mɛndaki gunuŋ]
alpinista (m)	pendaki gunung	[pɛndaki gunuŋ]
corrida (f)	lari	[lari]

corredor (m)	pelari	[pɛlari]
atletismo (m)	atletik	[atletik]
atleta (m)	ahli sukan	[ahli sukan]

| hipismo (m) | sukan ekuestrian | [sukan ekuestrian] |
| cavaleiro (m) | ekuin | [ekuin] |

patinagem (f) artística	luncur ais berbunga	[lunʧur ajs bɛrbuŋa]
patinador (m)	peluncur ais berbunga lelaki	[pɛlunʧur ajs bɛrbuŋa lɛlaki]
patinadora (f)	peluncur ais berbunga perempuan	[pɛlunʧur ajs bɛrbuŋa pɛrɛmpuan]

| halterofilismo (m) | angkat berat | [aŋkat brat] |
| halterofilista (m) | atlet angkat berat | [atlet aŋkat brat] |

| corrida (f) de carros | lumba kereta | [lumba kreta] |
| piloto (m) | pelumba | [pɛlumba] |

| ciclismo (m) | sukan berbasikal | [sukan bɛrbasikal] |
| ciclista (m) | penunggang basikal | [pɛnuŋgaŋ basikal] |

salto (m) em comprimento	lompat jauh	[lompat dʒauh]
salto (m) à vara	lompat galah	[lompat galah]
atleta (m) de saltos	pelompat	[pɛlompat]

133. Tipos de desportos. Diversos

futebol (m) americano	bola sepak Amerika	[bola sɛpak amerika]
badminton (m)	bulu tangkis	[bulu taŋkis]
biatlo (m)	biathlon	[biatlon]
bilhar (m)	biliard	[biliard]
bobsled (m)	bobsled	[bobsled]
musculação (f)	bina badan	[bina badan]
polo (m) aquático	polo air	[polo air]
andebol (m)	bola baling	[bola baliŋ]
golfe (m)	golf	[golf]

remo (m)	mendayung	[mɛndajuŋ]
mergulho (m)	selam skuba	[sɛlam skuba]
corrida (f) de esqui	lumba ski rentas desa	[lumba ski rɛntas desa]
ténis (m) de mesa	tenis meja	[tenis mɛdʒa]
vela (f)	sukan berlayar	[sukan bɛrlajar]
rali (m)	rali	[rali]
râguebi (m)	ragbi	[ragbi]
snowboard (m)	meluncur papan salji	[mɛlunʧur papan saldʒi]
tiro (m) com arco	memanah	[mɛmanah]

134. Ginásio

| barra (f) | berat | [brat] |
| halteres (m pl) | dumbel | [dumbel] |

aparelho (m) de musculaçao	alatan senaman	[alatan sɛnaman]
bicicleta (f) ergométrica	basikal statik	[basikal statik]
passadeira (f) de corrida	lorong lari	[loroŋ lari]

barra (f) fixa	palang lintang	[palaŋ lintaŋ]
barras (f) paralelas	palang selari	[palaŋ sɛlari]
cavalo (m)	kekuda	[kɛkuda]
tapete (m) de ginástica	tikar	[tikar]

corda (f) de saltar	tali skip	[tali skip]
aeróbica (f)	senamrobik	[ɛenamrobik]
ioga (f)	yoga	[joga]

135. Hóquei

hóquei (m)	hoki	[hoki]
jogador (m) de hóquei	pemain hoki	[pɛmajn hoki]
jogar hóquei	bermain hoki	[bɛrmajn hoki]
gelo (m)	ais	[ajs]

disco (m)	cakera getah	[tʃakra gɛtah]
taco (m) de hóquei	kayu pemukul	[kaju pɛmukul]
patins (m pl) de gelo	kasut luncur ais	[kasut luntʃur ajs]

| muro (m) | papan | [papan] |
| tiro (m) | pukulan | [pukulan] |

guarda-redes (m)	penjaga gol	[pɛndʒaga gol]
golo (m)	gol	[gol]
marcar um golo	menjaring gol	[mɛndʒariŋ gol]

tempo (m)	separuh masa	[sɛparuh masa]
segundo tempo (m)	separuh kedua	[sɛparuh kɛdua]
banco (m) de reservas	bangku pemain simpanan	[baŋku pɛmajn simpanan]

136. Futebol

futebol (m)	bola sepak	[bola sɛpak]
futebolista (m)	pemain bola sepak	[pɛmajn bola sepak]
jogar futebol	bermain bola sepak	[bɛrmajn bola sɛpak]

Liga Principal (f)	liga tertinggi	[liga tɛrtiŋgi]
clube (m) de futebol	kelab bola sepak	[klab bola sɛpak]
treinador (m)	pelatih	[pɛlatih]
proprietário (m)	pemilik	[pɛmilik]

equipa (f)	pasukan	[pasukan]
capitão (m) da equipa	kapten pasukan	[kaptɛn pasukan]
jogador (m)	pemain	[pɛmajn]
jogador (m) de reserva	pemain simpanan	[pɛmajn simpanan]
atacante (m)	penyerang	[pɛnjeraŋ]
avançado (m) centro	forward tengah	[forvard tɛŋah]

marcador (m)	penjaring gol	[pɛndʒariŋ gol]
defesa (m)	pembela	[pɛmbɛla]
médio (m)	hafbek	[hafbek]

jogo (desafio)	perlawanan	[pɛrlavanan]
encontrar-se (vr)	berjumpa	[bɛrdʒumpa]
final (m)	penghujung	[pɛŋɣudʒuŋ]
meia-final (f)	separuh akhir	[sɛparuh aχir]
campeonato (m)	kejohanan	[kɛdʒohanan]

tempo (m)	separuh masa	[sɛparuh masa]
primeiro tempo (m)	separuh pertama	[sɛparuh pertama]
intervalo (m)	masa rehat	[masa rehat]

baliza (f)	gol	[gol]
guarda-redes (m)	penjaga gol	[pɛndʒaga gol]
trave (f)	tiang gol	[tiaŋ gol]
barra (f) transversal	palang gol	[palaŋ gol]
rede (f)	jaring	[dʒariŋ]
sofrer um golo	melepaskan gol	[mɛlɛpaskan gol]

bola (f)	bola	[bola]
passe (m)	hantaran	[hantaran]
chute (m)	tendangan	[tɛndaŋan]
chutar (vt)	menendang	[mɛnɛndaŋ]
tiro (m) livre	tendangan penalti	[tɛndaŋan penalti]
canto (m)	tendangan penjuru	[tɛndaŋan pɛndʒuru]

ataque (m)	serangan	[sɛraŋan]
contra-ataque (m)	serangan balas	[sɛraŋan balas]
combinação (f)	kombinasi	[kombinasi]

árbitro (m)	hakim	[hakim]
apitar (vi)	bersiul	[bɛrsiul]
apito (m)	siul	[siul]
falta (f)	pelanggaran	[pɛlaŋgaran]
cometer a falta	melanggar	[mɛlaŋgar]
expulsar (vt)	membuang padang	[mɛmbuaŋ padaŋ]

cartão (m) amarelo	kad kuning	[kad kuniŋ]
cartão (m) vermelho	kad merah	[kad merah]
desqualificação (f)	penyingkiran	[pɛnjiŋkiran]
desqualificar (vt)	menyingkirkan	[mɛnjiŋkirkan]

penálti (m)	tendangan penalti	[tɛndaŋan penalti]
barreira (f)	benteng	[bentɛŋ]
marcar (vt)	menjaring	[mɛndʒariŋ]
golo (m)	gol	[gol]
marcar um golo	menjaring gol	[mɛndʒariŋ gol]

substituição (f)	penggantian	[pɛŋgantian]
substituir (vt)	mengganti	[mɛŋganti]
regras (f pl)	peraturan	[pɛraturan]
tática (f)	taktik	[taktik]
estádio (m)	stadium	[stadium]
bancadas (f pl)	blok tempat duduk	[blok tɛmpat duduk]

fã, adepto (m)	peminat	[pɛminat]
gritar (vi)	berteriak	[bɛrtɛriak]
marcador (m)	skrin paparan	[skrin paparan]
resultado (m)	kedudukan	[kɛdudukan]
derrota (f)	kekalahan	[kɛkalahan]
perder (vt)	kalah	[kalah]
empate (m)	seri	[sɛri]
empatar (vi)	main seri	[majn sɛri]
vitória (f)	kemenangan	[kɛmɛnaŋan]
ganhar, vencer (vi, vt)	menang, memenangi	[mɛnaŋ], [mɛmɛnaŋi]
campeão (m)	johan	[dʒohan]
melhor	terbaik	[tɛrbaik]
felicitar (vt)	mengucapkan tahniah	[mɛŋutʃapkan tahniah]
comentador (m)	pengulas	[pɛŋulas]
comentar (vt)	mengulas	[mɛŋulas]
transmissão (f)	penyiaran	[pɛniaran]

137. Esqui alpino

esqui (m)	ski	[ski]
esquiar (vi)	main ski	[majn ski]
estância (f) de esqui	pusat peranginan ski gunung	[pusat pɛraŋinan ski gunuŋ]
teleférico (m)	kereta kabel	[kreta kabɛl]
bastões (m pl) de esqui	tongkat ski	[toŋkat ski]
declive (m)	cerun	[tʃɛrun]
slalom (m)	slalom	[slalom]

138. Ténis. Golfe

golfe (m)	golf	[golf]
clube (m) de golfe	kelab golf	[klab golf]
jogador (m) de golfe	pemain golf	[pɛmajn golf]
buraco (m)	lubang	[lubaŋ]
taco (m)	pemukul golf	[pɛmukul golf]
trolley (m)	troli golf	[troli golf]
ténis (m)	tenis	[tenis]
quadra (f) de ténis	gelanggang tenis	[gɛlaŋgaŋ tenis]
saque (m)	servis	[sɛrvis]
sacar (vi)	melakukan servis	[mɛlakukan sɛrvis]
raquete (f)	raket	[raket]
rede (f)	jaring	[dʒariŋ]
bola (f)	bola	[bola]

139. Xadrez

xadrez (m)	catur	[ʧatur]
peças (f pl) de xadrez	buah catur	[buah ʧatur]
xadrezista (m)	pemain catur	[pɛmajn ʧatur]
tabuleiro (m) de xadrez	papan catur	[papan ʧatur]
peça (f) de xadrez	buah catur	[buah ʧatur]
brancas (f pl)	buah putih	[buah putih]
pretas (f pl)	buah hitam	[buah hitam]
peão (m)	bidak	[bidak]
bispo (m)	gajah	[gadʒah]
cavalo (m)	kuda	[kuda]
torre (f)	tir	[tir]
dama (f)	menteri	[mɛntri]
rei (m)	raja	[radʒa]
vez (m)	langkah	[laŋkah]
mover (vt)	melangkahkan	[mɛlaŋkahkan]
sacrificar (vt)	mengorbankan	[mɛŋorbaŋkan]
roque (m)	berkubu	[bɛrkubu]
xeque (m)	syahmat	[ʃahmat]
xeque-mate (m)	mat	[mat]
torneio (m) de xadrez	pertandingan catur	[pɛrtandiŋan ʧatur]
grão-mestre (m)	Grand Master	[grand master]
combinação (f)	kombinasi	[kombinasi]
partida (f)	permainan	[pɛrmajnan]
jogo (m) de damas	dam-dam	[dam dam]

140. Boxe

boxe (m)	tinju	[tindʒu]
combate (m)	pertarungan	[pɛrtaruŋan]
duelo (m)	perlawanan	[pɛrlavanan]
round (m)	pusingan	[pusiŋan]
ringue (m)	gelanggang	[gɛlaŋgaŋ]
gongo (m)	gong	[goŋ]
murro, soco (m)	penumbuk	[pɛnumbuk]
nocaute (m)	pukulan KO	[pukulan ko]
nocautear (vt)	memukul KO	[mɛmukul ko]
luva (f) de boxe	sarung tinju	[saruŋ tindʒu]
árbitro (m)	hakim	[hakim]
peso-leve (m)	berat ringan	[brat riŋan]
peso-médio (m)	berat middleweight	[brat midlvejt]
peso-pesado (m)	kelas heavyweight	[klas hevivejt]

141. Desportos. Diversos

Jogos (m pl) Olímpicos	Sukan Olimpik	[sukan olimpik]
vencedor (m)	pemenang	[pɛmɛnaŋ]
vencer (vi)	memenangi	[mɛmɛnaŋi]
vencer, ganhar (vi)	menang	[mɛnaŋ]
líder (m)	pemimpin	[pɛmimpin]
liderar (vt)	memimpin	[mɛmimpin]
primeiro lugar (m)	tempat pertama	[tɛmpat pɛrtama]
segundo lugar (m)	tempat kedua	[tɛmpat kɛdua]
terceiro lugar (m)	tempat ketiga	[tɛmpat kɛtiga]
medalha (f)	pingat	[piŋat]
troféu (m)	trofi	[trofi]
taça (f)	piala	[piala]
prémio (m)	hadiah	[hadiah]
prémio (m) principal	hadiah utama	[hadiah utama]
recorde (m)	rekod	[rekod]
estabelecer um recorde	menciptakan rekod	[mɛntʃiptakan rekod]
final (m)	perlawanan akhir	[pɛrlavanan aχir]
final	akhir	[aχir]
campeão (m)	johan	[dʒohan]
campeonato (m)	kejohanan	[kɛdʒohanan]
estádio (m)	stadium	[stadium]
bancadas (f pl)	blok tempat duduk	[blok tɛmpat duduk]
fã, adepto (m)	peminat	[pɛminat]
adversário (m)	lawan	[lavan]
partida (f)	garis mula	[garis mula]
chegada, meta (f)	garis penamat	[garis pɛnamat]
derrota (f)	kekalahan	[kɛkalahan]
perder (vt)	kalah	[kalah]
árbitro (m)	hakim	[hakim]
júri (m)	jemaah pengadil	[dʒɛmaah pɛŋadil]
resultado (m)	kedudukan	[kɛdudukan]
empate (m)	seri	[sɛri]
empatar (vi)	main seri	[majn sɛri]
ponto (m)	mata	[mata]
resultado (m) final	hasil	[hasil]
tempo, período (m)	separuh masa	[sɛparuh masa]
intervalo (m)	masa rehat	[masa rehat]
doping (m)	doping	[dopiŋ]
penalizar (vt)	memberi penalti	[mɛmbri penalti]
desqualificar (vt)	menyingkirkan	[mɛnjiŋkirkan]
aparelho (m)	perkakas	[pɛrkakas]

dardo (m)	**lembing**	[lɛmbiŋ]
peso (m)	**peluru**	[pɛluru]
bola (f)	**bola**	[bola]
alvo, objetivo (m)	**sasaran**	[sasaran]
alvo (~ de papel)	**sasaran**	[sasaran]
atirar, disparar (vi)	**menembak**	[mɛnembak]
preciso (tiro ~)	**tepat**	[tɛpat]
treinador (m)	**pelatih**	[pɛlatih]
treinar (vt)	**melatih**	[mɛlatih]
treinar-se (vr)	**berlatih**	[bɛrlatih]
treino (m)	**latihan**	[latihan]
ginásio (m)	**gimnazium**	[gimnazium]
exercício (m)	**latihan**	[latihan]
aquecimento (m)	**senaman pemanas badan**	[sɛnaman pɛmanas badan]

Educação

142. Escola

escola (f)	sekolah	[sɛkolah]
diretor (m) de escola	pengetua sekolah	[pɛŋetua sɛkolah]
aluno (m)	pelajar lelaki	[pɛladʒar lɛlaki]
aluna (f)	pelajar perempuan	[pɛladʒar pɛrɛmpuan]
escolar (m)	budak sekolah	[budak sɛkolah]
escolar (f)	budak perempuan sekolah	[budak pɛrɛmpuan sɛkolah]
ensinar (vt)	mengajar	[mɛŋadʒar]
aprender (vt)	belajar	[bɛladʒar]
aprender de cor	menghafalkan	[mɛŋγafalkan]
estudar (vi)	belajar	[bɛladʒar]
andar na escola	bersekolah	[bɛrsɛkolah]
ir à escola	pergi sekolah	[pɛrgi sɛkolah]
alfabeto (m)	abjad	[abdʒad]
disciplina (f)	mata pelajaran	[mata pɛladʒaran]
sala (f) de aula	bilik darjah	[bilik dardʒah]
lição (f)	kelas	[klas]
recreio (m)	rehat	[rehat]
toque (m)	loceng	[lotʃeŋ]
carteira (f)	bangku sekolah	[baŋku sɛkolah]
quadro (m) negro	papan hitam	[papan hitam]
nota (f)	markah	[markah]
boa nota (f)	markah baik	[markah baik]
nota (f) baixa	markah tidak lulus	[markah tidak lulus]
dar uma nota	memberi markah	[mɛmbri markah]
erro (m)	kesalahan	[kɛsalahan]
fazer erros	membuat kesalahan	[mɛmbuat kɛsalahan]
corrigir (vt)	memperbaiki	[mɛmpɛrbaiki]
cábula (f)	toyol	[tojol]
dever (m) de casa	tugasan rumah	[tugasan rumah]
exercício (m)	latihan	[latihan]
estar presente	hadir	[hadir]
estar ausente	tidak hadir	[tidak hadir]
faltar às aulas	ponteng	[pontɛŋ]
punir (vt)	menghukum	[mɛŋγukum]
punição (f)	hukuman	[hukuman]
comportamento (m)	tingkah laku	[tiŋkah laku]

boletim (m) escolar	buku laporan	[buku laporan]
lápis (m)	pensel	[pensel]
borracha (f)	getah pemadam	[gɛtah pɛmadam]
giz (m)	kapur	[kapur]
estojo (m)	kotak pensel	[kotak pensel]

pasta (f) escolar	beg sekolah	[beg sɛkolah]
caneta (f)	pen	[pen]
caderno (m)	buku latihan	[buku latihan]
manual (m) escolar	buku teks	[buku teks]
compasso (m)	jangka lukis	[dʒaŋka lukis]

traçar (vt)	melukis	[mɛlukis]
desenho (m) técnico	rajah	[radʒah]

poesia (f)	puisi, sajak	[puisi], [sadʒak]
de cor	hafal	[hafal]
aprender de cor	menghafalkan	[mɛŋɣafalkan]

férias (f pl)	cuti	[ʧuti]
estar de férias	bercuti	[bɛrʧuti]
passar as férias	menghabiskan cuti	[mɛŋɣabiskan ʧuti]

teste (m)	tes	[tes]
composição, redação (f)	karangan	[karaŋan]
ditado (m)	imla	[imla]
exame (m)	peperiksaan	[pɛpɛriksaan]
fazer exame	menduduki peperiksaan	[mɛnduduki pɛpɛriksaan]
experiência (~ química)	uji cuba	[udʒi ʧuba]

143. Colégio. Universidade

academia (f)	akademi	[akadɛmi]
universidade (f)	universiti	[univɛrsiti]
faculdade (f)	fakulti	[fakulti]

estudante (m)	mahasiswa	[mahasisva]
estudante (f)	mahasiswi	[mahasisvi]
professor (m)	pensyarah	[pɛnçarah]

sala (f) de palestras	ruang darjah	[ruaŋ dardʒah]
graduado (m)	tamatan	[tamatan]

diploma (m)	ijazah	[idʒazah]
tese (f)	tesis	[tesis]

estudo (obra)	kajian	[kadʒian]
laboratório (m)	makmal	[makmal]

palestra (f)	syarahan, kuliah	[çarahan], [kulijah]
colega (m) de curso	teman sedarjah	[tɛman sɛdardʒah]

bolsa (f) de estudos	biasiswa	[biasisva]
grau (m) académico	ijazah	[idʒazah]

144. Ciências. Disciplinas

matemática (f)	matematik	[matɛmatik]
álgebra (f)	algebra	[algebra]
geometria (f)	geometri	[geometri]
astronomia (f)	astronomi	[astronomi]
biologia (f)	biologi	[biologi]
geografia (f)	geografi	[geografi]
geologia (f)	geologi	[geologi]
história (f)	sejarah	[sɛdʒarah]
medicina (f)	perubatan	[pɛrubatan]
pedagogia (f)	pedagogi	[pedagogi]
direito (m)	hukum	[hukum]
física (f)	fizik	[fizik]
química (f)	kimia	[kimia]
filosofia (f)	falsafah	[falsafah]
psicologia (f)	psikologi	[psikologi]

145. Sistema de escrita. Ortografia

gramática (f)	nahu	[nahu]
vocabulário (m)	kosa kata	[kosa kata]
fonética (f)	fonetik	[fonetik]
substantivo (m)	kata nama	[kata nama]
adjetivo (m)	kata sifat	[kata sifat]
verbo (m)	kata kerja	[kata kɛrdʒa]
advérbio (m)	adverba	[advɛrba]
pronome (m)	ganti nama	[ganti nama]
interjeição (f)	kata seru	[kata sɛru]
preposição (f)	kata depan	[kata dɛpan]
raiz (f) da palavra	kata akar	[kata akar]
terminação (f)	akhiran	[aχiran]
prefixo (m)	awalan	[avalan]
sílaba (f)	sukukata	[sukukata]
sufixo (m)	akhiran	[aχiran]
acento (m)	tanda tekanan	[tanda tɛkanan]
apóstrofo (m)	koma atas	[koma atas]
ponto (m)	titik	[titik]
vírgula (f)	koma	[koma]
ponto e vírgula (m)	koma bertitik	[koma bɛrtitik]
dois pontos (m pl)	tanda titik bertindih	[tanda titik bɛrtindih]
reticências (f pl)	tanda elipsis	[tanda elipsis]
ponto (m) de interrogação	tanda tanya	[tanda tanja]
ponto (m) de exclamação	tanda seru	[tanda sɛru]

aspas (f pl)	tanda petik	[tanda pɛtik]
entre aspas	dalam tanda petik	[dalam tanda pɛtik]
parênteses (m pl)	tanda kurung	[tanda kuruŋ]
entre parênteses	dalam kurungan	[dalam kuruŋan]

hífen (m)	tanda pisah	[tanda pisah]
travessão (m)	tanda sempang	[tanda sɛmpaŋ]
espaço (m)	jarak	[dʒarak]

| letra (f) | huruf | [huruf] |
| letra (f) maiúscula | huruf besar | [huruf bɛsar] |

| vogal (f) | huruf hidup | [huruf hidup] |
| consoante (f) | konsonan | [konsonan] |

frase (f)	ayat, kalimat	[ajat], [kalimat]
sujeito (m)	subjek	[subdʒek]
predicado (m)	predikat	[predikat]

linha (f)	baris	[baris]
em uma nova linha	di baris baru	[di baris baru]
parágrafo (m)	perenggan	[pɛrɛŋgan]

palavra (f)	perkataan	[pɛrkataan]
grupo (m) de palavras	rangkaian kata	[raŋkajan kata]
expressão (f)	ungkapan	[uŋkapan]
sinónimo (m)	kata seerti	[kata sɛɛrti]
antónimo (m)	antonim	[antonim]

regra (f)	peraturan	[pɛraturan]
exceção (f)	pengecualian	[pɛŋɛtʃualian]
correto	betul	[bɛtul]

conjugação (f)	konjugasi	[kondʒugasi]
declinação (f)	deklinasi	[deklinasi]
caso (m)	kasus	[kasus]
pergunta (f)	soalan	[soalan]
sublinhar (vt)	menegaskan	[mɛnɛgaskan]
linha (f) pontilhada	garis titik-titik	[garis titik titik]

146. Línguas estrangeiras

língua (f)	bahasa	[bahasa]
estrangeiro	asing	[asiŋ]
língua (f) estrangeira	bahasa asing	[bahasa asiŋ]
estudar (vt)	mempelajari	[mɛmpɛladʒari]
aprender (vt)	belajar	[bɛladʒar]

ler (vt)	membaca	[mɛmbatʃa]
falar (vi)	bercakap	[bɛrtʃakap]
compreender (vt)	memahami	[mɛmahami]
escrever (vt)	menulis	[mɛnulis]
rapidamente	fasih	[fasih]
devagar	perlahan-lahan	[pɛrlahan lahan]

fluentemente	fasih	[fasih]
regras (f pl)	peraturan	[pɛraturan]
gramática (f)	nahu	[nahu]
vocabulário (m)	kosa kata	[kosa kata]
fonética (f)	fonetik	[fonetik]

manual (m) escolar	buku teks	[buku teks]
dicionário (m)	kamus	[kamus]
manual (m)	buku teks pembelajaran	[buku teks pɛmbɛladʒaran
de autoaprendizagem	kendiri	kɛndiri]
guia (m) de conversação	buku ungkapan	[buku uŋkapan]

cassete (f)	kaset	[kaset]
vídeo cassete (m)	kaset video	[kaset video]
CD (m)	cakera padat	[ʧakra padat]
DVD (m)	cakera DVD	[ʧakra dividi]

alfabeto (m)	abjad	[abdʒad]
soletrar (vt)	mengeja	[mɛŋedʒa]
pronúncia (f)	sebutan	[sɛbutan]

sotaque (m)	aksen	[aksen]
com sotaque	dengan pelat	[dɛŋan pelat]
sem sotaque	tanpa pelat	[tanpa pelat]

palavra (f)	perkataan	[pɛrkataan]
sentido (m)	erti	[ɛrti]

cursos (m pl)	kursus	[kursus]
inscrever-se (vr)	berdaftar	[bɛrdaftar]
professor (m)	pensyarah	[pɛnçarah]

tradução (processo)	penterjemahan	[pɛntɛrdʒemahan]
tradução (texto)	terjemahan	[tɛrdʒemahan]
tradutor (m)	penterjemah	[pɛntɛrdʒemah]
intérprete (m)	penterjemah	[pɛntɛrdʒemah]

poliglota (m)	penutur pelbagai bahasa	[pɛnutur pɛlbagaj bahasa]
memória (f)	ingatan	[iŋatan]

147. Personagens de contos de fadas

Pai (m) Natal	Santa Claus	[santa klaus]
Cinderela (f)	Cinderella	[sinderella]
sereia (f)	ikan duyung	[ikan dujuŋ]
Neptuno (m)	Waruna	[varuna]

mago (m)	ahli sihir	[ahli sihir]
fada (f)	sihir perempuan	[sihir pɛrɛmpuan]
mágico	ajaib	[adʒaib]
varinha (f) mágica	tongkat wasiat	[toŋkat vasiat]

conto (m) de fadas	dongeng	[doŋeŋ]
milagre (m)	keajaiban	[kɛadʒaiban]

anão (m)	orang kerdil	[oraŋ kɛrdil]
transformar-se em ...	menjelma menjadi	[mɛndʒɛlma mɛndʒadi]

fantasma (m)	hantu	[hantu]
espetro (m)	hantu	[hantu]
monstro (m)	bota	[bota]
dragão (m)	naga	[naga]
gigante (m)	gergasi	[gɛrgasi]

148. Signos do Zodíaco

Carneiro	Aries	[ariz]
Touro	Taurus	[torɛs]
Gémeos	Gemini	[dʒeminaj]
Caranguejo	Cancer	[kɛnser]
Leão	Leo	[leo]
Virgem (f)	Virgo	[virgo]

Balança	Libra	[libra]
Escorpião	Scorpio	[skorpio]
Sagitário	Sagittarius	[sadʒitarius]
Capricórnio	Capricorn	[kɛprikon]
Aquário	Aquarius	[akuarius]
Peixes	Pisces	[piskiz]

caráter (m)	sifat	[sifat]
traços (m pl) do caráter	sifat	[sifat]
comportamento (m)	tingkah laku	[tiŋkah laku]
predizer (vt)	menilik nasib	[mɛnilik nasib]
adivinha (f)	penilik nasib perempuan	[pɛnilik nasib pɛrɛmpuan]
horóscopo (m)	horoskop	[horoskop]

Artes

149. Teatro

teatro (m)	teater	[teatɛr]
ópera (f)	opera	[opɛra]
opereta (f)	opereta	[opɛreta]
balé (m)	balet	[balet]
cartaz (m)	poster	[postɛr]
companhia (f) teatral	rombongan teater	[romboŋan teatɛr]
turné (digressão)	pertunjukan jelajah	[pɛrtundʒukan dʒɛladʒah]
estar em turné	berjelajah dengan pertunjukan	[bɛrdʒɛladʒah dɛŋan pɛrtundʒukan]
ensaiar (vt)	melatih berlakon	[mɛlatih bɛrlakon]
ensaio (m)	raptai	[raptaj]
repertório (m)	repertoir	[repɛrtoir]
apresentação (f)	pertunjukan	[pɛrtundʒukan]
espetáculo (m)	pertunjukan	[pɛrtundʒukan]
peça (f)	lakon, teater	[lakon], [teatɛr]
bilhete (m)	tiket	[tiket]
bilheteira (f)	pejabat tiket	[pɛdʒabat tiket]
hall (m)	ruang legar	[ruaŋ legar]
guarda-roupa (m)	tempat meletak pakaian	[tɛmpat mɛlɛtak pakajan]
senha (f) numerada	teg	[teg]
binóculo (m)	teropong	[tɛropoŋ]
lanterninha (m)	pemeriksa tiket	[pɛmɛriksa tiket]
plateia (f)	tingkat bawah	[tiŋkat bavah]
balcão (m)	balkoni	[balkoni]
primeiro balcão (m)	bulatan dress	[bulatan dres]
camarote (m)	boks	[boks]
fila (f)	baris	[baris]
assento (m)	tempat duduk	[tɛmpat duduk]
público (m)	penonton, odiens	[pɛnonton], [odiens]
espetador (m)	penonton	[pɛnonton]
aplaudir (vt)	menepuk tangan	[mɛnɛpuk taŋan]
aplausos (m pl)	tepuk tangan	[tɛpuk taŋan]
ovação (f)	tepuk sorak	[tɛpuk sorak]
palco (m)	pentas	[pɛntas]
pano (m) de boca	tirai	[tiraj]
cenário (m)	hiasan latar	[hiasan latar]
bastidores (m pl)	belakang pentas	[blakaŋ pɛntas]
cena (f)	adegan	[adɛgan]
ato (m)	babak	[babak]
entreato (m)	waktu rehat	[vaktu rehat]

150. Cinema

| ator (m) | pelakon | [pɛlakon] |
| atriz (f) | aktres | [aktres] |

cinema (m)	seni wayang gambar	[sɛni vajaŋ gambar]
filme (m)	filem	[filɛm]
episódio (m)	episod	[episod]

filme (m) policial	filem detektif	[filɛm detektif]
filme (m) de ação	filem aksi	[filɛm aksi]
filme (m) de aventuras	filem petualangan	[filɛm pɛtualaŋan]
filme (m) de ficção científica	filem cereka sains	[filɛm ʧereka sajns]
filme (m) de terror	filem seram	[filɛm sɛram]

comédia (f)	filem komedi	[filɛm komedi]
melodrama (m)	melodrama	[melodrama]
drama (m)	drama	[drama]

filme (m) ficcional	filem cereka	[filɛm ʧereka]
documentário (m)	filem dokumentari	[filɛm dokumɛntari]
desenho (m) animado	filem kartun	[filɛm kartun]
cinema (m) mudo	filem bisu	[filɛm bisu]

papel (m)	peranan	[pɛranan]
papel (m) principal	peranan utama	[pɛranan utama]
representar (vt)	memainkan	[mɛmajŋkan]

estrela (f) de cinema	bintang filem	[bintaŋ filɛm]
conhecido	terkenal	[tɛrkɛnal]
famoso	terkenal	[tɛrkɛnal]
popular	popular	[popular]

argumento (m)	skrip	[skrip]
argumentista (m)	penulis skrip	[pɛnulis skrip]
realizador (m)	pengarah	[pɛŋarah]
produtor (m)	produser	[produsɛr]
assistente (m)	pembantu	[pɛmbantu]
diretor (m) de fotografia	jurukamera	[dʒurukamera]
duplo (m)	pelakon lagak aksi	[pɛlakon lagak aksi]
duplo (m) de corpo	pelakon pengganti	[pɛlakon pɛŋganti]

| filmar (vt) | membuat penggambaran filem | [mɛmbuat pɛŋgambaran filɛm] |

audição (f)	uji bakat	[udʒi bakat]
filmagem (f)	penggambaran	[pɛŋgambaran]
equipe (f) de filmagem	kru penggambaran	[kru pɛŋgambaran]
set (m) de filmagem	tapak penggambaran	[tapak pɛŋgambaran]
câmara (f)	kamera filem	[kamera filɛm]

cinema (m)	pawagam	[pavagam]
ecrã (m), tela (f)	layar perak	[lajar perak]
exibir um filme	menayangkan filem	[mɛnajaŋkan filɛm]
pista (f) sonora	runut bunyi	[runut bunji]
efeitos (m pl) especiais	kesan khas	[kɛsan χas]

legendas (f pl)	sari kata	[sari kata]
crédito (m)	barisan kredit	[barisan kredit]
tradução (f)	terjemahan	[tɛrdʒɛmahan]

151. Pintura

arte (f)	seni	[sɛni]
belas-artes (f pl)	seni halus	[sɛni halus]
galeria (f) de arte	balai seni lukis	[balaj sɛni lukis]
exposição (f) de arte	pameran lukisan	[pameran lukisan]

pintura (f)	seni lukis	[sɛni lukis]
arte (f) gráfica	seni grafik	[sɛni grafik]
arte (f) abstrata	seni abstrak	[sɛni abstrak]
impressionismo (m)	impresionisme	[impresionismɛ]

pintura (f), quadro (m)	lukisan	[lukisan]
desenho (m)	lukisan	[lukisan]
cartaz, póster (m)	poster	[postɛr]

ilustração (f)	gambar	[gambar]
miniatura (f)	lukisan kenit	[lukisan kɛnit]
cópia (f)	salinan	[salinan]
reprodução (f)	reproduksi	[reproduksi]

mosaico (m)	mozek	[mozek]
vitral (m)	kaca berwarna	[katʃa bɛrvarna]
fresco (m)	lukisan dinding	[lukisan dindiŋ]
gravura (f)	ukiran	[ukiran]

busto (m)	patung dada	[patuŋ dada]
escultura (f)	arca	[artʃa]
estátua (f)	patung	[patuŋ]
gesso (m)	gipsum	[gipsum]
em gesso	daripada gipsum	[daripada gipsum]

retrato (m)	potret	[potret]
autorretrato (m)	potret diri	[potret diri]
paisagem (f)	lukisan landskap	[lukisan landskap]
natureza (f) morta	alam benda mati	[alam bɛnda mati]
caricatura (f)	karikatur	[karikatur]
esboço (m)	sketsa	[skeʦa]

tinta (f)	cat	[ʧat]
aguarela (f)	cat air	[ʧat air]
óleo (m)	cat minyak	[ʧat minjak]
lápis (m)	pensel	[pensel]
tinta da China (f)	dakwat Cina	[dakvat ʧina]
carvão (m)	arang	[araŋ]

desenhar (vt)	melukis	[mɛlukis]
pintar (vt)	melukis	[mɛlukis]
posar (vi)	bergaya	[bɛrgaja]
modelo (m)	model lukisan lelaki	[model lukisan lɛlaki]

modelo (f)	model lukisan perempuan	[model lukisan pɛrɛmpuan]
pintor (m)	pelukis	[pɛlukis]
obra (f)	karya	[karʲa]
obra-prima (f)	karya ulung	[karʲa uluŋ]
estúdio (m)	bengkel	[beŋkel]

tela (f)	kain kanvas	[kain kanvas]
cavalete (m)	kekuda	[kɛkuda]
paleta (f)	palet	[palet]

moldura (f)	bingkai	[biŋkaj]
restauração (f)	pemuliharaan	[pɛmuliharaan]
restaurar (vt)	memulihara	[mɛmulihara]

152. Literatura & Poesia

literatura (f)	sastera	[sastra]
autor (m)	pengarang	[pɛŋaraŋ]
pseudónimo (m)	nama pena	[nama pɛna]

livro (m)	buku	[buku]
volume (m)	jilid	[dʒilid]
índice (m)	kandungan	[kanduŋan]
página (f)	halaman	[halaman]
protagonista (m)	hero utama	[hero utama]
autógrafo (m)	autograf	[autograf]

conto (m)	cerpen	[ʧɛrpen]
novela (f)	novel	[novɛl]
romance (m)	roman	[roman]
obra (f)	karya	[karʲa]
fábula (m)	fabel	[fabɛl]
romance (m) policial	novel detektif	[novɛl detektif]

poesia (obra)	puisi, sajak	[puisi], [sadʒak]
poesia (arte)	puisi	[puisi]
poema (m)	balada	[balada]
poeta (m)	penyair	[pɛnjair]

ficção (f)	cereka	[ʧɛreka]
ficção (f) científica	cereka sains	[ʧɛreka sains]
aventuras (f pl)	pengembaraan	[pɛŋembaraan]
literatura (f) didática	buku-buku pendidikan	[buku buku pɛndidikan]
literatura (f) infantil	sastera kanak-kanak	[sastra kanak kanak]

153. Circo

circo (m)	sarkas	[sarkas]
circo (m) ambulante	khemah pertunjukkan sarkas	[xemah pɛrtundʒukkan sarkas]
programa (m)	acara	[aʧara]
apresentação (f)	pertunjukan	[pɛrtundʒukan]

| número (m) | acara | [atʃara] |
| arena (f) | gelanggang | [gɛlaŋgaŋ] |

| pantomima (f) | pantomim | [pantomim] |
| palhaço (m) | badut | [badut] |

acrobata (m)	akrobat	[akrobat]
acrobacia (f)	akrobatik	[akrobatik]
ginasta (m)	jimnas	[dʒimnas]
ginástica (f)	gimnastik	[gimnastik]
salto (m) mortal	balik kuang	[balik kuaŋ]

homem forte (m)	orang kuat	[oraŋ kuat]
domador (m)	penjinak	[pɛndʒinak]
cavaleiro (m) equilibrista	penunggang kuda	[pɛnuŋgaŋ kuda]
assistente (m)	pembantu	[pɛmbantu]

truque (m)	helah	[helah]
truque (m) de mágica	silap mata	[silap mata]
mágico (m)	ahli silap mata	[ahli silap mata]

malabarista (m)	penjugel	[pɛndʒugɛl]
fazer malabarismos	melambung-lambungkan	[mɛlambuŋ lambuŋkan]
domador (m)	pelatih binatang	[pɛlatih binataŋ]
adestramento (m)	pelatihan binatang	[pɛlatihan binataŋ]
adestrar (vt)	melatih	[mɛlatih]

154. Música. Música popular

música (f)	muzik	[muzik]
músico (m)	pemuzik	[pɛmuzik]
instrumento (m) musical	alat muzik	[alat muzik]
tocar ...	bermain	[bɛrmajn]

guitarra (f)	gitar	[gitar]
violino (m)	biola	[biola]
violoncelo (m)	selo	[selo]
contrabaixo (m)	dabal bes	[dabal bes]
harpa (f)	harp	[harp]

piano (m)	piano	[piano]
piano (m) de cauda	grand piano	[grand piano]
órgão (m)	organ	[organ]

instrumentos (m pl) de sopro	alat-alat tiupan	[alat alat tiupan]
oboé (m)	obo	[obo]
saxofone (m)	saksofon	[saksofon]
clarinete (m)	klarinet	[klarinet]
flauta (f)	serunai	[sɛrunaj]
trompete (m)	sangkakala	[saŋkakala]

acordeão (m)	akordion	[akordion]
tambor (m)	gendang	[gɛndaŋ]
duo, dueto (m)	duet	[duet]

trio (m)	**trio**	[trio]
quarteto (m)	**kuartet**	[kuartet]
coro (m)	**koir**	[koir]
orquestra (f)	**orkestra**	[orkestra]

música (f) pop	**muzik pop**	[muzik pop]
música (f) rock	**muzik rock**	[muzik rok]
grupo (m) de rock	**kumpulan rock**	[kumpulan rok]
jazz (m)	**jaz**	[dʒaz]

ídolo (m)	**idola**	[idola]
fã, admirador (m)	**peminat**	[pɛminat]

concerto (m)	**konsert**	[konsɛrt]
sinfonia (f)	**simfoni**	[simfoni]
composição (f)	**gubahan**	[gubahan]
compor (vt)	**mencipta**	[mɛntʃipta]

canto (m)	**nyanyian**	[njanjian]
canção (f)	**lagu**	[lagu]
melodia (f)	**melodi**	[melodi]
ritmo (m)	**irama**	[irama]
blues (m)	**muzik blues**	[muzik blus]

notas (f pl)	**not**	[not]
batuta (f)	**tongkat pengarah**	[toŋkat pɛŋarah]
arco (m)	**penggesek**	[pɛŋgesek]
corda (f)	**tali**	[tali]
estojo (m)	**sarung**	[saruŋ]

Descanso. Entretenimento. Viagens

155. Viagens

turismo (m)	pelancongan	[pɛlantʃoŋan]
turista (m)	pelancong	[pɛlantʃoŋ]
viagem (f)	pengembaraan	[pɛŋɛmbaraan]
aventura (f)	petualangan	[pɛtualaŋan]
viagem (f)	lawatan	[lavatan]

férias (f pl)	cuti	[tʃuti]
estar de férias	bercuti	[bɛrtʃuti]
descanso (m)	rehat	[rehat]

comboio (m)	kereta api	[kreta api]
de comboio (chegar ~)	naik kereta api	[naik kreta api]
avião (m)	kapal terbang	[kapal tɛrban]
de avião	naik kapal terbang	[naik kapal tɛrban]
de carro	naik kereta	[naik kreta]
de navio	naik kapal	[naik kapal]

bagagem (f)	bagasi	[bagasi]
mala (f)	beg pakaian	[beg pakajan]
carrinho (m)	troli bagasi	[troli bagasi]

passaporte (m)	pasport	[pasport]
visto (m)	visa	[visa]
bilhete (m)	tiket	[tiket]
bilhete (m) de avião	tiket kapal terbang	[tiket kapal tɛrban]

guia (m) de viagem	buku panduan pelancongan	[buku panduan pɛlantʃoŋan]
mapa (m)	peta	[pɛta]
local (m), area (f)	kawasan	[kavasan]
lugar, sítio (m)	tempat duduk	[tɛmpat duduk]

exotismo (m)	keeksotikan	[kɛeksotikan]
exótico	eksotik	[eksotik]
surpreendente	menakjubkan	[mɛnakdʒubkan]

grupo (m)	kumpulan	[kumpulan]
excursão (f)	darmawisata	[darmavisata]
guia (m)	pemandu pelancong	[pɛmandu pɛlantʃoŋ]

156. Hotel

hotel (m)	hotel	[hotel]
motel (m)	motel	[motel]

três estrelas	tiga bintang	[tiga bintaŋ]
cinco estrelas	lima bintang	[lima bintaŋ]
ficar (~ num hotel)	menumpang	[mɛnumpaŋ]
quarto (m)	bilik	[bilik]
quarto (m) individual	bilik untuk satu orang	[bilik untuk satu oraŋ]
quarto (m) duplo	bilik kelamin	[bilik kɛlamin]
reservar um quarto	menempah bilik	[mɛnempah bilik]
meia pensão (f)	penginapan tanpa makanan	[pɛŋinapan tanpa makanan]
pensão (f) completa	penginapan dengan makanan	[pɛŋinapan dɛŋan makanan]
com banheira	dengan tab mandi	[dɛŋan tab mandi]
com duche	dengan pancaran air	[dɛŋan pantʃaran air]
televisão (m) satélite	televisyen satelit	[televiʃɛn satɛlit]
ar (m) condicionado	penghawa dingin	[pɛŋɣava diŋin]
toalha (f)	tuala	[tuala]
chave (f)	kunci	[kuntʃi]
administrador (m)	pentadbir	[pɛntadbir]
camareira (f)	pengemas rumah	[pɛŋɛmas rumah]
bagageiro (m)	porter	[portɛr]
porteiro (m)	penjaga pintu	[pɛndʒaga pintu]
restaurante (m)	restoran	[restoran]
bar (m)	bar	[bar]
pequeno-almoço (m)	makan pagi	[makan pagi]
jantar (m)	makan malam	[makan malam]
buffet (m)	jamuan berselerak	[dʒamuan bɛrsɛlerak]
hall (m) de entrada	ruang legar	[ruaŋ legar]
elevador (m)	lif	[lif]
NÃO PERTURBE	JANGAN MENGGANGGU	[dʒaŋan mɛŋgaŋgu]
PROIBIDO FUMAR!	DILARANG MEROKOK!	[dilaraŋ mɛrokok]

157. Livros. Leitura

livro (m)	buku	[buku]
autor (m)	pengarang	[pɛŋaraŋ]
escritor (m)	penulis	[pɛnulis]
escrever (vt)	mengarang	[mɛŋaraŋ]
leitor (m)	pembaca	[pɛmbatʃa]
ler (vt)	membaca	[mɛmbatʃa]
leitura (f)	pembacaan	[pɛmbatʃaan]
para si	senyap	[sɛnjap]
em voz alta	dengan suara kuat	[dɛŋan suara kuat]
publicar (vt)	menerbitkan	[mɛnɛrbitkan]
publicação (f)	penerbitan	[pɛnɛrbitan]
editor (m)	penerbit	[pɛnɛrbit]

editora (f)	penerbit	[pɛnɛrbit]
sair (vi)	terbit	[tɛrbit]
lançamento (m)	penerbitan	[pɛnɛrbitan]
tiragem (f)	edaran	[edaran]

| livraria (f) | kedai buku | [kɛdaj buku] |
| biblioteca (f) | perpustakaan | [pɛrpustakaan] |

novela (f)	novel	[novɛl]
conto (m)	cerpen	[ʧɛrpen]
romance (m)	roman	[roman]
romance (m) policial	novel detektif	[novɛl detektif]

memórias (f pl)	kenangan hidup	[kɛnaŋan hidup]
lenda (f)	lagenda	[lagenda]
mito (m)	mitos	[mitos]

poesia (f)	puisi	[puisi]
autobiografia (f)	autobiografi	[autobiografi]
obras (f pl) escolhidas	karya pilihan	[karja pilihan]
ficção (f) científica	cereka sains	[ʧɛreka sains]

título (m)	judul	[dʒudul]
introdução (f)	pengantar	[pɛŋantar]
folha (f) de rosto	halaman judul	[halaman dʒudul]

capítulo (m)	bab	[bab]
excerto (m)	petikan	[pɛtikan]
episódio (m)	episod	[episod]

tema (m)	jalan cerita	[dʒalan ʧɛrita]
conteúdo (m)	kandungan	[kanduŋan]
índice (m)	kandungan	[kanduŋan]
protagonista (m)	hero utama	[hero utama]

tomo, volume (m)	jilid	[dʒilid]
capa (f)	kulit	[kulit]
encadernação (f)	penjilidan	[pɛndʒilidan]
marcador (m) de livro	penunjuk halaman	[pɛnundʒuk halaman]

página (f)	halaman	[halaman]
folhear (vt)	membelek-belek	[mɛmbelek belek]
margem (f)	birai, tepi	[biraj], [tɛpi]
anotação (f)	catatan	[ʧatatan]
nota (f) de rodapé	catatan kaki	[ʧatatan kaki]

| texto (m) | teks | [teks] |
| fonte (f) | mata huruf | [mata huruf] |

tradução (f)	terjemahan	[tɛrdʒemahan]
traduzir (vt)	menterjemahkan	[mɛntɛrdʒemahkan]
original (m)	naskhah asli	[naskah asli]

famoso	terkenal	[tɛrkɛnal]
desconhecido	tidak dikenali	[tidak dikɛnali]
interessante	seronok	[ɛeronok]

best-seller (m)	buku terlaris	[buku tɛrlaris]
dicionário (m)	kamus	[kamus]
manual (m) escolar	buku teks	[buku teks]
enciclopédia (f)	ensiklopedia	[ensiklopedia]

158. Caça. Pesca

caça (f)	perburuan	[pɛrburuan]
caçar (vi)	memburu	[mɛmburu]
caçador (m)	pemburu	[pɛmburu]

atirar (vi)	menembak	[mɛnembak]
caçadeira (f)	senapang	[sɛnapaŋ]
cartucho (m)	kartrij	[kartridʒ]
chumbo (m) de caça	peluru penabur	[pɛluru pɛnabur]

armadilha (f)	perangkap	[praŋkap]
armadilha (com corda)	perangkap	[praŋkap]
cair na armadilha	terperangkap	[tɛrpraŋkap]
pôr a armadilha	memasang perangkap	[mɛmasaŋ praŋkap]

caçador (m) furtivo	pemburu haram	[pɛmburu haram]
caça (f)	burung buruan	[buruŋ buruan]
cão (m) de caça	anjing pemburu	[andʒiŋ pɛmburu]
safári (m)	safari	[safari]
animal (m) empalhado	bentuk binatang	[bɛntuk binataŋ]

pescador (m)	nelayan	[nɛlajan]
pesca (f)	memancing ikan	[mɛmantʃiŋ ikan]
pescar (vt)	memancing	[mɛmantʃiŋ]

cana (f) de pesca	pancing	[pantʃiŋ]
linha (f) de pesca	tali pancing	[tali pantʃiŋ]
anzol (m)	kail	[kail]
boia (f)	pelambung	[pɛlambuŋ]
isca (f)	umpan	[umpan]

| lançar a linha | melemparkan tali pancing | [mɛlemparkan tali pantʃiŋ] |
| morder (vt) | mengena | [mɛŋɛna] |

| pesca (f) | hasil tangkapan | [hasil taŋkapan] |
| buraco (m) no gelo | lubang ais | [lubaŋ ajs] |

| rede (f) | jala | [dʒala] |
| barco (m) | perahu | [prahu] |

pescar com rede	menangkap dengan jala	[mɛnaŋkap dɛŋan dʒala]
lançar a rede	menabur jala	[mɛnabur dʒala]
puxar a rede	menarik jala	[mɛnarik dʒala]
cair nas malhas	tertangkap dalam jala	[tɛrtaŋkap dalam dʒala]

baleeiro (m)	pemburu ikan paus	[pɛmburu ikan paus]
baleeira (f)	kapal pemburu ikan paus	[kapal pɛmburu ikan paus]
arpão (m)	tempuling	[tɛmpuliŋ]

159. Jogos. Bilhar

bilhar (m)	biliard	[biliard]
sala (f) de bilhar	bilik biliard	[bilik biliard]
bola (f) de bilhar	bola biliard	[bola biliard]
embolsar uma bola	memasukkan bola	[mɛmasukkan bola]
taco (m)	kiu	[kiu]
caçapa (f)	poket	[poket]

160. Jogos. Jogar cartas

ouros (m pl)	daiman	[dajman]
espadas (f pl)	sped	[sped]
copas (f pl)	lekuk	[lɛkuk]
paus (m pl)	kelawar	[kɛlavar]
ás (m)	sat	[sat]
rei (m)	raja	[radʒa]
dama (f)	ratu	[ratu]
valete (m)	pekak	[pekak]
carta (f) de jogar	daun terup	[daun tɛrup]
cartas (f pl)	daun terup	[daun tɛrup]
trunfo (m)	terup	[tɛrup]
baralho (m)	pek	[pek]
ponto (m)	mata	[mata]
dar, distribuir (vt)	membahagi-bahagikan	[mɛmbahagi bahagikan]
embaralhar (vt)	mengocok	[mɛŋotʃok]
vez, jogada (f)	langkah	[laŋkah]
batoteiro (m)	pemain yang curang	[pɛmajn jaŋ tʃuraŋ]

161. Casino. Roleta

casino (m)	kasino	[kasino]
roleta (f)	rolet	[rolet]
aposta (f)	taruhan	[taruhan]
apostar (vt)	bertaruh	[bɛrtaruh]
vermelho (m)	merah	[merah]
preto (m)	hitam	[hitam]
apostar no vermelho	bertaruh pada merah	[bɛrtaruh pada merah]
apostar no preto	bertaruh pada hitam	[bɛrtaruh pada hitam]
crupiê (m, f)	bandar	[bandar]
girar a roda	memutar roda	[mɛmutar roda]
regras (f pl) do jogo	peraturan permainan	[pɛraturan pɛrmajnan]
ficha (f)	cip	[tʃip]
ganhar (vi, vt)	memenangi	[mɛmɛnaŋi]
ganho (m)	wang kemenangan	[vaŋ kɛmɛnaŋan]

| perder (dinheiro) | rugi | [rugi] |
| perda (f) | kerugian | [kɛrugian] |

jogador (m)	pemain	[pɛmajn]
blackjack (m)	Blackjack	[blɛkdʒek]
jogo (m) de dados	permainan dadu	[pɛrmajnan dadu]
dados (m pl)	dadu	[dadu]
máquina (f) de jogo	slot mesin judi	[slot mesin dʒudi]

162. Descanso. Jogos. Diversos

passear (vi)	bersiar-siar	[bɛrsiar siar]
passeio (m)	bersiar-siar	[bɛrsiar siar]
viagem (f) de carro	perjalanan	[pɛrdʒalanan]
aventura (f)	petualangan	[pɛtualaŋan]
piquenique (m)	kelah	[kelah]

jogo (m)	permainan	[pɛrmajnan]
jogador (m)	pemain	[pɛmajn]
partida (f)	permainan	[pɛrmajnan]

colecionador (m)	pengumpul	[pɛŋumpul]
colecionar (vt)	mengumpulkan	[mɛŋumpulkan]
coleção (f)	kumpulan	[kumpulan]

palavras (f pl) cruzadas	tekata	[tɛkata]
hipódromo (m)	padang lumba kuda	[padaŋ lumba kuda]
discoteca (f)	disko	[disko]

| sauna (f) | sauna | [sauna] |
| lotaria (f) | loteri | [lotɛri] |

campismo (m)	darmawisata	[darmavisata]
acampamento (m)	perkemahan	[pɛrχemahan]
tenda (f)	khemah	[χemah]
bússola (f)	pedoman	[pedoman]
campista (m)	pekhemah	[peχemah]

ver (vt), assistir à ...	menonton	[mɛnonton]
telespectador (m)	penonton televisyen	[pɛnonton televiʃɛn]
programa (m) de TV	tayangan TV	[tajaŋan tivi]

163. Fotografia

| máquina (f) fotográfica | kamera foto | [kamera foto] |
| foto, fotografia (f) | fotografi | [fotografi] |

fotógrafo (m)	jurugambar	[dʒurugambar]
estúdio (m) fotográfico	studio foto	[studio foto]
álbum (m) de fotografias	album foto	[album foto]
objetiva (f)	kanta fotografi	[kanta fotografi]
teleobjetiva (f)	kanta telefoto	[kanta telefoto]

| filtro (m) | penapis | [pɛnapis] |
| lente (f) | kanta | [kanta] |

ótica (f)	barang optik	[baraŋ optik]
abertura (f)	bukaan lensa	[bukaan lensa]
exposição (f)	dedahan cahaya	[dɛdahan tʃahaja]
visor (m)	tingkap penenang	[tiŋkap pɛnɛnaŋ]

câmara (f) digital	kamera digital	[kamera digital]
tripé (m)	kekaki	[kɛkaki]
flash (m)	lampu denyar	[lampu dɛnjar]

fotografar (vt)	mengambil gambar	[mɛŋambil gambar]
tirar fotos	mengambil gambar	[mɛŋambil gambar]
fotografar-se	bergambar	[bɛrgambar]

foco (m)	fokus	[fokus]
focar (vt)	melaraskan kanta	[mɛlaraskan kanta]
nítido	jelas	[dʒɛlas]
nitidez (f)	jelasnya	[dʒɛlasnja]

| contraste (m) | kontras | [kontras] |
| contrastante | kontras | [kontras] |

retrato (m)	gambar foto	[gambar foto]
negativo (m)	negatif	[negatif]
filme (m)	filem	[filɛm]
fotograma (m)	gambar pegun	[gambar pɛgun]
imprimir (vt)	mencetak	[mɛntʃetak]

164. Praia. Natação

praia (f)	pantai	[pantaj]
areia (f)	pasir	[pasir]
deserto	lengang	[lɛŋaŋ]

bronzeado (m)	hitam legam kerana berjemur	[hitam lɛgam krana bɛrdʒemur]
bronzear-se (vr)	berjemur	[bɛrdʒemur]
bronzeado	hitam legam kerana berjemur	[hitam lɛgam krana bɛrdʒemur]
protetor (m) solar	krim pelindung cahaya matahari	[krim pɛlinduŋ tʃahaja matahari]

biquíni (m)	bikini	[bikini]
fato (m) de banho	pakaian renang	[pakajan rɛnaŋ]
calção (m) de banho	seluar renang	[sɛluar rɛnaŋ]

piscina (f)	kolam renang	[kolam rɛnaŋ]
nadar (vi)	berenang	[bɛrɛnaŋ]
duche (m)	pancuran mandi	[pantʃuran mandi]
mudar de roupa	bersalin	[bɛrsalin]
toalha (f)	tuala	[tuala]
barco (m)	perahu	[prahu]

lancha (f)	motobot	[motobot]
esqui (m) aquático	ski air	[ski air]
barco (m) de pedais	bot kayuh	[bot kajuh]
surf (m)	berselancar	[bɛrsɛlantʃar]
surfista (m)	peselancar	[pɛsɛlantʃar]
equipamento (m) de mergulho	akualang	[akualaŋ]
barbatanas (f pl)	kaki sirip getah	[kaki sirip gɛtah]
máscara (f)	topeng	[topeŋ]
mergulhador (m)	penyelam	[pɛnjelam]
mergulhar (vi)	menyelam	[mɛnjelam]
debaixo d'água	di bawah air	[di bavah air]
guarda-sol (m)	payung	[pajuŋ]
espreguiçadeira (f)	kerusi anduh	[krusi anduh]
óculos (m pl) de sol	kaca mata hitam	[katʃa mata hitam]
colchão (m) de ar	tilam angin	[tilam aŋin]
brincar (vi)	bermain	[bɛrmajn]
ir nadar	mandi	[mandi]
bola (f) de praia	bola	[bola]
encher (vt)	meniup	[mɛniup]
inflável, de ar	geleca udara	[gɛlɛtʃa udara]
onda (f)	gelombang	[gɛlombaŋ]
boia (f)	boya	[boja]
afogar-se (pessoa)	mati lemas	[mati lɛmas]
salvar (vt)	menyelamatkan	[mɛnjelamatkan]
colete (m) salva-vidas	jaket keselamatan	[dʒaket kɛsɛlamatan]
observar (vt)	menyaksikan	[mɛnjaksikan]
nadador-salvador (m)	penyelamat	[pɛnjelamat]

EQUIPAMENTO TÉCNICO. TRANSPORTES

Equipamento técnico. Transportes

165. Computador

computador (m)	komputer	[komputɛr]
portátil (m)	komputer riba	[komputɛr riba]
ligar (vt)	menghidupkan	[mɛŋɣidupkan]
desligar (vt)	mematikan	[mɛmatikan]
teclado (m)	papan kekunci	[papan kɛkunʧi]
tecla (f)	kekunci	[kɛkunʧi]
rato (m)	tetikus	[tɛtikus]
tapete (m) de rato	alas tetikus	[alas tɛtikus]
botão (m)	tombol	[tombol]
cursor (m)	kursor	[kursor]
monitor (m)	monitor	[monitor]
ecrã (m)	layar perak	[lajar perak]
disco (m) rígido	cakera keras	[ʧakra kras]
capacidade (f) do disco rígido	kapasiti storan	[kapasiti storan
	cakera keras	ʧakra kras]
memória (f)	ingatan, memori	[iŋatan], [memori]
memória RAM (f)	ingatan capaian rawak	[iŋatan ʧapajan ravak]
ficheiro (m)	fail	[fajl]
pasta (f)	folder	[foldɛr]
abrir (vt)	membuka	[mɛmbuka]
fechar (vt)	menutup	[mɛnutup]
guardar (vt)	simpan	[simpan]
apagar, eliminar (vt)	hapus	[hapus]
copiar (vt)	menyalin	[mɛnjalin]
ordenar (vt)	mangasih	[maŋasih]
copiar (vt)	menyalin	[mɛnjalin]
programa (m)	aplikasi	[aplikasi]
software (m)	perisian	[pɛrisian]
programador (m)	juruprogram	[ʤuruprogram]
programar (vt)	memprogram	[mɛmprogram]
hacker (m)	penggodam	[pɛŋgodam]
senha (f)	kata laluan	[kata laluan]
vírus (m)	virus	[virus]
detetar (vt)	menemui	[mɛnɛmui]

| byte (m) | bait | [bajt] |
| megabyte (m) | megabait | [megabajt] |

| dados (m pl) | data | [data] |
| base (f) de dados | pangkalan data | [paŋkalan data] |

cabo (m)	kabel	[kabɛl]
desconectar (vt)	mencabut palam	[mɛntʃabut palam]
conetar (vt)	menyambung	[mɛnjambuŋ]

166. Internet. E-mail

internet (f)	Internet	[intɛrnet]
browser (m)	browser	[brausur]
motor (m) de busca	enjin carian	[endʒin tʃarian]
provedor (m)	penyedia perkhidmatan	[pɛnjedia pɛrҳidmatan]

webmaster (m)	webmaster	[vebmaster]
website, sítio web (m)	laman sesawang	[laman sɛsavaŋ]
página (f) web	laman sesawang	[laman sɛsavaŋ]

| endereço (m) | alamat | [alamat] |
| livro (m) de endereços | buku alamat | [buku alamat] |

caixa (f) de correio	peti surat	[pɛti surat]
correio (m)	mel	[mel]
cheia (caixa de correio)	penuh	[pɛnuh]

mensagem (f)	pesanan	[pɛsanan]
mensagens (f pl) recebidas	mesej masuk	[mesedʒ masuk]
mensagens (f pl) enviadas	mesej keluar	[mesedʒ kɛluar]

remetente (m)	pengirim	[pɛŋirim]
enviar (vt)	mengirim	[mɛŋirim]
envio (m)	pengiriman	[pɛŋiriman]

| destinatário (m) | penerima | [pɛnɛrima] |
| receber (vt) | menerima | [mɛnɛrima] |

| correspondência (f) | surat-menyurat | [surat mɛnjurat] |
| corresponder-se (vr) | surat-menyurat | [surat mɛnjurat] |

ficheiro (m)	fail	[fajl]
fazer download, baixar	muat turun	[muat turun]
criar (vt)	menciptakan	[mɛntʃiptakan]
apagar, eliminar (vt)	hapus	[hapus]
eliminado	dihapus	[dihapus]

conexão (f)	perhubungan	[pɛrhubuŋan]
velocidade (f)	kecepatan	[kɛtʃɛpatan]
modem (m)	modem	[modem]
acesso (m)	akses	[akses]
porta (f)	port	[port]
conexão (f)	sambungan	[sambuŋan]

conetar (vi)	menyambung	[mɛnjambuŋ]
escolher (vt)	memilih	[mɛmilih]
buscar (vt)	mencari	[mɛntʃari]

167. Eletricidade

eletricidade (f)	tenaga elektrik	[tɛnaga elektrik]
elétrico	elektrik	[elektrik]
central (f) elétrica	loji jana kuasa	[lodʒi dʒana kuasa]
energia (f)	tenaga	[tɛnaga]
energia (f) elétrica	tenaga elektrik	[tɛnaga elektrik]

lâmpada (f)	bal lampu	[bal lampu]
lanterna (f)	lampu denyar	[lampu dɛnjar]
poste (m) de iluminação	lampu jalan	[lampu dʒalan]

luz (f)	lampu	[lampu]
ligar (vt)	menghidupkan	[mɛnɣidupkan]
desligar (vt)	mematikan	[mɛmatikan]
apagar a luz	mematikan lampu	[mɛmatikan lampu]

fundir (vi)	hangus	[haŋus]
curto-circuito (m)	litar pintas	[litar pintas]
rutura (f)	putus	[putus]
contacto (m)	kontak	[kontak]

interruptor (m)	suis	[suis]
tomada (f)	soket	[soket]
ficha (f)	palam	[palam]
extensão (f)	perentas pemanjangan	[pɛrɛntas pɛmandʒaŋan]

fusível (m)	fius	[fius]
fio, cabo (m)	kawat, wayar	[kavat], [vajar]
instalação (f) elétrica	pemasangan wayar	[pɛmasaŋan vajar]

ampere (m)	ampere	[ampɛrɛ]
amperagem (f)	kekuatan arus elektrik	[kɛkuatan arus elektrik]
volt (m)	volt	[volt]
voltagem (f)	voltan	[voltan]

| aparelho (m) elétrico | alat elektrik | [alat ɛlektrik] |
| indicador (m) | penunjuk | [pɛnundʒuk] |

eletricista (m)	juruelektrik	[dʒuruelektrik]
soldar (vt)	memateri	[mɛmatɛri]
ferro (m) de soldar	besi pematerian	[bɛsi pɛmatɛrian]
corrente (f) elétrica	karan	[karan]

168. Ferramentas

| ferramenta (f) | alat | [alat] |
| ferramentas (f pl) | alat-alat | [alat alat] |

equipamento (m)	perlengkapan	[pɛrlɛŋkapan]
martelo (m)	tukul	[tukul]
chave (f) de fendas	pemutar skru	[pɛmutar skru]
machado (m)	kapak	[kapak]

serra (f)	gergaji	[gergadʒi]
serrar (vt)	menggergaji	[mɛŋgɛrgadʒi]
plaina (f)	ketam	[kɛtam]
aplainar (vt)	mengetam	[mɛŋɛtam]
ferro (m) de soldar	besi pematerian	[bɛsi pɛmatɛrian]
soldar (vt)	memateri	[mɛmatɛri]

lima (f)	kikir	[kikir]
tenaz (f)	kakatua	[kakatua]
alicate (m)	playar	[plajar]
formão (m)	pahat kayu	[pahat kaju]

broca (f)	mata gerudi	[mata gɛrudi]
berbequim (f)	gerudi	[gɛrudi]
furar (vt)	menggerudi	[mɛŋgɛrudi]

| faca (f) | pisau | [pisau] |
| lâmina (f) | mata | [mata] |

afiado	tajam	[tadʒam]
cego	tumpul	[tumpul]
embotar-se (vr)	menjadi tumpul	[mɛndʒadi tumpul]
afiar, amolar (vt)	mengasah	[mɛŋasah]

parafuso (m)	bolt	[bolt]
porca (f)	nat	[nat]
rosca (f)	benang	[bɛnaŋ]
parafuso (m) para madeira	skru	[skru]

| prego (m) | paku | [paku] |
| cabeça (f) do prego | payung | [pajuŋ] |

régua (f)	kayu pembaris	[kaju pɛmbaris]
fita (f) métrica	pita ukur	[pita ukur]
nível (m)	timbang air	[timbaŋ air]
lupa (f)	kanta pembesar	[kanta pɛmbɛsar]

medidor (m)	alat pengukur	[alat pɛŋukur]
medir (vt)	mengukur	[mɛŋukur]
escala (f)	skala	[skala]
indicação (f), registo (m)	bacaan	[batʃaan]

| compressor (m) | pemampat | [pɛmampat] |
| microscópio (m) | mikroskop | [mikroskop] |

bomba (f)	pam	[pam]
robô (m)	robot	[robot]
laser (m)	laser	[lasɛr]

| chave (f) de boca | sepana | [sɛpana] |
| fita (f) adesiva | pita pelekat | [pita pɛlɛkat] |

cola (f)	perekat	[pɛrɛkat]
lixa (f)	kertas las	[kɛrtas las]
mola (f)	spring, pegas	[spriŋ], [pɛgas]
íman (m)	magnet	[magnet]
luvas (f pl)	sarung tangan	[saruŋ taŋan]

corda (f)	tali	[tali]
cordel (m)	tali	[tali]
fio (m)	wayar	[vajar]
cabo (m)	kabel	[kabɛl]

marreta (f)	tukul besi	[tukul bɛsi]
pé de cabra (m)	pengumpil	[pɛŋumpil]
escada (f) de mão	tangga	[taŋga]
escadote (m)	tangga tapak	[taŋga tapak]

enroscar (vt)	mengetatkan	[mɛŋɛtatkan]
desenroscar (vt)	memutar-buka	[mɛmutar buka]
apertar (vt)	mengepit	[mɛŋɛpit]
colar (vt)	melekatkan	[mɛlɛkatkan]
cortar (vt)	memotong	[mɛmotoŋ]

falha (mau funcionamento)	kerosakan	[kɛrosakan]
conserto (m)	pembaikan	[pɛmbaikan]
consertar, reparar (vt)	membaiki	[mɛmbaiki]
regular, ajustar (vt)	melaraskan	[mɛlaraskan]

verificar (vt)	memeriksa	[mɛmɛriksa]
verificação (f)	pemeriksaan	[pɛmɛriksaan]
indicação (f), registo (m)	bacaan	[batʃaan]

| seguro | boleh diharap | [bole diharap] |
| complicado | rumit | [rumit] |

enferrujar (vi)	berkarat	[bɛrkarat]
enferrujado	berkarat	[bɛrkarat]
ferrugem (f)	karat	[karat]

Transportes

169. Avião

avião (m)	kapal terbang	[kapal tɛrbaŋ]
bilhete (m) de avião	tiket kapal terbang	[tiket kapal tɛrbaŋ]
companhia (f) aérea	syarikat penerbangan	[ɕarikat pɛnɛrbaŋan]
aeroporto (m)	lapangan terbang	[lapaŋan tɛrbaŋ]
supersónico	supersonik	[supersonik]
comandante (m) do avião	kapten kapal	[kaptɛn kapal]
tripulação (f)	anak buah	[anak buah]
piloto (m)	juruterbang	[dʒurutɛrbaŋ]
hospedeira (f) de bordo	pramugari	[pramugari]
copiloto (m)	pemandu	[pɛmandu]
asas (f pl)	sayap	[sajap]
cauda (f)	ekor	[ekor]
cabine (f) de pilotagem	kokpit	[kokpit]
motor (m)	enjin	[endʒin]
trem (m) de aterragem	roda pendarat	[roda pɛndarat]
turbina (f)	turbin	[turbin]
hélice (f)	baling-baling	[baliŋ baliŋ]
caixa-preta (f)	kotak hitam	[kotak hitam]
coluna (f) de controlo	kemudi	[kɛmudi]
combustível (m)	bahan bakar	[bahan bakar]
instruções (f pl) de segurança	kad keselamatan	[kad kɛsɛlamatan]
máscara (f) de oxigénio	topeng oksigen	[topeŋ oksigɛn]
uniforme (m)	pakaian seragam	[pakajan sɛragam]
colete (m) salva-vidas	jaket keselamatan	[dʒaket kɛsɛlamatan]
paraquedas (m)	payung terjun	[pajuŋ tɛrdʒun]
descolagem (f)	berlepas	[bɛrlɛpas]
descolar (vi)	berlepas	[bɛrlɛpas]
pista (f) de descolagem	landasan berlepas	[landasan bɛrlɛpas]
visibilidade (f)	darjah penglihatan	[dardʒah pɛŋlihatan]
voo (m)	penerbangan	[pɛnɛrbaŋan]
altura (f)	ketinggian	[kɛtiŋgian]
poço (m) de ar	lubang udara	[lubaŋ udara]
assento (m)	tempat duduk	[tɛmpat duduk]
auscultadores (m pl)	pendengar telinga	[pɛndɛŋar tɛliŋa]
mesa (f) rebatível	meja lipat	[medʒa lipat]
vigia (f)	tingkap kapal terbang	[tiŋkap kapal tɛrbaŋ]
passagem (f)	laluan	[laluan]

170. Comboio

comboio (m)	kereta api	[kreta api]
comboio (m) suburbano	tren elektrik	[tren elektrik]
comboio (m) rápido	kereta api cepat	[kreta api ʧɛpat]
locomotiva (f) diesel	lokomotif	[lokomotif]
locomotiva (f) a vapor	kereta api	[kreta api]
carruagem (f)	gerabak penumpang	[gɛrabak pɛnumpaŋ]
carruagem restaurante (f)	gerabak makan minum	[gɛrabak makan minum]
carris (m pl)	rel	[rel]
caminho de ferro (m)	jalan kereta api	[dʒalan kreta api]
travessa (f)	kayu landas	[kaju landas]
plataforma (f)	platform	[platform]
linha (f)	trek landasan	[trek landasan]
semáforo (m)	lampu isyarat	[lampu iɕarat]
estação (f)	stesen	[stesen]
maquinista (m)	pemandu kereta api	[pɛmandu kreta api]
bagageiro (m)	porter	[portɛr]
hospedeiro, -a (da carruagem)	konduktor kereta api	[konduktor kreta api]
passageiro (m)	penumpang	[pɛnumpaŋ]
revisor (m)	konduktor	[konduktor]
corredor (m)	koridor	[koridor]
freio (m) de emergência	brek kecemasan	[brek kɛʧɛmasan]
compartimento (m)	petak gerabak	[petak gɛrabak]
cama (f)	bangku	[baŋku]
cama (f) de cima	bangku atas	[baŋku atas]
cama (f) de baixo	bangku bawah	[baŋku bavah]
roupa (f) de cama	linen	[linen]
bilhete (m)	tiket	[tiket]
horário (m)	jadual waktu	[dʒadual vaktu]
painel (m) de informação	paparan jadual	[paparan dʒadual]
partir (vt)	berlepas	[bɛrlɛpas]
partida (f)	perlepasan	[pɛrlɛpasan]
chegar (vi)	tiba	[tiba]
chegada (f)	ketibaan	[kɛtibaan]
chegar de comboio	datang naik kereta api	[dataŋ naik kreta api]
apanhar o comboio	naik kereta api	[naik kreta api]
sair do comboio	turun kereta api	[turun kreta api]
acidente (m) ferroviário	kemalangan	[kɛmalaŋan]
descarrilar (vi)	keluar rel	[kɛluar rel]
locomotiva (f) a vapor	kereta api	[kreta api]
fogueiro (m)	tukang api	[tukaŋ api]
fornalha (f)	tungku	[tuŋku]
carvão (m)	arang	[araŋ]

171. Barco

navio (m)	kapal	[kapal]
embarcação (f)	kapal	[kapal]
vapor (m)	kapal api	[kapal api]
navio (m)	kapal	[kapal]
transatlântico (m)	kapal laut	[kapal laut]
cruzador (m)	kapal penjelajah	[kapal pɛndʒɛladʒah]
iate (m)	kapal persiaran	[kapal pɛrsiaran]
rebocador (m)	kapal tunda	[kapal tunda]
barcaça (f)	tongkang	[toŋkaŋ]
ferry (m)	feri	[feri]
veleiro (m)	kapal layar	[kapal lajar]
bergantim (m)	kapal brigantine	[kapal brigantinɛ]
quebra-gelo (m)	kapal pemecah ais	[kapal pɛmɛtʃah ajs]
submarino (m)	kapal selam	[kapal sɛlam]
bote, barco (m)	perahu	[prahu]
bote, dingue (m)	sekoci	[sɛkotʃi]
bote (m) salva-vidas	sekoci penyelamat	[sɛkotʃi pɛnjelamat]
lancha (f)	motobot	[motobot]
capitão (m)	kapten	[kaptɛn]
marinheiro (m)	kelasi	[kɛlasi]
marujo (m)	pelaut	[pɛlaut]
tripulação (f)	anak buah	[anak buah]
contramestre (m)	nakhoda	[naχoda]
grumete (m)	kadet kapal	[kadet kapal]
cozinheiro (m) de bordo	tukang masak	[tukaŋ masak]
médico (m) de bordo	doktor kapal	[doktor kapal]
convés (m)	dek	[dek]
mastro (m)	tiang	[tiaŋ]
vela (f)	layar	[lajar]
porão (m)	palka	[palka]
proa (f)	haluan	[haluan]
popa (f)	buritan	[buritan]
remo (m)	kayuh	[kajuh]
hélice (f)	baling-baling	[baliŋ baliŋ]
camarote (m)	kabin, bilik	[kabin], [bilik]
sala (f) dos oficiais	bilik pegawai kapal	[bilik pɛgavaj kapal]
sala (f) das máquinas	bilik enjin	[bilik endʒin]
ponte (m) de comando	anjungan kapal	[andʒuŋan kapal]
sala (f) de comunicações	bilik siaran radio	[bilik siaran radio]
onda (f) de rádio	gelombang	[gɛlombaŋ]
diário (m) de bordo	buku log	[buku log]
luneta (f)	teropong kecil	[tɛropoŋ kɛtʃil]
sino (m)	loceng	[lotʃeŋ]

bandeira (f)	bendera	[bɛndera]
cabo (m)	tali	[tali]
nó (m)	simpul	[simpul]

corrimão (m)	susur tangan	[susur taŋan]
prancha (f) de embarque	tangga kapal	[taŋga kapal]

âncora (f)	sauh	[sauh]
recolher a âncora	mengangkat sauh	[mɛŋaŋkat sauh]
lançar a âncora	berlabuh	[bɛrlabuh]
amarra (f)	rantai sauh	[rantaj sauh]

porto (m)	pelabuhan	[pɛlabuhan]
cais, amarradouro (m)	jeti	[dʒeti]
atracar (vi)	merapat	[mɛrapat]
desatracar (vi)	berlepas	[bɛrlɛpas]

viagem (f)	pengembaraan	[pɛŋɛmbaraan]
cruzeiro (m)	pelayaran pesiaran	[pɛlajaran pɛsiaran]
rumo (m), rota (f)	haluan	[haluan]
itinerário (m)	laluan	[laluan]

canal (m) navegável	aluran pelayaran	[aluran pɛlajaran]
banco (m) de areia	beting	[bɛtiŋ]
encalhar (vt)	karam	[karam]

tempestade (f)	badai	[hadaj]
sinal (m)	peluit	[pɛluit]
afundar-se (vr)	tenggelam	[tɛŋgɛlam]
Homem ao mar!	Orang jatuh ke laut!	[oraŋ dʒatuh kɛ laut]
SOS	SOS	[sos]
boia (f) salva-vidas	pelambung keselamatan	[pɛlambuŋ kɛsɛlamatan]

172. Aeroporto

aeroporto (m)	lapangan terbang	[lapaŋan tɛrbaŋ]
avião (m)	kapal terbang	[kapal tɛrbaŋ]
companhia (f) aérea	syarikat penerbangan	[ɕarikat pɛnɛrbaŋan]
controlador (m) de tráfego aéreo	pengawal lalu lintas udara	[pɛŋaval lalu lintas udara]

partida (f)	berlepas	[bɛrlɛpas]
chegada (f)	ketibaan	[kɛtibaan]
chegar (~ de avião)	tiba	[tiba]

hora (f) de partida	waktu berlepas	[vaktu bɛrlɛpas]
hora (f) de chegada	waktu ketibaan	[vaktu kɛtibaan]

estar atrasado	terlewat	[tɛrlevat]
atraso (m) de voo	kelewatan penerbangan	[kelevatan pɛnɛrbaŋan]

painel (m) de informação	skrin paparan maklumat	[skrin paparan maklumat]
informação (f)	maklumat	[maklumat]
anunciar (vt)	mengumumkan	[mɛŋumumkan]

voo (m)	penerbangan	[pɛnɛrbaŋan]
alfândega (f)	kastam	[kastam]
funcionário (m) da alfândega	anggota kastam	[aŋgota kastam]

declaração (f) alfandegária	ikrar kastam	[ikrar kastam]
preencher (vt)	mengisi	[mɛŋisi]
preencher a declaração	mengisi ikrar kastam	[mɛŋisi ikrar kastam]
controlo (m) de passaportes	pemeriksaan pasport	[pɛmɛriksaan pasport]

bagagem (f)	bagasi	[bagasi]
bagagem (f) de mão	bagasi tangan	[bagasi taŋan]
carrinho (m)	troli	[troli]

aterragem (f)	pendaratan	[pɛndaratan]
pista (f) de aterragem	jalur mendarat	[dʒalur mɛndarat]
aterrar (vi)	mendarat	[mɛndarat]
escada (f) de avião	tangga kapal terbang	[taŋga kapal tɛrbaŋ]

check-in (m)	pendaftaran	[pɛndaftaran]
balcão (m) do check-in	kaunter daftar masuk	[kauntɛr daftar masuk]
fazer o check-in	berdaftar	[bɛrdaftar]
cartão (m) de embarque	pas masuk	[pas masuk]
porta (f) de embarque	pintu berlepas	[pintu bɛrlɛpas]

trânsito (m)	transit	[transit]
esperar (vi, vt)	menunggu	[mɛnuŋgu]
sala (f) de espera	balai menunggu	[balaj mɛnuŋgu]
despedir-se de ...	menghantarkan	[mɛŋɣantarkan]
despedir-se (vr)	minta diri	[minta diri]

173. Bicicleta. Motocicleta

bicicleta (f)	basikal	[basikal]
scotter, lambreta (f)	skuter	[skutɛr]
mota (f)	motosikal	[motosikal]

ir de bicicleta	naik basikal	[naik basikal]
guiador (m)	kemudi	[kɛmudi]
pedal (m)	pedal	[pedal]
travões (m pl)	brek	[brek]
selim (m)	pelana	[pɛlana]

bomba (f) de ar	pam	[pam]
porta-bagagens (m)	tempat bagasi	[tɛmpat bagasi]
lanterna (f)	lampu depan basikal	[lampu dɛpan basikal]
capacete (m)	helmet	[helmet]

roda (f)	roda	[roda]
guarda-lamas (m)	dapra	[dapra]
aro (m)	rim	[rim]
raio (m)	jejari	[dʒɛdʒari]

Carros

174. Tipos de carros

carro, automóvel (m)	kereta	[kreta]
carro (m) desportivo	kereta sukan	[kreta sukan]
limusine (f)	limusin	[limusin]
todo o terreno (m)	kenderaan pacuan empat roda	[kɛndraan patʃuan ɛmpat roda]
descapotável (m)	kereta cabriolet	[kreta kabriolet]
minibus (m)	bas mini	[bas mini]
ambulância (f)	ambulans	[ambulans]
limpa-neve (m)	jentolak salji	[dʒɛntolak saldʒi]
camião (m)	lori	[lori]
camião-cisterna (m)	lori tangki minyak	[lori taŋki minjak]
carrinha (f)	van	[van]
camião-trator (m)	jentarik	[dʒɛntarik]
atrelado (m)	treler	[trelɛr]
confortável	selesa	[sɛlesa]
usado	terpakai	[tɛrpakaj]

175. Carros. Carroçaria

capô (m)	bonet	[bonet]
guarda-lamas (m)	dapra	[dapra]
tejadilho (m)	bumbung	[bumbuŋ]
para-brisa (m)	cermin depan	[tʃermin dɛpan]
espelho (m) retrovisor	cermin pandang belakang	[tʃermin pandaŋ blakaŋ]
lavador (m)	pencuci cermin	[pɛntʃutʃi tʃermin]
limpa-para-brisas (m)	pengelap cermin depan	[pɛŋɛlap tʃermin dɛpan]
vidro (m) lateral	cermin tingkap sisi	[tʃermin tiŋkap sisi]
elevador (m) do vidro	pemutar tingkap	[pɛmutar tiŋkap]
antena (f)	aerial	[aerial]
teto solar (m)	tingkap bumbung	[tiŋkap bumbuŋ]
para-choques (m pl)	bampar	[bampar]
bagageira (f)	but kereta	[but kreta]
bagageira (f) de tejadilho	rak bumbung	[rak bumbuŋ]
porta (f)	pintu kecil	[pintu kɛtʃil]
maçaneta (f)	tangkai	[taŋkaj]
fechadura (f)	kunci	[kuntʃi]
matrícula (f)	nombor plat	[nombor plat]

silenciador (m)	peredam bunyi	[pɛrɛdam bunji]
tanque (m) de gasolina	tangki minyak	[taŋki minjak]
tubo (m) de escape	paip ekzos	[pajp ekzos]

acelerador (m)	pemecut	[pɛmɛʧut]
pedal (m)	pedal	[pedal]
pedal (m) do acelerador	pedal pemecut	[pedal pɛmɛʧut]

travão (m)	brek	[brek]
pedal (m) do travão	pedal brek	[pedal brek]
travar (vt)	membrek	[mɛmbrek]
travão (m) de mão	brek tangan	[brek taŋan]

embraiagem (f)	klac	[klaʧ]
pedal (m) da embraiagem	pedal klac	[pedal klaʧ]
disco (m) de embraiagem	piring klac	[piriŋ klaʧ]
amortecedor (m)	penyerap kejutan	[pɛnjerap kɛʤutan]

roda (f)	roda	[roda]
pneu (m) sobresselente	tayar ganti	[tajar ganti]
pneu (m)	tayar	[tajar]
tampão (m) de roda	tutup hab	[tutup hab]

rodas (f pl) motrizes	pemacu roda	[pɛmaʧu roda]
de tração dianteira	pacuan depan	[paʧuan dɛpan]
de tração traseira	pacuan belakang	[paʧuan blakaŋ]
de tração às 4 rodas	pacuan semua roda	[paʧuan sɛmua roda]

caixa (f) de mudanças	kotak gear	[kotak gear]
automático	automatik	[automatik]
mecânico	mekanikal	[mekanikal]
alavanca (f) das mudanças	batang gear	[bataŋ gear]

| farol (m) | lampu besar | [lampu bɛsar] |
| faróis, luzes | sinar lampu besar | [sinar lampu bɛsar] |

médios (m pl)	lampu jarak dekat	[lampu ʤarak dɛkat]
máximos (m pl)	lampujarak jauh	[lampu ʤarak ʤauh]
luzes (f pl) de stop	lampu brek	[lampu brek]

mínimos (m pl)	lampu kecil	[lampu kɛʧil]
luzes (f pl) de emergência	lampu kecemasan	[lampu ketʃɛmasan]
faróis (m pl) antinevoeiro	lampu kabus	[lampu kabus]
pisca-pisca (m)	petunjuk arah belokan	[pɛtunʤuk arah blokan]
luz (f) de marcha atrás	lampu mundur	[lampu mundur]

176. Carros. Habitáculo

interior (m) do carro	bahagian dalam kereta	[bahagian dalam kreta]
de couro, de pele	kulit	[kulit]
de veludo	velour	[velur]
estofos (m pl)	kain upholsteri	[kain apholsteri]
indicador (m)	alat, perkakas	[alat], [pɛrkakas]
painel (m) de instrumentos	papan pemuka	[papan pɛmuka]

| velocímetro (m) | meter laju | [metɛr ladʒu] |
| ponteiro (m) | jarum | [dʒarum] |

conta-quilómetros (m)	odometer	[odometɛr]
sensor (m)	lampu penunjuk	[lampu pɛnundʒuk]
nível (m)	paras	[paras]
luz (f) avisadora	lampu amaran	[lampu amaran]

volante (m)	kemudi	[kɛmudi]
buzina (f)	hon	[hon]
botão (m)	tombol	[tombol]
interruptor (m)	suis	[suis]

assento (m)	tempat duduk	[tɛmpat duduk]
costas (f pl) do assento	sandaran	[sandaran]
cabeceira (f)	sandaran kepala	[sandaran kɛpala]
cinto (m) de segurança	tali pinggang keledar	[tali piŋgaŋ kɛledar]
apertar o cinto	memasang tali pinggang keselamatan	[mɛmasaŋ tali piŋgaŋ kɛsɛlamatan]
regulação (f)	pengaturan	[pɛŋaturan]

| airbag (m) | beg udara | [beg udara] |
| ar (m) condicionado | penghawa dingin | [pɛŋɣava diŋin] |

rádio (m)	radio	[radio]
leitor (m) de CD	pemain CD	[pɛmajn si di]
ligar (vt)	menghidupkan	[mɛŋɣidupkan]
antena (f)	aerial	[aerial]
porta-luvas (m)	laci kereta	[latʃi kreta]
cinzeiro (m)	tempat abu rokok	[tɛmpat abu rokok]

177. Carros. Motor

motor (m)	enjin	[endʒin]
motor (m)	motor	[motor]
diesel	diesel	[disel]
a gasolina	minyak	[minjak]

cilindrada (f)	isi padu enjin	[isi padu ɛndʒin]
potência (f)	kekuatan	[kɛkuatan]
cavalo-vapor (m)	kuasa kuda	[kuasa kuda]
pistão (m)	omboh	[omboh]
cilindro (m)	kebuk	[kɛbuk]
válvula (f)	injap	[indʒap]

injetor (m)	injektor	[indʒektor]
gerador (m)	jana kuasa	[dʒana kuasa]
carburador (m)	karburetor	[karburetor]
óleo (m) para motor	minyak enjin	[minjak ɛndʒin]

radiador (m)	radiator	[radiator]
refrigerante (m)	cecair penyejuk	[tʃetʃair pɛnjedʒuk]
ventilador (m)	kipas angin	[kipas aŋin]
bateria (f)	bateri	[batɛri]

dispositivo (m) de arranque	pemula	[pɛmula]
ignição (f)	pencucuhan	[pɛntʃutʃuhan]
vela (f) de ignição	palam pencucuh	[palam pɛntʃutʃuh]
borne (m)	pangkalan	[paŋkalan]
borne (m) positivo	pangkalan plus	[paŋkalan plus]
borne (m) negativo	pangkalan minus	[paŋkalan minus]
fusível (m)	fius	[fius]
filtro (m) de ar	turas udara	[turas udara]
filtro (m) de óleo	turas minyak	[turas minjak]
filtro (m) de combustível	penuras bahan bakar	[pɛnuras bahan bakar]

178. Carros. Batidas. Reparação

acidente (m) de carro	kemalangan	[kɛmalaŋan]
acidente (m) rodoviário	nahas jalan	[nahas dʒalan]
ir contra ...	melanggar	[mɛlaŋgar]
sofrer um acidente	remuk kerana kemalangan	[rɛmuk krana kɛmalaŋan]
danos (m pl)	kerosakan	[kɛrosakan]
intato	tidak tersentuh	[tidak tɛrsɛntuh]
avaria (no motor, etc.)	kerosakan	[kɛrosakan]
avariar (vi)	patah	[patah]
cabo (m) de reboque	tali tunda	[tali tunda]
furo (m)	pancit	[pantʃit]
estar furado	pancit	[pantʃit]
encher (vt)	meniup	[mɛniup]
pressão (f)	tekanan	[tɛkanan]
verificar (vt)	memeriksa	[mɛmɛriksa]
reparação (f)	pembaikan	[pɛmbaikan]
oficina (f) de reparação de carros	bengkel servis kereta	[bɛŋkel sɛrvis kreta]
peça (f) sobresselente	alat ganti	[alat ganti]
peça (f)	barang ganti	[baraŋ ganti]
parafuso (m)	bolt	[bolt]
parafuso (m)	skru	[skru]
porca (f)	nat	[nat]
anilha (f)	sesendal	[sɛsɛndal]
rolamento (m)	alas	[alas]
tubo (m)	paip	[pajp]
junta (f)	pelapik	[pɛlapik]
fio, cabo (m)	kawat, wayar	[kavat], [vajar]
macaco (m)	bicu	[bitʃu]
chave (f) de boca	sepana	[sɛpana]
martelo (m)	tukul	[tukul]
bomba (f)	pam	[pam]
chave (f) de fendas	pemutar skru	[pɛmutar skru]
extintor (m)	pemadam api	[pɛmadam api]

triângulo (m) de emergência	segi tiga pengaman	[sɛgi tiga pɛŋaman]
parar (vi) (motor)	mati	[mati]
paragem (f)	matinya	[matinja]
estar quebrado	rosak	[rosak]

superaquecer-se (vr)	menjadi terlampau panas	[mɛndʒadi tɛrlampau panas]
entupir-se (vr)	tersumbat	[tɛrsumbat]
congelar-se (vr)	tersumbat akibat ais	[tɛrsumbat akibat ajs]
rebentar (vi)	pecah	[pɛtʃah]

pressão (f)	tekanan	[tɛkanan]
nível (m)	paras	[paras]
frouxo	longgar	[loŋgar]

mossa (f)	kemik	[kemik]
ruído (m)	ketukan	[kɛtukan]
fissura (f)	retakan	[rɛtakan]
arranhão (m)	calar	[tʃalar]

179. Carros. Estrada

estrada (f)	jalan	[dʒalan]
autoestrada (f)	lebuh raya	[lɛbuh raja]
rodovia (f)	jalan raya	[dʒalan raja]
direção (f)	halatuju	[halatudʒu]
distância (f)	jarak	[dʒarak]

ponte (f)	jambatan	[dʒambatan]
parque (m) de estacionamento	tempat letak	[tɛmpat lɛtak]
praça (f)	dataran	[dataran]
nó (m) rodoviário	persimpangan	[pɛrsimpaŋan]
túnel (m)	terowongan	[tɛrovoŋan]

posto (m) de gasolina	pam minyak	[pam minjak]
parque (m) de estacionamento	tempat letak kereta	[tɛmpat lɛtak kreta]
bomba (f) de gasolina	pam minyak	[pam minjak]
oficina (f) de reparação de carros	bengkel servis kereta	[beŋkel sɛrvis kreta]

abastecer (vt)	mengisi	[mɛŋisi]
combustível (m)	bahan bakar	[bahan bakar]
bidão (m) de gasolina	tin	[tin]

asfalto (m)	turap	[turap]
marcação (f) de estradas	penandaan jalan	[pɛnandaan dʒalan]
lancil (m)	bebendul jalan	[bɛbɛndul dʒalan]
proteção (f) guard-rail	pagar	[pagar]
valeta (f)	longkang	[loŋkaŋ]
berma (f) da estrada	bahu jalan	[bahu dʒalan]
poste (m) de luz	tiang	[tiaŋ]

conduzir, guiar (vt)	memandu	[mɛmandu]
virar (ex. ~ à direita)	membelok	[mɛmblok]
dar retorno	membuat pusingan U	[mɛmbuat pusiŋan ju]
marcha-atrás (f)	mundur	[mundur]

buzinar (vi)	membunyikan hon	[mɛmbunjikan hon]
buzina (f)	bunyi hon	[bunji hon]
atolar-se (vr)	terkandas	[tɛrkandas]
patinar (na lama)	berputar-putar	[bɛrputar putar]
desligar (vt)	mematikan	[mɛmatikan]

velocidade (f)	kecepatan	[kɛtʃɛpatan]
exceder a velocidade	melebihi had laju	[mɛlɛbihi had ladʒu]
multar (vt)	mendenda	[mɛndɛnda]
semáforo (m)	lampu isyarat	[lampu iɕarat]
carta (f) de condução	lesen mengemudi	[lesen mɛŋɛmudi]

passagem (f) de nível	lintasan	[lintasan]
cruzamento (m)	persimpangan	[pɛrsimpaŋan]
passadeira (f)	lintasan pejalan kaki	[lintasan pɛdʒalan kaki]
curva (f)	belokan	[blokan]
zona (f) pedonal	kawasan pejalan kaki	[kavasan pɛdʒalan kaki]

180. Sinais de trânsito

código (m) da estrada	peraturan lalu lintas	[pɛraturan lalu lintas]
sinal (m) de trânsito	tanda	[tanda]
ultrapassagem (f)	memotong	[mɛmotoŋ]
curva (f)	belokan	[blokan]
inversão (f) de marcha	pusingan U	[pusiŋan ju]
rotunda (f)	bulatan trafik	[bulatan trafik]

sentido proibido	dilarang masuk	[dilaraŋ masuk]
trânsito proibido	kenderaan dilarang masuk	[kɛndraan dilaraŋ masuk]
proibição de ultrapassar	dilarang memotong	[dilaraŋ mɛmotoŋ]
estacionamento proibido	dikosongkan	[dikosoŋkan]
paragem proibida	dilarang berhenti	[dilaraŋ bɛrhɛnti]

curva (f) perigosa	selekoh bahaya	[sɛlekoh bahaja]
descida (f) perigosa	menurun bukit curam	[mɛnurun bukit tʃuram]
trânsito de sentido único	jalan sehala	[dʒalan sɛhala]
passadeira (f)	lintasan pejalan kaki	[lintasan pɛdʒalan kaki]
pavimento (m) escorregadio	jalan licin	[dʒalan litʃin]
cedência de passagem	beri laluan	[bri laluan]

PESSOAS. EVENTOS

Eventos

181. Férias. Evento

festa (f)	perayaan	[pɛrajaan]
festa (f) nacional	hari kebangsaan	[hari kɛbaŋsaan]
feriado (m)	cuti umum	[tʃuti umum]
festejar (vt)	merayakan	[mɛrajakan]
evento (festa, etc.)	peristiwa	[pɛristiva]
evento (banquete, etc.)	acara	[atʃara]
banquete (m)	bankuet	[baŋkuet]
receção (f)	jamuan makan	[dʒamuan makan]
festim (m)	kenduri	[kɛnduri]
aniversário (m)	ulang tahun	[ulaŋ tahun]
jubileu (m)	jubli	[dʒubli]
celebrar (vt)	menyambut	[mɛnjambut]
Ano (m) Novo	Tahun Baru	[tahun baru]
Feliz Ano Novo!	Selamat Tahun Baru!	[sɛlamat tahun baru]
Pai (m) Natal	Santa Klaus	[santa klaus]
Natal (m)	Krismas	[krismas]
Feliz Natal!	Selamat Hari Krismas!	[sɛlamat hari krismas]
árvore (f) de Natal	pokok Krismas	[pokok krismas]
fogo (m) de artifício	pertunjukan bunga api	[pɛrtundʒukan buŋa api]
boda (f)	majlis perkahwinan	[madʒlis pɛrkahvinan]
noivo (m)	pengantin lelaki	[pɛŋantin lɛlaki]
noiva (f)	pengantin perempuan	[pɛŋantin pɛrɛmpuan]
convidar (vt)	menjemput	[mɛndʒɛmput]
convite (m)	kad jemputan	[kad dʒɛmputan]
convidado (m)	tamu	[tamu]
visitar (vt)	berkunjung	[bɛrkundʒuŋ]
receber os hóspedes	menyambut tamu	[mɛnjambut tamu]
presente (m)	hadiah	[hadiah]
oferecer (vt)	menghadiahkan	[mɛŋɣadiahkan]
receber presentes	menerima hadiah	[mɛnɛrima hadiah]
ramo (m) de flores	jambak bunga	[dʒambak buŋa]
felicitações (f pl)	ucapan selamat	[utʃapan sɛlamat]
felicitar (dar os parabéns)	mengucapkan selamat	[mɛŋutʃapkan sɛlamat]
cartão (m) de parabéns	kad ucapan selamat	[kad utʃapan sɛlamat]

enviar um postal	mengirim poskad	[mɛŋirim poskad]
receber um postal	menerima poskad	[mɛnɛrima poskad]
brinde (m)	roti bakar	[roti bakar]
oferecer (vt)	menjamu	[mɛndʒamu]
champanhe (m)	champagne	[ʃampejn]
divertir-se (vr)	bersuka ria	[bɛrsuka ria]
diversão (f)	keriangan	[kɛriaŋan]
alegria (f)	kegembiraan	[kɛgɛmbiraan]
dança (f)	tarian	[tarian]
dançar (vi)	menari	[mɛnari]
valsa (f)	waltz	[volts]
tango (m)	tango	[taŋo]

182. Funerais. Enterro

cemitério (m)	tanah perkuburan	[tanah pɛrkuburan]
sepultura (f), túmulo (m)	makam	[makam]
cruz (f)	salib	[salib]
lápide (f)	batu nisan	[batu nisan]
cerca (f)	pagar	[pagar]
capela (f)	capel	[tʃapel]
morte (f)	kematian	[kɛmatian]
morrer (vi)	mati, meninggal	[mati], [mɛniŋgal]
defunto (m)	arwah	[arvah]
luto (m)	perkabungan	[pɛrkabuŋan]
enterrar, sepultar (vt)	mengebumikan	[mɛŋɛbumikan]
agência (f) funerária	rumah urus mayat	[rumah urus majat]
funeral (m)	pemakaman	[pɛmakaman]
coroa (f) de flores	lingkaran bunga	[liŋkaran buŋa]
caixão (m)	keranda	[kranda]
carro (m) funerário	kereta jenazah	[kreta dʒɛnazah]
mortalha (f)	kafan	[kafan]
procissão (f) funerária	perarakan jenazah	[pɛrarakan dʒɛnazah]
urna (f) funerária	bekas simpan abu mayat	[bɛkas simpan abu majat]
crematório (m)	krematorium	[krematorium]
obituário (m), necrologia (f)	berita takziah	[brita takziah]
chorar (vi)	menangis	[mɛnaŋis]
soluçar (vi)	meratap	[mɛratap]

183. Guerra. Soldados

pelotão (m)	platun	[platun]
companhia (f)	kompeni	[kompɛni]

regimento (m)	rejimen	[redʒimen]
exército (m)	tentera	[tɛntra]
divisão (f)	divisyen	[diviʃɛn]
destacamento (m)	pasukan	[pasukan]
hoste (f)	tentera	[tɛntra]
soldado (m)	perajurit	[pradʒurit]
oficial (m)	pegawai	[pɛgavaj]
soldado (m) raso	prebet	[prebet]
sargento (m)	sarjan	[sardʒan]
tenente (m)	leftenan	[leftɛnan]
capitão (m)	kapten	[kaptɛn]
major (m)	mejar	[medʒar]
coronel (m)	kolonel	[kolonɛl]
general (m)	jeneral	[dʒenɛral]
marujo (m)	pelaut	[pɛlaut]
capitão (m)	kapten	[kaptɛn]
contramestre (m)	nakhoda	[naχoda]
artilheiro (m)	anggota artileri	[aŋgota artilɛri]
soldado (m) paraquedista	askar payung terjun	[askar pajuŋ tɛrdʒun]
piloto (m)	juruterbang	[dʒurutɛrbaŋ]
navegador (m)	pemandu	[pɛmandu]
mecânico (m)	mekanik	[mekanik]
sapador (m)	askar jurutera	[askar dʒurutra]
paraquedista (m)	ahli payung terjun	[ahli pajuŋ tɛrdʒun]
explorador (m)	pengintip	[pɛŋintip]
franco-atirador (m)	penembak curi	[pɛnɛmbak tʃuri]
patrulha (f)	peronda	[pɛronda]
patrulhar (vt)	meronda	[mɛronda]
sentinela (f)	pengawal	[pɛŋaval]
guerreiro (m)	askar	[askar]
patriota (m)	patriot	[patriot]
herói (m)	wira	[vira]
heroína (f)	srikandi	[srikandi]
traidor (m)	pengkhianat	[pɛŋχianat]
trair (vt)	mengkhianati	[mɛŋχianati]
desertor (m)	pembelot	[pɛmbelot]
desertar (vt)	membelot	[mɛmbelot]
mercenário (m)	askar upahan	[askar upahan]
recruta (m)	rekrut	[rekrut]
voluntário (m)	relawan	[relavan]
morto (m)	terbunuh	[tɛrbunuh]
ferido (m)	orang cedera	[oraŋ tʃɛdɛra]
prisioneiro (m) de guerra	tawanan	[tavanan]

184. Guerra. Ações militares. Parte 1

guerra (f)	perang	[praŋ]
guerrear (vt)	berperang	[bɛrpraŋ]
guerra (f) civil	perang saudara	[praŋ saudara]
perfidamente	secara khianat	[sɛʧara ӽianat]
declaração (f) de guerra	pengisytiharan perang	[pɛŋiʃtiharan praŋ]
declarar (vt) guerra	mengisytiharkan perang	[mɛŋiʃtiharkan praŋ]
agressão (f)	pencerobohan	[pɛnʧerobohan]
atacar (vt)	menyerang	[mɛnjeraŋ]
invadir (vt)	menduduki	[mɛnduduki]
invasor (m)	penduduk	[pɛnduduk]
conquistador (m)	penakluk	[pɛnakluk]
defesa (f)	pertahanan	[pɛrtahanan]
defender (vt)	mempertahankan	[mɛmpɛrtahaŋkan]
defender-se (vr)	bertahan	[bɛrtahan]
inimigo (m)	musuh	[musuh]
adversário (m)	lawan	[lavan]
inimigo	musuh	[musuh]
estratégia (f)	strategi	[strategi]
tática (f)	taktik	[taktik]
ordem (f)	perintah	[printah]
comando (m)	perintah	[printah]
ordenar (vt)	memerintah	[memɛrintah]
missão (f)	tugas	[tugas]
secreto	rahsia	[rahsia]
batalha (f), combate (m)	pertempuran	[pɛrtɛmpuran]
ataque (m)	serangan	[sɛraŋan]
assalto (m)	serbuan	[sɛrbuan]
assaltar (vt)	menyerbu	[mɛnjerbu]
assédio, sítio (m)	kepungan	[kɛpuŋan]
ofensiva (f)	serangan	[sɛraŋan]
passar à ofensiva	menyerang	[mɛnjeraŋ]
retirada (f)	pengunduran	[pɛŋunduran]
retirar-se (vr)	berundur	[bɛrundur]
cerco (m)	pengepungan	[pɛŋɛpuŋan]
cercar (vt)	mengepung	[mɛŋɛpuŋ]
bombardeio (m)	pengeboman	[pɛŋɛboman]
lançar uma bomba	menggugurkan bom	[mɛŋgugurkan bom]
bombardear (vt)	mengebom	[mɛŋebom]
explosão (f)	letupan	[lɛtupan]
tiro (m)	tembakan	[tembakan]
disparar um tiro	menembak	[mɛnembak]

tiroteio (m)	penembakan	[pɛnembakan]
apontar para ...	mengacu	[mɛŋatʃu]
apontar (vt)	menghalakan	[mɛnɣalakan]
acertar (vt)	kena	[kɛna]

afundar (um navio)	menenggelamkan	[mɛnɛŋgɛlamkan]
brecha (f)	lubang	[lubaŋ]
afundar-se (vr)	karam	[karam]

frente (m)	medan pertempuran	[medan pɛrtɛmpuran]
evacuação (f)	pengungsian	[pɛŋuŋsian]
evacuar (vt)	mengungsikan	[mɛŋuŋsikan]

trincheira (f)	parit pertahanan	[parit pɛrtahanan]
arame (m) farpado	dawai berduri	[davaj bɛrduri]
obstáculo (m) anticarro	rintangan	[rintaŋan]
torre (f) de vigia	menara	[mɛnara]

hospital (m)	hospital	[hospital]
ferir (vt)	mencederakan	[mɛntʃɛdɛrakan]
ferida (f)	cedera	[tʃɛdɛra]
ferido (m)	orang cedera	[oraŋ tʃɛdɛra]
ficar ferido	kena cedera	[kɛna tʃɛdɛra]
grave (ferida ~)	parah	[parah]

185. Guerra. Ações militares. Parte 2

cativeiro (m)	tawanan	[tavanan]
capturar (vt)	menawan	[mɛnavan]
estar em cativeiro	ditahan	[ditahan]
ser aprisionado	tertawan	[tɛrtavan]

campo (m) de concentração	kem tahanan	[kem tahanan]
prisioneiro (m) de guerra	tawanan	[tavanan]
escapar (vi)	melarikan diri	[mɛlarikan diri]

trair (vt)	menghianati	[mɛnɣianati]
traidor (m)	penghianat	[pɛŋɣianat]
traição (f)	penghianatan	[pɛŋɣianatan]

| fuzilar, executar (vt) | menghukum tembak | [mɛnɣukum tembak] |
| fuzilamento (m) | hukuman tembak | [hukuman tembak] |

equipamento (m)	pakaian seragam	[pakajan sɛragam]
platina (f)	epolet	[epolet]
máscara (f) antigás	topeng gas	[topeŋ gas]

rádio (m)	pemancar radio	[pɛmantʃar radio]
cifra (f), código (m)	kod	[kod]
conspiração (f)	kerahsian	[kɛrahsian]
senha (f)	kata laluan	[kata laluan]

| mina (f) | periuk api | [pɛriuk api] |
| minar (vt) | memasang periuk api | [mɛmasaŋ pɛriuk api] |

campo (m) minado	kawasan periuk api	[kavasan pɛriuk api]
alarme (m) aéreo	semboyan serangan udara	[sɛmbojan sɛraŋan udara]
alarme (m)	amaran bahaya	[amaran bahaja]
sinal (m)	isyarat	[iɕarat]
sinalizador (m)	peluru isyarat	[pɛluru iɕarat]
estado-maior (m)	markas	[markas]
reconhecimento (m)	pengintipan	[pɛŋintipan]
situação (f)	keadaan	[kɛadaan]
relatório (m)	laporan	[laporan]
emboscada (f)	serang hendap	[sɛraŋ hɛndap]
reforço (m)	bala bantuan	[bala bantuan]
alvo (m)	sasaran	[sasaran]
campo (m) de tiro	padang tembak	[padaŋ tembak]
manobras (f pl)	latihan ketenteraan	[latihan kɛtɛntraan]
pânico (m)	panik	[panik]
devastação (f)	keruntuhan	[kɛruntuhan]
ruínas (f pl)	kemusnahan	[kɛmusnahan]
destruir (vt)	memusnahkan	[mɛmusnahkan]
sobreviver (vi)	selamat	[sɛlamat]
desarmar (vt)	melucutkan senjata	[mɛlutʃutkan sɛndʒata]
manusear (vt)	mengendalikan	[mɛŋɛndalikan]
Firmes!	Sedia!	[sɛdija]
Descansar!	Senang diri!	[sɛnaŋ diri]
façanha (f)	perbuatan gagah berani	[pɛrbuatan gagah brani]
juramento (m)	sumpah	[sumpah]
jurar (vi)	bersumpah	[bɛrsumpah]
condecoração (f)	anugerah	[anugrah]
condecorar (vt)	menganugerahi	[mɛŋanugrahi]
medalha (f)	pingat	[piŋat]
ordem (f)	darjah kebesaran	[dardʒah kɛbesaran]
vitória (f)	kemenangan	[kɛmɛnaŋan]
derrota (f)	kekalahan	[kɛkalahan]
armistício (m)	gencatan senjata	[gɛntʃatan sɛndʒata]
bandeira (f)	bendera	[bɛndera]
glória (f)	kemegahan	[kɛmɛgahan]
desfile (m) militar	perarakan	[pɛrarakan]
marchar (vi)	berarak	[bɛrarak]

186. Armas

arma (f)	senjata	[sɛndʒata]
arma (f) de fogo	senjata api	[sɛndʒata api]
arma (f) branca	sejata tajam	[sɛdʒata tadʒam]
arma (f) química	senjata kimia	[sɛndʒata kimia]
nuclear	nuklear	[nuklear]

arma (f) nuclear	senjata nuklear	[sɛndʒata nuklear]
bomba (f)	bom	[bom]
bomba (f) atómica	bom atom	[bom atom]

pistola (f)	pistol	[pistol]
caçadeira (f)	senapang	[sɛnapaŋ]
pistola-metralhadora (f)	submesin gan	[submesin gan]
metralhadora (f)	mesin gan	[mesin gan]

boca (f)	muncung	[muntʃuŋ]
cano (m)	laras	[laras]
calibre (m)	kaliber	[kalibɛr]

gatilho (m)	picu	[pitʃu]
mira (f)	pembidik	[pɛmbidik]
carregador (m)	kelopak peluru	[kɛlopak pɛluru]
coronha (f)	pangkal senapang	[paŋkal sɛnapaŋ]

granada (f) de mão	bom tangan	[bom taŋan]
explosivo (m)	bahan peletup	[bahan pɛlɛtup]

bala (f)	peluru	[pɛluru]
cartucho (m)	kartrij	[kartridʒ]
carga (f)	isi	[isi]
munições (f pl)	amunisi	[amunisi]

bombardeiro (m)	pengebom	[pɛŋebom]
avião (m) de caça	jet pejuang	[dʒet pɛdʒuaŋ]
helicóptero (m)	helikopter	[helikoptɛr]

canhão (m) antiaéreo	meriam penangkis udara	[mɛrjam pɛnaŋkis udara]
tanque (m)	kereta kebal	[kreta kɛbal]
canhão (de um tanque)	meriam kereta kebal	[mɛrjam kreta kɛbal]

artilharia (f)	artileri	[artilɛri]
canhão (m)	meriam	[mɛrjam]
fazer a pontaria	menghalakan	[mɛŋɣalakan]

obus (m)	peluru	[pɛluru]
granada (f) de morteiro	peluru mortar	[pɛluru mortar]
morteiro (m)	mortar	[mortar]
estilhaço (m)	serpihan	[sɛrpihan]

submarino (m)	kapal selam	[kapal sɛlam]
torpedo (m)	torpedo	[torpedo]
míssil (m)	misail	[misajl]

carregar (uma arma)	mengisi	[mɛŋisi]
atirar, disparar (vi)	menembak	[mɛnembak]
apontar para …	mengacu	[mɛŋatʃu]
baioneta (f)	mata sangkur	[mata saŋkur]

espada (f)	pedang rapier	[pɛdaŋ rapir]
sabre (m)	pedang saber	[pɛdaŋ saber]
lança (f)	tombak	[tombak]
arco (m)	panah	[panah]

flecha (f)	anak panah	[anak panah]
mosquete (m)	senapang lantak	[sɛnapaŋ lantak]
besta (f)	busur silang	[busur silaŋ]

187. Povos da antiguidade

primitivo	primitif	[primitif]
pré-histórico	prasejarah	[prasɛdʒarah]
antigo	kuno	[kuno]

Idade (f) da Pedra	Zaman Batu	[zaman batu]
Idade (f) do Bronze	Zaman Gangsa	[zaman gaŋsa]
período (m) glacial	Zaman Ais	[zaman ajs]

tribo (f)	puak	[puak]
canibal (m)	kanibal	[kanibal]
caçador (m)	pemburu	[pɛmburu]
caçar (vi)	memburu	[mɛmburu]
mamute (m)	mamot	[mamot]
caverna (f)	gua	[gua]
fogo (m)	api	[api]
fogueira (f)	unggun api	[uŋgun api]
pintura (f) rupestre	lukisan gua	[lukisan gua]

ferramenta (f)	alat kerja	[alat kɛrdʒa]
lança (f)	tombak	[tombak]
machado (m) de pedra	kapak batu	[kapak batu]
guerrear (vt)	berperang	[bɛrpraŋ]
domesticar (vt)	menjinak	[mɛndʒinak]
ídolo (m)	berhala	[bɛrhala]
adorar, venerar (vt)	memuja	[mɛmudʒa]
superstição (f)	kepercayaan karut	[kɛpɛrtʃajaan karut]
ritual (m)	upacara	[upatʃara]

evolução (f)	evolusi	[evolusi]
desenvolvimento (m)	perkembangan	[pɛrkɛmbaŋan]
desaparecimento (m)	kehilangan	[kɛhilaŋan]
adaptar-se (vr)	menyesuaikan diri	[mɛnjesuaɪkan diri]

arqueologia (f)	arkeologi	[arkeologi]
arqueólogo (m)	ahli arkeologi	[ahli arkeologi]
arqueológico	arkeologi	[arkeologi]

local (m) das escavações	tapak ekskavasi	[tapak ekskavasi]
escavações (f pl)	ekskavasi	[ekskavasi]
achado (m)	penemuan	[pɛnɛmuan]
fragmento (m)	petikan	[pɛtikan]

188. Idade média

| povo (m) | rakyat | [rakjat] |
| povos (m pl) | bangsa-bangsa | [baŋsa baŋsa] |

| tribo (f) | puak | [puak] |
| tribos (f pl) | puak-puak | [puak puak] |

bárbaros (m pl)	orang gasar	[oraŋ gasar]
gauleses (m pl)	orang Gaul	[oraŋ gaul]
godos (m pl)	orang Goth	[oraŋ got]
eslavos (m pl)	orang Slavonik	[oraŋ slavonik]
víquingues (m pl)	Viking	[vajkiŋ]

| romanos (m pl) | orang Rom | [oraŋ rom] |
| romano | Rom | [rom] |

bizantinos (m pl)	orang Byzantium	[oraŋ bizantium]
Bizâncio	Byzantium	[bizantium]
bizantino	Byzantium	[bizantium]

imperador (m)	maharaja	[maharadʒa]
líder (m)	pemimpin	[pɛmimpin]
poderoso	adi kuasa	[adi kuasa]
rei (m)	raja	[radʒa]
governante (m)	penguasa	[pɛŋwasa]

cavaleiro (m)	kesatria	[ksatria]
senhor feudal (m)	feudal	[feudal]
feudal	feudal	[feudal]
vassalo (m)	vassal	[vasal]

duque (m)	duke	[djuk]
conde (m)	earl	[ørl]
barão (m)	baron	[baron]
bispo (m)	uskup	[uskup]

armadura (f)	baju besi	[badʒu bɛsi]
escudo (m)	perisai	[pɛrisaj]
espada (f)	pedang	[pɛdaŋ]
viseira (f)	vizor	[vizor]
cota (f) de malha	baju zirah	[badʒu zirah]

| cruzada (f) | Perang Salib | [praŋ salib] |
| cruzado (m) | salibi | [salibi] |

território (m)	wilayah	[vilajah]
atacar (vt)	menyerang	[mɛnjeraŋ]
conquistar (vt)	menakluki	[mɛnakluki]
ocupar, invadir (vt)	menduduki	[mɛnduduki]

assédio, sítio (m)	kepungan	[kɛpuŋan]
sitiado	terkepung	[tɛrkɛpuŋ]
assediar, sitiar (vt)	mengepung	[mɛŋɛpuŋ]

inquisição (f)	pasitan	[pasitan]
inquisidor (m)	ahli pasitan	[ahli pasitan]
tortura (f)	seksaan	[seksaan]
cruel	kejam	[kɛdʒam]
herege (m)	orang musyrik	[oraŋ muçrik]
heresia (f)	kemusyrikan	[kɛmuçrikan]

navegação (f) marítima	pelayaran laut	[pɛlajaran laut]
pirata (m)	lanun	[lanun]
pirataria (f)	kegiatan melanun	[kɛgiatan mɛlanun]
abordagem (f)	penyerbuan	[pɛnjerbuan]
presa (f), butim (m)	penjarahan	[pɛndʒarahan]
tesouros (m pl)	harta khazanah	[harta χazanah]

descobrimento (m)	penemuan	[pɛnɛmuan]
descobrir (novas terras)	menemui	[mɛnɛmui]
expedição (f)	ekspedisi	[ekspedisi]

mosqueteiro (m)	askar senapang lantak	[askar sɛnapaŋ lantak]
cardeal (m)	kardinal	[kardinal]
heráldica (f)	ilmu lambang	[ilmu lambaŋ]
heráldico	heraldik	[heraldik]

189. Líder. Chefe. Autoridades

rei (m)	raja	[radʒa]
rainha (f)	ratu	[ratu]
real	diraja	[diradʒa]
reino (m)	kerajaan	[kɛradʒaan]

| príncipe (m) | putera | [putra] |
| princesa (f) | puteri | [putri] |

presidente (m)	presiden	[presiden]
vice-presidente (m)	naib presiden	[naib presiden]
senador (m)	senator	[senator]

monarca (m)	raja	[radʒa]
governante (m)	penguasa	[pɛŋwasa]
ditador (m)	diktator	[diktator]
tirano (m)	pezalim	[pɛzalim]
magnata (m)	taikun	[tajkun]

diretor (m)	pengarah	[pɛŋarah]
chefe (m)	ketua	[kɛtua]
dirigente (m)	pengurus	[pɛŋurus]
patrão (m)	bos	[bos]
dono (m)	pemilik	[pɛmilik]

líder, chefe (m)	pemimpin	[pɛmimpin]
chefe (~ de delegação)	kepala	[kɛpala]
autoridades (f pl)	pihak berkuasa	[pihak bɛrkuasa]
superiores (m pl)	pihak atasan	[pihak atasan]

governador (m)	gabnor	[gabnor]
cônsul (m)	konsul	[konsul]
diplomata (m)	diplomat	[diplomat]
Presidente (m) da Câmara	datuk bandar	[datuk bandar]
xerife (m)	sheriff	[ʃərif]
imperador (m)	maharaja	[maharadʒa]
czar (m)	tsar, raja	[ʦar], [radʒa]

| faraó (m) | firaun | [firaun] |
| cã (m) | khan | [χan] |

190. Estrada. Caminho. Direções

| estrada (f) | jalan | [dʒalan] |
| caminho (m) | jalan | [dʒalan] |

rodovia (f)	jalan raya	[dʒalan raja]
autoestrada (f)	lebuh raya	[lɛbuh raja]
estrada (f) nacional	lebuh raya antara negeri	[lɛbuh raja antara nɛgri]

| estrada (f) principal | jalan utama | [dʒalan utama] |
| caminho (m) de terra batida | jalan tanah | [dʒalan tanah] |

| trilha (f) | jalan setapak | [dʒalan sɛtapak] |
| vereda (f) | jalan setapak | [dʒalan sɛtapak] |

Onde?	Di mana?	[di mana]
Para onde?	Ke mana?	[kɛ mana]
De onde?	Dari mana?	[dari mana]

| direção (f) | halatuju | [halatudʒu] |
| indicar (orientar) | menunjukkan | [mɛnundʒukkan] |

para esquerda	ke kiri	[kɛ kiri]
para direita	ke kanan	[kɛ kanan]
em frente	terus	[trus]
para trás	ke belakang	[kɛ blakaŋ]

curva (f)	belokan	[blokan]
virar (ex. ~ à direita)	membelok	[mɛmblok]
dar retorno	membuat pusingan U	[mɛmbuat pusiŋan ju]

| estar visível | kelihatan | [kɛlihatan] |
| aparecer (vi) | muncul | [munʧul] |

paragem (pausa)	perhentian	[pɛrhɛntian]
descansar (vi)	berehat	[bɛrehat]
descanso (m)	rehat	[rehat]

perder-se (vr)	sesat jalan	[sɛsat dʒalan]
conduzir (caminho)	menuju	[mɛnudʒu]
chegar a ...	sampai	[sampaj]
trecho (m)	bahagian	[bahagian]

asfalto (m)	turap	[turap]
lancil (m)	bebendul jalan	[bɛbɛndul dʒalan]
valeta (f)	parit	[parit]
tampa (f) de esgoto	lurang	[luraŋ]
berma (f) da estrada	bahu jalan	[bahu dʒalan]
buraco (m)	lubang	[lubaŋ]
ir (a pé)	berjalan	[bɛrdʒalan]
ultrapassar (vt)	memotong	[mɛmotoŋ]

| passo (m) | langkah | [laŋkah] |
| a pé | berjalan kaki | [bɛrdʒalan kaki] |

bloquear (vt)	merintangi	[mɛrintaŋi]
cancela (f)	palang jalan	[palaŋ dʒalan]
beco (m) sem saída	buntu	[buntu]

191. Viloação da lei. Criminosos. Parte 1

bandido (m)	samseng	[samseŋ]
crime (m)	jenayah	[dʒɛnajah]
criminoso (m)	penjenayah	[pɛndʒɛnajah]

ladrão (m)	pencuri	[pɛntʃuri]
roubar (vt)	mencuri	[mɛntʃuri]
furto, roubo (m)	pencurian	[pɛntʃurian]

raptar (ex. ~ uma criança)	menculik	[mɛntʃulik]
rapto (m)	penculikan	[pɛntʃulikan]
raptor (m)	penculik	[pɛntʃulik]

| resgate (m) | wang tebusan | [vaŋ tɛbusan] |
| pedir resgate | menuntut wang tebusan | [mɛnuntut vaŋ tɛbusan] |

roubar (vt)	merampok	[mɛrampok]
assalto, roubo (m)	perampokan	[pɛrampokan]
assaltante (m)	perampok	[pɛrampok]

extorquir (vt)	memeras ugut	[mɛmɛras ugut]
extorsionário (m)	pemeras ugut	[pɛmɛras ugut]
extorsão (f)	peras ugut	[pɛras ugut]

matar, assassinar (vt)	membunuh	[mɛmbunuh]
homicídio (m)	pembunuhan	[pɛmbunuhan]
homicida, assassino (m)	pembunuh	[pɛmbunuh]

tiro (m)	tembakan	[tembakan]
dar um tiro	melepalkan tembakan	[mɛlɛpaskan tembakan]
matar a tiro	menembak mati	[mɛnembak mati]
atirar, disparar (vi)	menembak	[mɛnembak]
tiroteio (m)	penembakan	[pɛnembakan]

incidente (m)	kejadian	[kɛdʒadian]
briga (~ de rua)	perkelahian	[pɛrkɛlahian]
Socorro!	Tolong!	[toloŋ]
vítima (f)	mangsa	[maŋsa]

danificar (vt)	merosak	[mɛrosak]
dano (m)	rugi	[rugi]
cadáver (m)	bangkai	[baŋkaj]
grave	berat	[brat]

| atacar (vt) | menyerang | [mɛnjeraŋ] |
| bater (espancar) | memukul | [mɛmukul] |

espancar (vt)	memukul-mukul	[mɛmukul mukul]
tirar, roubar (dinheiro)	merebut	[mɛrɛbut]
esfaquear (vt)	menikam mati	[mɛnikam mati]
mutilar (vt)	mencacatkan	[mɛntʃatʃatkan]
ferir (vt)	mencederakan	[mɛntʃɛdɛrakan]

chantagem (f)	peras ugut	[pɛras ugut]
chantagear (vt)	memeras ugut	[mɛmɛras ugut]
chantagista (m)	pemeras ugut	[pɛmɛras ugut]

extorsão (em troca de proteção)	peras ugut wang perlindungan	[pɛras ugut vaŋ perlinduŋan]
extorsionário (m)	pemeras ugut wang perlindungan	[pɛmɛras ugut vaŋ perlinduŋan]
gângster (m)	gengster	[geŋstɛr]
máfia (f)	mafia	[mafia]

carteirista (m)	penyeluk saku	[pɛnjeluk saku]
assaltante, ladrão (m)	pemecah rumah	[pɛmɛtʃah rumah]
contrabando (m)	penyeludupan	[pɛnjeludupan]
contrabandista (m)	penyeludup	[pɛnjeludup]

falsificação (f)	pemalsuan	[pɛmalsuan]
falsificar (vt)	memalsukan	[mɛmalsukan]
falsificado	palsu	[palsu]

192. Viloação da lei. Criminosos. Parte 2

violação (f)	pemerkosaan	[pɛmɛrkosaan]
violar (vt)	memerkosa	[mɛmɛrkosa]
violador (m)	pemerkosa	[pɛmɛrkosa]
maníaco (m)	maniak	[maniak]

prostituta (f)	pelacur	[pɛlatʃur]
prostituição (f)	pelacuran	[pɛlatʃuran]
chulo (m)	bapa ayam	[bapa ajam]

toxicodependente (m)	penagih dadah	[pɛnagih dadah]
traficante (m)	pengedar dadah	[pɛŋedar dadah]

explodir (vt)	meletupkan	[mɛlɛtupkan]
explosão (f)	letupan	[lɛtupan]
incendiar (vt)	membakar	[mɛmbakar]
incendiário (m)	pelaku kebakaran	[pɛlaku kɛbakaran]

terrorismo (m)	keganasan	[keganasan]
terrorista (m)	pengganas	[pɛŋganas]
refém (m)	tebusan	[tɛbusan]

enganar (vt)	menipu	[mɛnipu]
engano (m)	penipuan	[pɛnipuan]
vigarista (m)	penipu	[pɛnipu]
subornar (vt)	menyuap	[mɛnjuap]
suborno (atividade)	penyuapan	[pɛnjuapan]

suborno (dinheiro)	suapan	[suapan]
veneno (m)	racun	[raʧun]
envenenar (vt)	meracuni	[mɛraʧuni]
envenenar-se (vr)	bunuh diri makan racun	[bunuh diri makan raʧun]

| suicídio (m) | bunuh diri | [bunuh diri] |
| suicida (m) | pembunuh diri | [pɛmbunuh diri] |

ameaçar (vt)	mengugut	[mɛŋugut]
ameaça (f)	ugutan	[ugutan]
atentar contra a vida de ...	mencuba	[mɛnʧuba]
atentado (m)	percubaan membunuh	[pɛrʧubaan mɛmbunuh]

| roubar (o carro) | melarikan | [mɛlarikan] |
| desviar (o avião) | membajak | [mɛmbadʒak] |

| vingança (f) | dendam | [dɛndam] |
| vingar (vt) | mendendam | [mɛndɛndam] |

torturar (vt)	menyeksa	[mɛnjeksa]
tortura (f)	seksaan	[seksaan]
atormentar (vt)	menyeksa	[mɛnjeksa]

pirata (m)	lanun	[lanun]
desordeiro (m)	kaki gaduh	[kaki gaduh]
armado	bersenjata	[bɛrsɛndʒata]
violência (f)	kekerasan	[kɛkɛrasan]
ilegal	ilegal	[ilegal]

| espionagem (f) | pengintipan | [pɛŋintipan] |
| espionar (vi) | mengintip | [mɛŋintip] |

193. Polícia. Lei. Parte 1

| justiça (f) | keadilan | [kɛadilan] |
| tribunal (m) | mahkamah | [mahkamah] |

juiz (m)	hakim	[hakim]
jurados (m pl)	ahli juri	[ahli dʒuri]
tribunal (m) do júri	juri	[dʒuri]
julgar (vt)	mengadili	[mɛŋadili]

advogado (m)	peguam	[pɛguam]
réu (m)	tertuduh	[tɛrtuduh]
banco (m) dos réus	kandang orang tertuduh	[kandaŋ oraŋ tɛrtuduh]

| acusação (f) | tuduhan | [tuduhan] |
| acusado (m) | tertuduh | [tɛrtuduh] |

| sentença (f) | hukuman | [hukuman] |
| sentenciar (vt) | menjatuhkan hukuman | [mɛndʒatuhkan hukuman] |

| culpado (m) | pesalah | [pɛsalah] |
| punir (vt) | menghukum | [mɛŋɣukum] |

punição (f)	hukuman	[hukuman]
multa (f)	denda	[dɛnda]
prisão (f) perpétua	penjara seumur hidup	[pɛndʒara sɛumur hidup]
pena (f) de morte	hukuman mati	[hukuman mati]
cadeira (f) elétrica	kerusi elektrik	[krusi elektrik]
forca (f)	tali gantung	[tali gantuŋ]

| executar (vt) | menjalankan hukuman mati | [mɛndʒalaŋkan hukuman mati] |
| execução (f) | hukuman | [hukuman] |

| prisão (f) | penjara | [pɛndʒara] |
| cela (f) de prisão | sel | [sel] |

escolta (f)	pengiring	[pɛŋiriŋ]
guarda (m) prisional	warden	[vardɛn]
preso (m)	tahanan	[tahanan]

| algemas (f pl) | gari | [gari] |
| algemar (vt) | mengenakan gari | [mɛŋɛnakan gari] |

fuga, evasão (f)	pelarkan	[pɛlarian]
fugir (vi)	melarikan diri	[mɛlarikan diri]
desaparecer (vi)	hilang	[hilaŋ]
soltar, libertar (vt)	melepaskan	[mɛlɛpaskan]
amnistia (f)	pengampunan	[pɛŋampunan]

polícia (instituição)	polis	[polis]
polícia (m)	anggota polis	[aŋgota polis]
esquadra (f) de polícia	balai polis	[balaj polis]
cassetete (m)	belantan getah	[bɛlantan gɛtah]
megafone (m)	corong suara	[ʧoroŋ suara]

carro (m) de patrulha	kereta peronda	[kreta pɛronda]
sirene (f)	siren	[sirɛn]
ligar a sirene	menghidupkan siren	[mɛŋɣidupkan sirɛn]
toque (m) da sirene	bunyi penggera	[bunji pɛŋgera]

cena (f) do crime	tempat kelakuan jenayah	[tɛmpat kɛlakuan dʒɛnajah]
testemunha (f)	saksi	[saksi]
liberdade (f)	kebebasan	[kɛbɛbasan]
cúmplice (m)	subahat	[subahat]
escapar (vi)	melarikan diri	[mɛlarikan diri]
traço (não deixar ~s)	jejak	[dʒɛdʒak]

194. Polícia. Lei. Parte 2

procura (f)	pencarian	[pɛnʧarian]
procurar (vt)	mencari	[mɛnʧari]
suspeita (f)	kecurigaan	[kɛʧurigaan]
suspeito	mencurigakan	[mɛnʧurigakan]
parar (vt)	menghentikan	[mɛŋɣɛntikan]
deter (vt)	menahan	[mɛnahan]
caso (criminal)	kes	[kes]

investigação (f)	siasatan	[siasatan]
detetive (m)	mata-mata gelap	[mata mata gɛlap]
investigador (m)	penyiasat	[pɛnjiasat]
versão (f)	versi	[vɛrsi]

motivo (m)	motif	[motif]
interrogatório (m)	soal siasat	[soal siasat]
interrogar (vt)	menyoal siasat	[mɛnjoal siasat]
questionar (vt)	menyoal selidik	[mɛnjoal sɛlidik]
verificação (f)	pemeriksaan	[pɛmɛriksaan]

batida (f) policial	penyergapan	[pɛnjergapan]
busca (f)	penggeledahan	[pɛŋgɛledahan]
perseguição (f)	pemburuan	[pɛmburuan]
perseguir (vt)	mengejar	[mɛŋɛdʒar]
seguir (vt)	mengesan	[mɛŋɛsan]

prisão (f)	penahanan	[pɛnahanan]
prender (vt)	menahan	[mɛnahan]
pegar, capturar (vt)	menangkap	[mɛnaŋkap]
captura (f)	penangkapan	[pɛnaŋkapan]

documento (m)	bokumen	[bokumen]
prova (f)	bukti	[bukti]
provar (vt)	membukti	[mɛmbukti]
pegada (f)	jejak	[dʒɛdʒak]
impressões (f pl) digitais	cap jari	[tʃap dʒari]
prova (f)	bukti	[bukti]

álibi (m)	alibi	[alibi]
inocente	tidak bersalah	[tidak bɛrsalah]
injustiça (f)	ketidakadilan	[kɛtidakadilan]
injusto	tidak adil	[tidak adil]

criminal	jenayah	[dʒɛnajah]
confiscar (vt)	menyita	[mɛnjita]
droga (f)	najis dadah	[nadʒis dadah]
arma (f)	senjata	[sɛndʒata]
desarmar (vt)	melucutkan senjata	[mɛlutʃutkan sɛndʒata]
ordenar (vt)	memerintah	[mɛmɛrintah]
desaparecer (vi)	hilang	[hilaŋ]

lei (f)	undang-undang	[undaŋ undaŋ]
legal	sah	[sah]
ilegal	tidak sah	[tidak sah]

| responsabilidade (f) | tanggungjawab | [taŋguŋdʒavab] |
| responsável | bertanggungjawab | [bɛrtaŋguŋdʒavab] |

NATUREZA

A Terra. Parte 1

195. Espaço sideral

cosmos (m)	angkasa lepas	[aŋkasa lɛpas]
cósmico	angkasa lepas	[aŋkasa lɛpas]
espaço (m) cósmico	ruang angkasa lepas	[ruaŋ aŋkasa lɛpas]
mundo (m)	dunia	[dunia]
universo (m)	alam semesta	[alam sɛmɛsta]
galáxia (f)	Bimasakti	[bimasakti]
estrela (f)	bintang	[bintaŋ]
constelação (f)	gugusan bintang	[gugusan bintaŋ]
planeta (m)	planet	[planet]
satélite (m)	satelit	[satɛlit]
meteorito (m)	meteorit	[meteorit]
cometa (m)	komet	[komet]
asteroide (m)	asteroid	[asteroid]
órbita (f)	edaran, orbit	[edaran], [orbit]
girar (vi)	berputar	[bɛrputar]
atmosfera (f)	udara	[udara]
Sol (m)	Matahari	[matahari]
Sistema (m) Solar	tata surya	[tata surja]
eclipse (m) solar	gerhana matahari	[gɛrhana matahari]
Terra (f)	Bumi	[bumi]
Lua (f)	Bulan	[bulan]
Marte (m)	Marikh	[mariχ]
Vénus (f)	Zuhrah	[zuhrah]
Júpiter (m)	Musytari	[muʃtari]
Saturno (m)	Zuhal	[zuhal]
Mercúrio (m)	Utarid	[utarid]
Urano (m)	Uranus	[uranus]
Neptuno (m)	Waruna	[varuna]
Plutão (m)	Pluto	[pluto]
Via Láctea (f)	Bima Sakti	[bima sakti]
Ursa Maior (f)	Bintang Biduk	[bintaŋ biduk]
Estrela Polar (f)	Bintang Utara	[bintaŋ utara]
marciano (m)	makhluk dari Marikh	[mahluk dari marih]
extraterrestre (m)	makhluk ruang angkasa	[maχluk ruaŋ aŋkasa]

alienígena (m)	makhluk asing	[mahluk asiŋ]
disco (m) voador	piring terbang	[piriŋ tɛrbaŋ]
nave (f) espacial	kapal angkasa lepas	[kapal aŋkasa lɛpas]
estação (f) orbital	stesen orbit angkasa	[stesen orbit aŋkasa]
lançamento (m)	pelancaran	[pɛlantʃaran]
motor (m)	enjin	[endʒin]
bocal (m)	muncung	[muntʃuŋ]
combustível (m)	bahan bakar	[bahan bakar]
cabine (f)	kokpit	[kokpit]
antena (f)	aerial	[aerial]
vigia (f)	tingkap kapal	[tiŋkap kapal]
bateria (f) solar	sel surya	[sel surja]
traje (m) espacial	pakaian angkasawan	[pakajan aŋkasavan]
imponderabilidade (f)	keadaan graviti sifar	[kɛadaan graviti sifar]
oxigénio (m)	oksigen	[oksigɛn]
acoplagem (f)	percantuman	[pɛrtʃantuman]
fazer uma acoplagem	melakukan cantuman	[mɛlakukan tʃantuman]
observatório (m)	balai cerap	[balaj tʃɛrap]
telescópio (m)	teleskop	[teleskop]
observar (vt)	menyaksikan	[mɛnjaksikan]
explorar (vt)	menjelajahi	[mɛndʒɛladʒahi]

196. A Terra

Terra (f)	Bumi	[bumi]
globo terrestre (Terra)	bola Bumi	[bola bumi]
planeta (m)	planet	[planet]
atmosfera (f)	udara	[udara]
geografia (f)	geografi	[geografi]
natureza (f)	alam	[alam]
globo (mapa esférico)	glob	[glob]
mapa (m)	peta	[pɛta]
atlas (m)	atlas	[atlas]
Europa (f)	Eropah	[eropa]
Ásia (f)	Asia	[asia]
África (f)	Afrika	[afrika]
Austrália (f)	Australia	[australia]
América (f)	Amerika	[amerika]
América (f) do Norte	Amerika Utara	[amerika utara]
América (f) do Sul	Amerika Selatan	[amerika sɛlatan]
Antártida (f)	Antartika	[antartika]
Ártico (m)	Artik	[artik]

197. Pontos cardeais

norte (m)	utara	[utara]
para norte	ke utara	[kɛ utara]
no norte	di utara	[di utara]
do norte	utara	[utara]
sul (m)	selatan	[sɛlatan]
para sul	ke selatan	[kɛ sɛlatan]
no sul	di selatan	[di sɛlatan]
do sul	selatan	[sɛlatan]
oeste, ocidente (m)	barat	[barat]
para oeste	ke barat	[kɛ barat]
no oeste	di barat	[di barat]
ocidental	barat	[barat]
leste, oriente (m)	timur	[timur]
para leste	ke timur	[kɛ timur]
no leste	di timur	[di timur]
oriental	timur	[timur]

198. Mar. Oceano

mar (m)	laut	[laut]
oceano (m)	lautan	[lautan]
golfo (m)	teluk	[tɛluk]
estreito (m)	selat	[sɛlat]
terra (f) firme	daratan	[daratan]
continente (m)	benua	[bɛnua]
ilha (f)	pulau	[pulau]
península (f)	semenanjung	[sɛmɛnandʒuŋ]
arquipélago (m)	kepulauan	[kɛpulawan]
baía (f)	teluk	[tɛluk]
porto (m)	pelabuhan	[pɛlabuhan]
lagoa (f)	lagun	[lagun]
cabo (m)	tanjung	[tandʒuŋ]
atol (m)	pulau cincin	[pulau tʃintʃin]
recife (m)	terumbu	[tɛrumbu]
coral (m)	karang	[karaŋ]
recife (m) de coral	terumbu karang	[tɛrumbu karaŋ]
profundo	dalam	[dalam]
profundidade (f)	kedalaman	[kɛdalaman]
abismo (m)	jurang	[dʒuraŋ]
fossa (f) oceânica	jurang	[dʒuraŋ]
corrente (f)	arus	[arus]
banhar (vt)	bersempadan	[bɛrsɛmpadan]

| litoral (m) | pantai | [pantaj] |
| costa (f) | pantai | [pantaj] |

maré (f) alta	air pasang	[air pasaŋ]
refluxo (m), maré (f) baixa	air surut	[air surut]
restinga (f)	beting	[bɛtiŋ]
fundo (m)	dasar	[dasar]

onda (f)	gelombang	[gɛlombaŋ]
crista (f) da onda	puncak gelombang	[puntʃak gɛlombaŋ]
espuma (f)	buih	[buih]

tempestade (f)	badai	[badaj]
furacão (m)	badai, taufan	[badaj], [taufan]
tsunami (m)	tsunami	[ʦunami]
calmaria (f)	angin mati	[aŋin mati]
calmo	tenang	[tɛnaŋ]

| polo (m) | khutub | [χutub] |
| polar | polar | [polar] |

latitude (f)	garisan lintang	[garisan lintaŋ]
longitude (f)	garisan bujur	[garisan budʒur]
paralela (f)	garisan latitud	[garisan latitud]
equador (m)	khatulistiwa	[χatulistiva]

céu (m)	langit	[laŋit]
horizonte (m)	kaki langit	[kaki laŋit]
ar (m)	udara	[udara]

farol (m)	rumah api	[rumah api]
mergulhar (vi)	menyelam	[mɛnjelam]
afundar-se (vr)	karam	[karam]
tesouros (m pl)	harta karun	[harta karun]

199. Nomes de Mares e Oceanos

Oceano (m) Atlântico	Lautan Atlantik	[lautan atlantik]
Oceano (m) Índico	Lautan Hindia	[lautan hindia]
Oceano (m) Pacífico	Lautan Teduh	[lautan tɛduh]
Oceano (m) Ártico	Lautan Arktik	[lautan arktik]

Mar (m) Negro	Laut Hitam	[laut hitam]
Mar (m) Vermelho	Laut Merah	[laut merah]
Mar (m) Amarelo	Laut Kuning	[laut kuniŋ]
Mar (m) Branco	Laut Putih	[laut putih]

Mar (m) Cáspio	Laut Caspian	[laut kaspian]
Mar (m) Morto	Laut Mati	[laut mati]
Mar (m) Mediterrâneo	Laut Tengah	[laut tɛŋah]

Mar (m) Egeu	Laut Aegean	[laut idʒian]
Mar (m) Adriático	Laut Adriatik	[laut adriatik]
Mar (m) Arábico	Laut Arab	[laut arab]

Mar (m) do Japão	Laut Jepun	[laut dʒepun]
Mar (m) de Bering	Laut Bering	[laut beriŋ]
Mar (m) da China Meridional	Laut Cina Selatan	[laut ʧina sɛlatan]

Mar (m) de Coral	Laut Coral	[laut koral]
Mar (m) de Tasman	Laut Tasmania	[laut tasmania]
Mar (m) do Caribe	Laut Caribbean	[laut karibean]

| Mar (m) de Barents | Laut Barents | [laut barents] |
| Mar (m) de Kara | Laut Kara | [laut kara] |

Mar (m) do Norte	Laut Utara	[laut utara]
Mar (m) Báltico	Laut Baltik	[laut baltik]
Mar (m) da Noruega	Laut Norway	[laut norvej]

200. Montanhas

montanha (f)	gunung	[gunuŋ]
cordilheira (f)	banjaran gunung	[bandʒaran gunuŋ]
serra (f)	rabung gunung	[rabuŋ gunuŋ]

cume (m)	puncak	[punʧak]
pico (m)	puncak	[punʧak]
sopé (m)	kaki	[kaki]
declive (m)	cerun	[ʧɛrun]

vulcão (m)	gunung berapi	[gunuŋ bɛrapi]
vulcão (m) ativo	gunung berapi hidup	[gunuŋ bɛrapi hidup]
vulcão (m) extinto	gunung api yang tidak aktif	[gunuŋ api jaŋ tidak aktif]

erupção (f)	letusan	[lɛtusan]
cratera (f)	kawah	[kavah]
magma (m)	magma	[magma]
lava (f)	lahar	[lahar]
fundido (lava ~a)	pijar	[pidʒar]

desfiladeiro (m)	kanyon	[kanjon]
garganta (f)	jurang	[dʒuraŋ]
fenda (f)	krevis	[krevis]
precipício (m)	jurang	[dʒuraŋ]

passo, colo (m)	genting	[gɛntiŋ]
planalto (m)	penara	[pɛnara]
falésia (f)	cenuram	[ʧɛnuram]
colina (f)	bukit	[bukit]

glaciar (m)	glasier	[glasier]
queda (f) d'água	air terjun	[air tɛrdʒun]
géiser (m)	pancutan air panas	[panʧutan air panas]
lago (m)	tasik	[tasik]

planície (f)	dataran	[dataran]
paisagem (f)	pemandangan	[pɛmandaŋan]
eco (m)	kumandang	[kumandaŋ]

alpinista (m)	**pendaki gunung**	[pɛndaki gunuŋ]
escalador (m)	**pendaki batu**	[pɛndaki batu]
conquistar (vt)	**menaklukkan**	[mɛnaklukkan]
subida, escalada (f)	**pendakian**	[pɛndakian]

201. Nomes de montanhas

Alpes (m pl)	**Alps**	[alps]
monte Branco (m)	**Mont Blanc**	[mont blaŋk]
Pirineus (m pl)	**Pyrenees**	[pirinis]
Cárpatos (m pl)	**Pegunungan Carpathia**	[pɛgunuŋan karpatia]
montes (m pl) Urais	**Pegunungan Ural**	[pɛgunuŋan ural]
Cáucaso (m)	**Kaukasia**	[kaukasia]
Elbrus (m)	**Elbrus**	[elbrus]
Altai (m)	**Altai**	[altaj]
Tian Shan (m)	**Tien Shan**	[tien ʃan]
Pamir (m)	**Pamir**	[pamir]
Himalaias (m pl)	**Himalaya**	[himalaja]
monte (m) Everest	**Everest**	[everest]
Cordilheira (f) dos Andes	**Andes**	[andes]
Kilimanjaro (m)	**Kilimanjaro**	[kilimandʒaro]

202. Rios

rio (m)	**sungai**	[suŋaj]
fonte, nascente (f)	**mata air**	[mata air]
leito (m) do rio	**dasar sungai**	[dasar suŋaj]
bacia (f)	**lembah sungai**	[lɛmbah suŋaj]
desaguar no ...	**bermuara**	[bɛrmuara]
afluente (m)	**anak sungai**	[anak suŋaj]
margem (do rio)	**tepi**	[tepi]
corrente (f)	**arus**	[arus]
rio abaixo	**ke hilir**	[kɛ hilir]
rio acima	**ke hulu**	[kɛ hulu]
inundação (f)	**banjir**	[bandʒir]
cheia (f)	**air bah**	[air bah]
transbordar (vi)	**meluap**	[mɛluap]
inundar (vt)	**menggenangi**	[mɛŋgɛnaɲi]
banco (m) de areia	**beting**	[bɛtiŋ]
rápidos (m pl)	**jeram**	[dʒɛram]
barragem (f)	**empangan**	[ɛmpaŋan]
canal (m)	**terusan**	[tɛrusan]
reservatório (m) de água	**takungan**	[takuŋan]
eclusa (f)	**pintu air**	[pintu air]

corpo (m) de água	**kolam**	[kolam]
pântano (m)	**bencah**	[bɛntʃah]
tremedal (m)	**paya**	[paja]
remoinho (m)	**pusaran air**	[pusaran air]

arroio, regato (m)	**anak sungai**	[anak suŋaj]
potável	**minum**	[minum]
doce (água)	**tawar**	[tavar]

gelo (m)	**ais**	[ajs]
congelar-se (vr)	**membeku**	[mɛmbɛku]

203. Nomes de rios

rio Sena (m)	**Seine**	[sɛn]
rio Loire (m)	**Loire**	[luar]

rio Tamisa (m)	**Thames**	[tɛms]
rio Reno (m)	**Rhine**	[rajn]
rio Danúbio (m)	**Danube**	[danub]

rio Volga (m)	**Volga**	[volga]
rio Don (m)	**Don**	[don]
rio Lena (m)	**Lena**	[lena]

rio Amarelo (m)	**Hwang Ho**	[hvaŋ ho]
rio Yangtzé (m)	**Yangtze**	[jaŋtze]
rio Mekong (m)	**Mekong**	[mekoŋ]
rio Ganges (m)	**Ganges**	[gandʒis]

rio Nilo (m)	**sungai Nil**	[suŋaj nil]
rio Congo (m)	**Congo**	[koŋo]
rio Cubango (m)	**Okavango**	[okavaŋo]
rio Zambeze (m)	**Zambezi**	[zambezi]
rio Limpopo (m)	**Limpopo**	[limpopo]
rio Mississípi (m)	**Mississippi**	[misisipi]

204. Floresta

floresta (f), bosque (m)	**hutan**	[hutan]
florestal	**hutan**	[hutan]

mata (f) cerrada	**hutan lebat**	[hutan lɛbat]
arvoredo (m)	**hutan kecil**	[hutan kɛtʃil]
clareira (f)	**cerang**	[tʃɛraŋ]

matagal (m)	**belukar**	[bɛlukar]
mato (m)	**pokok renek**	[pokok renek]

vereda (f)	**jalan setapak**	[dʒalan sɛtapak]
ravina (f)	**gaung**	[gauŋ]
árvore (f)	**pokok**	[pokok]

folha (f)	daun	[daun]
folhagem (f)	daun-daunan	[daun daunan]
queda (f) das folhas	daun luruh	[daun luruh]
cair (vi)	gugur	[gugur]
topo (m)	puncak	[puntʃak]
ramo (m)	cabang	[tʃabaŋ]
galho (m)	dahan	[dahan]
botão, rebento (m)	mata tunas	[mata tunas]
agulha (f)	jejarum	[dʒɛdʒarum]
pinha (f)	buah konifer	[buah konifer]
buraco (m) de árvore	lubang	[lubaŋ]
ninho (m)	sarang	[saraŋ]
toca (f)	lubang	[lubaŋ]
tronco (m)	batang	[bataŋ]
raiz (f)	akar	[akar]
casca (f) de árvore	kulit	[kulit]
musgo (m)	lumut	[lumut]
arrancar pela raiz	mencabut	[mɛntʃabut]
cortar (vt)	menebang	[mɛnɛbaŋ]
desflorestar (vt)	membasmi hutan	[mɛmbasmi hutan]
toco, cepo (m)	tunggul	[tuŋgul]
fogueira (f)	unggun api	[uŋgun api]
incêndio (m) florestal	kebakaran	[kɛbakaran]
apagar (vt)	memadamkan	[mɛmadamkan]
guarda-florestal (m)	renjer hutan	[rendʒɛr hutan]
proteção (f)	perlindungan	[pɛrlinduŋan]
proteger (a natureza)	melindungi	[mɛlinduŋi]
caçador (m) furtivo	penebang haram	[pɛnɛbaŋ haram]
armadilha (f)	perangkap	[praŋkap]
colher (cogumelos, bagas)	memetik	[mɛmɛtik]
perder-se (vr)	sesat jalan	[sɛsat dʒalan]

205. Recursos naturais

recursos (m pl) naturais	kekayaan alam	[kɛkajaan alam]
minerais (m pl)	galian	[galian]
depósitos (m pl)	mendapan	[mɛndapan]
jazida (f)	lapangan	[lapaŋan]
extrair (vt)	melombong	[mɛlomboŋ]
extração (f)	perlombongan	[pɛrlomboŋan]
minério (m)	bijih	[bidʒih]
mina (f)	lombong	[lomboŋ]
poço (m) de mina	lombong	[lomboŋ]
mineiro (m)	buruh lombong	[buruh lomboŋ]
gás (m)	gas	[gas]

gasoduto (m)	talian paip gas	[talian pajp gas]
petróleo (m)	minyak	[minjak]
oleoduto (m)	saluran paip minyak	[saluran paɪp minjak]
poço (m) de petróleo	telaga minyak	[tɛlaga minjak]
torre (f) petrolífera	menara minyak	[mɛnara minjak]
petroleiro (m)	kapal tangki	[kapal taŋki]
areia (f)	pasir	[pasir]
calcário (m)	kapur	[kapur]
cascalho (m)	kerikil	[kɛrikil]
turfa (f)	gambut	[gambut]
argila (f)	tanah liat	[tanah liat]
carvão (m)	arang	[araŋ]
ferro (m)	besi	[bɛsi]
ouro (m)	emas	[ɛmas]
prata (f)	perak	[perak]
níquel (m)	nikel	[nikɛl]
cobre (m)	tembaga	[tɛmbaga]
zinco (m)	zink	[ziŋk]
manganês (m)	mangan	[maŋan]
mercúrio (m)	air raksa	[air raksa]
chumbo (m)	timah hitam	[timah hitam]
mineral (m)	galian	[galian]
cristal (m)	hablur	[hablur]
mármore (m)	pualam	[pualam]
urânio (m)	uranium	[uranium]

A Terra. Parte 2

206. Tempo

tempo (m)	cuaca	[ʧuaʧa]
previsão (f) do tempo	ramalan cuaca	[ramalan ʧuaʧa]
temperatura (f)	suhu	[suhu]
termómetro (m)	termometer	[tɛrmometɛr]
barómetro (m)	barometer	[baromɛtɛr]
húmido	lembap	[lɛmbap]
humidade (f)	kelembapan	[kɛlɛmbapan]
calor (m)	panas terik	[panas tɛrik]
cálido	panas terik	[panas tɛrik]
está muito calor	panas	[panas]
está calor	panas	[panas]
quente	hangat	[haŋat]
está frio	cuaca sejuk	[ʧuaʧa sɛdʒuk]
frio	sejuk	[sɛdʒuk]
sol (m)	matahari	[matahari]
brilhar (vi)	bersinar	[bɛrsinar]
de sol, ensolarado	cerah	[ʧɛrah]
nascer (vi)	terbit	[tɛrbit]
pôr-se (vr)	duduk	[duduk]
nuvem (f)	awan	[avan]
nublado	berawan	[bɛravan]
nuvem (f) preta	awan mendung	[avan mɛnduŋ]
escuro, cinzento	mendung	[mɛnduŋ]
chuva (f)	hujan	[hudʒan]
está a chover	hujan turun	[hudʒan turun]
chuvoso	hujan	[hudʒan]
chuviscar (vi)	renyai-renyai	[rɛnjai rɛnjai]
chuva (f) torrencial	hujan lebat	[hudʒan lɛbat]
chuvada (f)	hujan lebat	[hudʒan lɛbat]
forte (chuva)	lebat	[lɛbat]
poça (f)	lopak	[lopak]
molhar-se (vr)	kebasahan	[kɛbasahan]
nevoeiro (m)	kabus	[kabus]
de nevoeiro	berkabus	[bɛrkabus]
neve (f)	salji	[saldʒi]
está a nevar	salji turun	[saldʒi turun]

207. Tempo extremo. Catástrofes naturais

trovoada (f)	hujan ribut	[hudʒan ribut]
relâmpago (m)	kilat	[kilat]
relampejar (vi)	berkilau	[bɛrkilau]
trovão (m)	guruh	[guruh]
trovejar (vi)	bergemuruh	[bɛrgɛmuruh]
está a trovejar	guruh berbunyi	[guruh bɛrbunji]
granizo (m)	hujan batu	[hudʒan batu]
está a cair granizo	hujan batu turun	[hudʒan batu turun]
inundar (vt)	menggenangi	[mɛŋgɛnaɲi]
inundação (f)	banjir	[bandʒir]
terremoto (m)	gempa bumi	[gɛmpa bumi]
abalo, tremor (m)	gegaran	[gɛgaran]
epicentro (m)	titik	[titik]
erupção (f)	letusan	[lɛtusan]
lava (f)	lahar	[lahar]
turbilhão (m)	puting beliung	[putiŋ bɛliuŋ]
tornado (m)	tornado	[tornado]
tufão (m)	taufan	[taufan]
furacão (m)	badai, taufan	[badaj], [taufan]
tempestade (f)	badai	[badaj]
tsunami (m)	tsunami	[ʦunami]
ciclone (m)	siklon	[siklon]
mau tempo (m)	cuaca buruk	[ʧuaʧa buruk]
incêndio (m)	kebakaran	[kɛbakaran]
catástrofe (f)	bencana	[bɛnʧana]
meteorito (m)	meteorit	[meteorit]
avalanche (f)	runtuhan	[runtuhan]
deslizamento (m) de neve	salji runtuh	[saldʒi runtuh]
nevasca (f)	badai salji	[badaj saldʒi]
tempestade (f) de neve	ribut salji	[ribut saldʒi]

208. Ruídos. Sons

silêncio (m)	kesunyian	[kɛsunjian]
som (m)	bunyi	[bunji]
ruído, barulho (m)	bising	[bɪsiŋ]
fazer barulho	membuat bising	[mɛmbuat bɪsiŋ]
ruidoso, barulhento	bising	[bisiŋ]
alto (adv)	kuat	[kuat]
alto (adj)	kuat	[kuat]
constante (ruído, etc.)	terus menerus	[tɛrus mɛnɛrus]

grito (m)	teriakan	[tɛriakan]
gritar (vi)	berteriak	[bɛrtɛriak]
sussurro (m)	bisikan	[bisikan]
sussurrar (vt)	membisik	[mɛmbisik]

latido (m)	gonggongan	[goŋgoŋan]
latir (vi)	menggonggong	[mɛŋgoŋgoŋ]

gemido (m)	rintihan	[rintihan]
gemer (vi)	merintih	[mɛrintih]
tosse (f)	batuk	[batuk]
tossir (vi)	batuk	[batuk]

assobio (m)	siulan	[siulan]
assobiar (vi)	siul	[siul]
batida (f)	ketukan	[kɛtukan]
bater (vi)	mengetuk	[mɛŋɛtuk]

estalar (vi)	berkeriut	[bɛrkɛriut]
estalido (m)	gemeretik	[gɛmɛrɛtik]

sirene (f)	siren	[sirɛn]
apito (m)	peluit	[pɛluit]
apitar (vi)	membunyikan peluit	[mɛmbunjikan pɛluit]
buzina (f)	hon	[hon]
buzinar (vi)	membunyikan hon	[mɛmbunjikan hon]

209. Inverno

inverno (m)	musim sejuk	[musim sɛdʒuk]
de inverno	musim sejuk	[musim sɛdʒuk]
no inverno	pada musim sejuk	[pada musim sɛdʒuk]

neve (f)	salji	[saldʒi]
está a nevar	salji turun	[saldʒi turun]
queda (f) de neve	salji turun	[saldʒi turun]
amontoado (m) de neve	timbunan salji	[timbunan saldʒi]

floco (m) de neve	emping salji	[ɛmpiŋ saldʒi]
bola (f) de neve	bola salji	[bola saldʒi]
boneco (m) de neve	patung salji	[patuŋ saldʒi]
sincelo (m)	isikel	[isikel]

dezembro (m)	Disember	[disembɛr]
janeiro (m)	Januari	[dʒanuari]
fevereiro (m)	Februari	[februari]

gelo (m)	frost	[frost]
gelado, glacial	sangat sejuk	[saŋat sɛdʒuk]

abaixo de zero	di bawah sifar	[di bavah sifar]
geada (f)	fros pertama	[fros pɛrtama]
geada (f) branca	embun beku	[ɛmbun bɛku]
frio (m)	cuaca sejuk	[tʃuatʃa sɛdʒuk]

está frio	sejuk	[sɛdʒuk]
casaco (m) de peles	kot bulu	[kot bulu]
mitenes (f pl)	sarung tangan	[saruŋ taŋan]

adoecer (vi)	jatuh sakit	[dʒatuh sakit]
constipação (f)	selesema	[sɛlsɛma]
constipar-se (vr)	demam selesema	[dɛmam sɛlsɛma]

gelo (m)	ais	[ajs]
gelo (m) na estrada	jalan licin kerana ais	[dʒalan litʃin krana ajs]
congelar-se (vr)	membeku	[mɛmbɛku]
bloco (m) de gelo	bongkah ais terapung	[boŋkah ajs tɛrapuŋ]

esqui (m)	ski	[ski]
esquiador (m)	pemain ski	[pɛmajn ski]
esquiar (vi)	main ski	[majn ski]
patinar (vi)	meluncur di atas ais	[mɛluntʃur di atas ajs]

Fauna

210. Mamíferos. Predadores

predador (m)	pemangsa	[pɛmaŋsa]
tigre (m)	harimau	[harimau]
leão (m)	singa	[siŋa]
lobo (m)	serigala	[srigala]
raposa (f)	rubah	[rubah]
jaguar (m)	jaguar	[dʒaguar]
leopardo (m)	harimau akar	[harimau akar]
chita (f)	harimau bintang	[harimau bintaŋ]
pantera (f)	harimau kumbang	[harimau kumbaŋ]
puma (m)	puma	[puma]
leopardo-das-neves (m)	harimau bintang salji	[harimau bintaŋ saldʒi]
lince (m)	lynx	[liŋks]
coiote (m)	koyote	[kojot]
chacal (m)	jakal	[dʒakal]
hiena (f)	dubuk	[dubuk]

211. Animais selvagens

animal (m)	binatang	[binataŋ]
besta (f)	binatang liar	[binataŋ liar]
esquilo (m)	tupai	[tupaj]
ouriço (m)	landak susu	[landak susu]
lebre (f)	kelinci	[kɛlintʃi]
coelho (m)	arnab	[arnab]
texugo (m)	telugu	[tɛlugu]
guaxinim (m)	rakun	[rakun]
hamster (m)	hamster	[hamster]
marmota (f)	marmot	[marmot]
toupeira (f)	tikus tanah	[tikus tanah]
rato (m)	mencit	[mɛntʃit]
ratazana (f)	tikus mondok	[tikus mondok]
morcego (m)	kelawar	[kɛlavar]
arminho (m)	ermin	[ermin]
zibelina (f)	sable	[sable]
marta (f)	marten	[marten]
doninha (f)	wesel	[vesel]
vison (m)	mink	[miŋk]

castor (m)	beaver	[biver]
lontra (f)	memerang	[mɛmɛraŋ]

cavalo (m)	kuda	[kuda]
alce (m)	rusa elk	[rusa elk]
veado (m)	rusa	[rusa]
camelo (m)	unta	[unta]

bisão (m)	bison	[bison]
auroque (m)	aurochs	[oroks]
búfalo (m)	kerbau	[kɛrbau]

zebra (f)	kuda belang	[kuda bɛlaŋ]
antílope (m)	antelop	[antelop]
corça (f)	kijang	[kidʒaŋ]
gamo (m)	rusa	[rusa]
camurça (f)	chamois	[ʃɛmva]
javali (m)	babi hutan jantan	[babi hutan dʒantan]

baleia (f)	ikan paus	[ikan paus]
foca (f)	anjing laut	[andʒiŋ laut]
morsa (f)	walrus	[valrus]
urso-marinho (m)	anjing laut berbulu	[andʒiŋ laut bɛrbulu]
golfinho (m)	lumba-lumba	[lumba lumba]

urso (m)	beruang	[bɛruaŋ]
urso (m) branco	beruang kutub	[bɛruaŋ kutub]
panda (m)	panda	[panda]

macaco (em geral)	monyet	[monjet]
chimpanzé (m)	cimpanzi	[tʃimpanzi]
orangotango (m)	orang hutan	[oraŋ hutan]
gorila (m)	gorila	[gorila]
macaco (m)	kera	[kra]
gibão (m)	ungka	[uŋka]

elefante (m)	gajah	[gadʒah]
rinoceronte (m)	badak	[badak]
girafa (f)	zirafah	[zirafah]
hipopótamo (m)	kuda air	[kuda air]

canguru (m)	kanggaru	[kaŋgaru]
coala (m)	koala	[koala]

mangusto (m)	cerpelai	[tʃɛrpelaj]
chinchila (m)	chinchilla	[tʃintʃilla]
doninha-fedorenta (f)	skunk	[skuŋk]
porco-espinho (m)	landak	[landak]

212. Animais domésticos

gata (f)	kucing betina	[kutʃiŋ bɛtina]
gato (m) macho	kucing jantan	[kutʃiŋ dʒantan]
cão (m)	anjing	[andʒiŋ]

cavalo (m)	kuda	[kuda]
garanhão (m)	kuda jantan	[kuda dʒantan]
égua (f)	kuda betina	[kuda bɛtina]
vaca (f)	lembu	[lɛmbu]
touro (m)	lembu jantan	[lɛmbu dʒantan]
boi (m)	lembu jantan	[lɛmbu dʒantan]
ovelha (f)	kambing biri-biri	[kambiŋ biri biri]
carneiro (m)	biri-biri jantan	[biri biri dʒantan]
cabra (f)	kambing betina	[kambiŋ bɛtina]
bode (m)	kambing jantan	[kambiŋ dʒantan]
burro (m)	keldai	[kɛldaj]
mula (f)	baghal	[baɣal]
porco (m)	babi	[babi]
leitão (m)	anak babi	[anak babi]
coelho (m)	arnab	[arnab]
galinha (f)	ayam	[ajam]
galo (m)	ayam jantan	[ajam dʒantan]
pata (f)	itik	[itik]
pato (macho)	itik jantan	[itik dʒantan]
ganso (m)	angsa	[aŋsa]
peru (m)	ayam belanda jantan	[ajam blanda dʒantan]
perua (f)	ayam belanda betina	[ajam blanda bɛtina]
animais (m pl) domésticos	binatang ternakan	[binataŋ tɛrnakan]
domesticado	jinak	[dʒinak]
domesticar (vt)	menjinak	[mɛndʒinak]
criar (vt)	memelihara	[mɛmɛlihara]
quinta (f)	ladang, estet	[ladaŋ], [estet]
aves (f pl) domésticas	ayam-itik	[ajam itik]
gado (m)	ternakan	[tɛrnakan]
rebanho (m), manada (f)	kawanan	[kavanan]
estábulo (m)	kandang kuda	[kandaŋ kuda]
pocilga (f)	kandang babi	[kandaŋ babi]
estábulo (m)	kandang lembu	[kandaŋ lɛmbu]
coelheira (f)	sangkar arnab	[saŋkar arnab]
galinheiro (m)	kandang ayam	[kandaŋ ajam]

213. Cães. Raças de cães

cão (m)	anjing	[andʒiŋ]
cão pastor (m)	anjing gembala	[andʒiŋ gɛmbala]
pastor-alemão (m)	anjing gembala jerman	[andʒiŋ gɛmbala dʒerman]
caniche (m)	poodle	[pudl]
teckel (m)	dachshund	[dɛksand]
buldogue (m)	bulldog	[baldog]

boxer (m)	anjing boxer	[andʒiŋ bokser]
mastim (m)	mastiff	[mastif]
rottweiler (m)	rottweiler	[rotvajler]
dobermann (m)	Doberman	[doberman]

basset (m)	anjing basset	[andʒiŋ baset]
pastor inglês (m)	bobtail	[bobtejl]
dálmata (m)	Dalmatian	[dalmatian]
cocker spaniel (m)	cocker spaniel	[koker spaniɛl]

| terra-nova (m) | Newfoundland | [njufaundlɛnd] |
| são-bernardo (m) | Saint Bernard | [sejnt bernard] |

husky (m)	Husky	[haski]
Chow-chow (m)	Chow Chow	[ʧau ʧau]
spitz alemão (m)	spitz	[spitts]
carlindogue (m)	anjing pug	[andʒiŋ pag]

214. Sons produzidos pelos animais

latido (m)	gonggongan	[goŋgoŋan]
latir (vi)	menggonggong	[mɛŋgoŋgoŋ]
miar (vi)	mengiau	[mɛŋiau]
ronronar (vi)	berdengkur	[bɛrdɛŋkur]

mugir (vaca)	menguak	[mɛŋwak]
bramir (touro)	mendenguh	[mɛndɛŋuh]
rosnar (vi)	menggeram	[mɛŋgɛram]

uivo (m)	raungan	[rauŋan]
uivar (vi)	meraung	[mɛrauŋ]
ganir (vi)	melolong	[mɛloloŋ]

balir (vi)	mengembek	[mɛŋembek]
grunhir (porco)	mendengkur	[mɛndɛŋkur]
guinchar (vi)	menjerit	[mɛndʒɛrit]

coaxar (sapo)	menguak	[mɛŋwak]
zumbir (inseto)	mendengung	[mɛndɛŋuŋ]
estridular, ziziar (vi)	mencicit	[mɛnʧiʧit]

215. Animais jovens

cria (f), filhote (m)	anak	[anak]
gatinho (m)	anak kucing	[anak kuʧiŋ]
ratinho (m)	anak tikus	[anak tikus]
cãozinho (m)	anak anjing	[anak andʒiŋ]

filhote (m) de lebre	anak kelinci	[anak kɛlinʧi]
coelhinho (m)	anak arnab	[anak arnab]
lobinho (m)	anak serigala	[anak srigala]
raposinho (m)	anak rubah	[anak rubah]

ursinho (m)	anak beruang	[anak bɛruaŋ]
leãozinho (m)	anak singa	[anak siŋa]
filhote (m) de tigre	anak harimau	[anak harimau]
filhote (m) de elefante	anak gajah	[anak gadʒah]

leitão (m)	anak babi	[anak babi]
bezerro (m)	anak lembu	[anak lɛmbu]
cabrito (m)	anak kambing	[anak kambiŋ]
cordeiro (m)	anak biri-biri	[anak biri biri]
cria (f) de veado	anak rusa	[anak rusa]
cria (f) de camelo	anak unta	[anak unta]

| filhote (m) de serpente | anak ular | [anak ular] |
| cria (f) de rã | anak katak | [anak katak] |

cria (f) de ave	anak burung	[anak buruŋ]
pinto (m)	anak ayam	[anak ajam]
patinho (m)	anak itik	[anak itik]

216. Pássaros

pássaro (m), ave (f)	burung	[buruŋ]
pombo (m)	burung merpati	[buruŋ mɛrpati]
pardal (m)	burung pipit	[buruŋ pipit]
chapim-real (m)	burung tit	[buruŋ tit]
pega-rabuda (f)	murai	[muraj]

corvo (m)	burung raven	[buruŋ raven]
gralha (f) cinzenta	burung gagak	[buruŋ gagak]
gralha-de-nuca-cinzenta (f)	burung jackdaw	[buruŋ dʒɛkdo]
gralha-calva (f)	burung rook	[buruŋ ruk]

pato (m)	itik	[itik]
ganso (m)	angsa	[aŋsa]
faisão (m)	burung kuang	[buruŋ kuaŋ]

águia (f)	helang	[hɛlaŋ]
açor (m)	burung helang	[buruŋ hɛlaŋ]
falcão (m)	burung falcon	[buruŋ falkon]
abutre (m)	hering	[hɛriŋ]
condor (m)	kondor	[kondor]

cisne (m)	swan	[svon]
grou (m)	burung jenjang	[buruŋ dʒɛndʒaŋ]
cegonha (f)	burung botak	[buruŋ botak]

papagaio (m)	burung nuri	[buruŋ nuri]
beija-flor (m)	burung madu	[buruŋ madu]
pavão (m)	burung merak	[buruŋ mɛrak]

avestruz (m)	burung unta	[buruŋ unta]
garça (f)	burung pucung	[buruŋ putʃuŋ]
flamingo (m)	burung flamingo	[buruŋ flamiŋo]
pelicano (m)	burung undan	[buruŋ undan]

| rouxinol (m) | burung merbah | [buruŋ mɛrbah] |
| andorinha (f) | burung layang-layang | [buruŋ lajaŋ lajaŋ] |

tordo-zornal (m)	burung murai	[buruŋ muraj]
tordo-músico (m)	burung song thrush	[buruŋ soŋ traʃ]
melro-preto (m)	burung hitam	[buruŋ hitam]

andorinhão (m)	burung walet	[buruŋ valet]
cotovia (f)	seri ayu	[sri aju]
codorna (f)	burung puyuh	[buruŋ pujuh]

pica-pau (m)	burung belatuk	[buruŋ bɛlatuk]
cuco (m)	sewah padang	[sɛvah padaŋ]
coruja (f)	burung hantu	[buruŋ hantu]
corujão, bufo (m)	burung jampok	[buruŋ dʒampok]
tetraz-grande (m)	wood grouse	[vud graus]
tetraz-lira (m)	grouse hitam	[graus hitam]
perdiz-cinzenta (f)	ayam hutan	[ajam hutaŋ]

estorninho (m)	burung starling	[buruŋ starliŋ]
canário (m)	burung kenari	[buruŋ kɛnari]
galinha-do-mato (f)	burung hazel grouse	[buruŋ hazel graus]
tentilhão (m)	burung chaffinch	[buruŋ tʃafintʃ]
dom-fafe (m)	burung bullfinch	[buruŋ bulfintʃ]

gaivota (f)	burung camar	[buruŋ tʃamar]
albatroz (m)	albatros	[albatros]
pinguim (m)	penguin	[peŋuin]

217. Pássaros. Canto e sons

cantar (vi)	menyanyi	[mɛnjanji]
gritar (vi)	memanggil	[mɛmaŋgil]
cantar (o galo)	berkokok	[bɛrkokok]
cocorocó (m)	kukurukuk	[kukurukuk]

cacarejar (vi)	berketak-ketak	[bɛrkɛtak kɛtak]
crocitar (vi)	menggauk	[mɛŋgauk]
grasnar (vi)	menguek	[mɛŋuek]
piar (vi)	berdecit	[bɛrdɛtʃit]
chilrear, gorjear (vi)	berkicau	[bɛrkitʃau]

218. Peixes. Animais marinhos

brema (f)	ikan bream	[ikan brim]
carpa (f)	ikan kap	[ikan kap]
perca (f)	ikan puyu	[ikan puju]
siluro (m)	ikan keli	[ikan kli]
lúcio (m)	ikan paik	[ikan pajk]

| salmão (m) | salmon | [salmon] |
| esturjão (m) | ikan sturgeon | [ikan sturgeon] |

arenque (m)	ikan hering	[ikan hɛriŋ]
salmão (m)	salmon Atlantik	[salmon atlantik]
cavala, sarda (f)	ikan tenggiri	[ikan tɛŋgiri]
solha (f)	ikan sebelah	[ikan sɛblah]

lúcio perca (m)	ikan zander	[ikan zander]
bacalhau (m)	ikan kod	[ikan kod]
atum (m)	tuna	[tuna]
truta (f)	ikan trout	[ikan trout]

enguia (f)	ikan belut	[ikan bɛlut]
raia elétrica (f)	ikan pari elektrik	[ikan pari ɛlektrik]
moreia (f)	ikan moray eel	[ikan morej il]
piranha (f)	pirana	[pirana]

tubarão (m)	jerung	[dʒɛruŋ]
golfinho (m)	lumba-lumba	[lumba lumba]
baleia (f)	ikan paus	[ikan paus]

caranguejo (m)	ketam	[kɛtam]
medusa, alforreca (f)	ubur-ubur	[ubur ubur]
polvo (m)	sotong kurita	[sotoŋ kurita]

estrela-do-mar (f)	tapak sulaiman	[tapak sulajman]
ouriço-do-mar (m)	landak laut	[landak laut]
cavalo-marinho (m)	kuda laut	[kuda laut]

ostra (f)	tiram	[tiram]
camarão (m)	udang	[udaŋ]
lavagante (m)	udang karang	[udaŋ karaŋ]
lagosta (f)	udang krai	[udaŋ kraj]

219. Amfíbios. Répteis

| serpente, cobra (f) | ular | [ular] |
| venenoso | beracun | [bɛratʃun] |

víbora (f)	ular beludak	[ular bɛludak]
cobra-capelo, naja (f)	kobra	[kobra]
pitão (m)	ular sawa	[ular sava]
jiboia (f)	ular boa	[ular boa]

cobra-de-água (f)	ular cincin emas	[ular tʃintʃin ɛmas]
cascavel (f)	ular orok-orok	[ular orok orok]
anaconda (f)	ular anaconda	[ular anakonda]

lagarto (m)	cicak	[tʃitʃak]
iguana (f)	iguana	[iguana]
varano (m)	biawak	[biavak]
salamandra (f)	salamander	[salamandɛr]
camaleão (m)	sumpah-sumpah	[sumpah sumpah]
escorpião (m)	kala jengking	[kala dʒɛŋkiŋ]
tartaruga (f)	kura-kura	[kura kura]
rã (f)	katak	[katak]

| sapo (m) | katak puru | [katak puru] |
| crocodilo (m) | buaya | [buaja] |

220. Insetos

inseto (m)	serangga	[sɛraŋga]
borboleta (f)	rama-rama	[rama rama]
formiga (f)	semut	[sɛmut]
mosca (f)	lalat	[lalat]
mosquito (m)	nyamuk	[njamuk]
escaravelho (m)	kumbang	[kumbaŋ]

vespa (f)	penyengat	[pɛnjeŋat]
abelha (f)	lebah	[lɛbah]
mamangava (f)	kumbang	[kumbaŋ]
moscardo (m)	lalat kerbau	[lalat kɛrbau]

| aranha (f) | labah-labah | [labah labah] |
| teia (f) de aranha | sarang labah-labah | [saraŋ labah labah] |

libélula (f)	pepatung	[pɛpatuŋ]
gafanhoto-do-campo (m)	belalang	[bɛlalaŋ]
traça (f)	kupu-kupu	[kupu kupu]

barata (f)	lipas	[lipas]
carraça (f)	cengkenit	[tʃeŋkɛnit]
pulga (f)	pinjal	[pindʒal]
borrachudo (m)	agas	[agas]

gafanhoto (m)	belalang juta	[bɛlalaŋ dʒuta]
caracol (m)	siput	[siput]
grilo (m)	cengkerik	[tʃeŋkrik]
pirilampo (m)	kelip-kelip	[klip klip]
joaninha (f)	kumbang kura-Kura	[kumbaŋ kura kura]
besouro (m)	kumbang kabai	[kumbaŋ kabaj]

sanguessuga (f)	lintah	[lintah]
lagarta (f)	ulat bulu	[ulat bulu]
minhoca (f)	cacing	[tʃatʃiŋ]
larva (f)	larva	[larva]

221. Animais. Partes do corpo

bico (m)	paruh	[paruh]
asas (f pl)	sayap	[sajap]
pata (f)	kaki	[kaki]
plumagem (f)	bulu	[bulu]
pena, pluma (f)	bulu pelepah	[bulu pɛlɛpah]
crista (f)	jambul	[dʒambul]

| brânquias, guelras (f pl) | insang | [insaŋ] |
| ovas (f pl) | telur ikan | [tɛlur ikan] |

larva (f)	larva	[larva]
barbatana (f)	sirip	[sirip]
escama (f)	sisik	[sisik]

canino (m)	taring	[tariŋ]
pata (f)	kaki	[kaki]
focinho (m)	muncung	[muntʃuŋ]
boca (f)	mulut	[mulut]
cauda (f), rabo (m)	ekor	[ekor]
bigodes (m pl)	misai	[misaj]

| casco (m) | kuku-tapak | [kuku tapak] |
| corno (m) | tanduk | [tanduk] |

carapaça (f)	tempurung kura-kura	[tɛmpuruŋ kura kura]
concha (f)	cangkerang	[tʃaŋkraŋ]
casca (f) de ovo	kulit telur	[kulit tɛlur]

| pelo (m) | bulu | [bulu] |
| pele (f), couro (m) | kulit | [kulit] |

222. Ações dos animais

| voar (vi) | terbang | [tɛrbaŋ] |
| dar voltas | berkisar | [bɛrkisar] |

| voar (para longe) | terbang | [tɛrbaŋ] |
| bater as asas | mengibarkan | [mɛŋibarkan] |

| bicar (vi) | mematuk | [mɛmatuk] |
| incubar (vt) | mengeram | [mɛŋɛram] |

| sair do ovo | menetas | [mɛnɛtas] |
| fazer o ninho | membuat sarang | [mɛmbuat saraŋ] |

rastejar (vi)	merangkak	[mɛraŋkak]
picar (vt)	menyengat	[mɛnjeŋat]
morder (vt)	menggigit	[mɛŋgigit]

cheirar (vt)	mencium	[mɛntʃium]
latir (vi)	menggonggong	[mɛŋgoŋgoŋ]
silvar (vi)	berdesir	[bɛrdɛsir]

| assustar (vt) | menakutkan | [mɛnakutkan] |
| atacar (vt) | menyerang | [mɛnjeraŋ] |

roer (vt)	menggerogot	[mɛŋgɛrogot]
arranhar (vt)	mencakar	[mɛntʃakar]
esconder-se (vr)	menyorok	[mɛnjorok]

brincar (vi)	bermain	[bɛrmajn]
caçar (vi)	memburu	[mɛmburu]
hibernar (vi)	tidur	[tidur]
extinguir-se (vr)	punah	[punah]

223. Animais. Habitats

hábitat	habitat	[habitat]
migração (f)	penghijrahan	[pɛŋɣidʒrahan]
montanha (f)	gunung	[gunuŋ]
recife (m)	terumbu	[tɛrumbu]
falésia (f)	cenuram	[ʧɛnuram]
floresta (f)	hutan	[hutan]
selva (f)	rimba	[rimba]
savana (f)	savanna	[savana]
tundra (f)	tundra	[tundra]
estepe (f)	steppe	[step]
deserto (m)	gurun	[gurun]
oásis (m)	wahah	[vahah]
mar (m)	laut	[laut]
lago (m)	tasik	[tasik]
oceano (m)	lautan	[lautan]
pântano (m)	bencah	[bɛnʧah]
de água doce	air tawar	[air tavar]
lagoa (f)	kolam	[kolam]
rio (m)	sungai	[suŋaj]
toca (f) do urso	jerumun	[dʒɛrumun]
ninho (m)	sarang	[saraŋ]
buraco (m) de árvore	lubang pokok	[lubaŋ pokok]
toca (f)	lubang dalam tanah	[lubaŋ dalam tanah]
formigueiro (m)	busut semut	[busut sɛmut]

224. Cuidados com os animais

jardim (m) zoológico	zoo	[zu]
reserva (f) natural	cagar alam	[ʧagar alam]
viveiro (m)	tapak pembiakan	[tapak pɛmbiakan]
jaula (f) de ar livre	kandang terbuka	[kandaŋ tɛrbuka]
jaula, gaiola (f)	sangkar	[saŋkar]
casinha (f) de cão	rumah anjing	[rumah andʒiŋ]
pombal (m)	rumah burung merpati	[rumah buruŋ mɛrpati]
aquário (m)	akuarium	[akuarium]
delfinário (m)	pentas lumba-lumba	[pɛntas lumba lumba]
criar (vt)	memelihara	[mɛmɛlihara]
ninhada (f)	zuriat	[zuriat]
domesticar (vt)	menjinak	[mɛndʒinak]
adestrar (vt)	melatih	[mɛlatih]
ração (f)	makanan ternak	[makanan tɛrnak]
alimentar (vt)	memberi makan	[mɛmbri makan]

loja (f) de animais	kedai haiwan	[kedaj hajvan]
açaime (m)	brangus	[braŋus]
coleira (f)	cawak	[ʧavak]
nome (m)	nama	[nama]
pedigree (m)	pedigri	[pedigri]

225. Animais. Diversos

alcateia (f)	kawanan	[kavanan]
bando (pássaros)	kawanan	[kavanan]
cardume (peixes)	kawanan	[kavanan]
manada (cavalos)	kawanan	[kavanan]

| macho (m) | jantan | [dʒantan] |
| fêmea (f) | betina | [bɛtina] |

faminto	lapar	[lapar]
selvagem	liar	[liar]
perigoso	berbahaya	[bɛrbahaja]

226. Cavalos

| cavalo (m) | kuda | [kuda] |
| raça (f) | baka | [baka] |

| potro (m) | anak kuda | [anak kuda] |
| égua (f) | kuda betina | [kuda bɛtina] |

mustangue (m)	mustang	[mustaŋ]
pónei (m)	kuda padi	[kuda padi]
cavalo (m) de tiro	kuda penarik	[kuda pɛnarik]

| crina (f) | surai | [suraj] |
| cauda (f) | ekor | [ekor] |

casco (m)	kuku-tapak	[kuku tapak]
ferradura (f)	ladam	[ladam]
ferrar (vt)	meladam	[mɛladam]
ferreiro (m)	pandai besi	[pandaj bɛsi]

sela (f)	pelana	[pɛlana]
estribo (m)	rakap	[rakap]
brida (f)	kekang	[kɛkaŋ]
rédeas (f pl)	tali kendali	[tali kɛndali]
chicote (m)	cemeti	[ʧɛmeti]

cavaleiro (m)	penunggang	[pɛnuŋgaŋ]
colocar sela	memelanai	[mɛmɛlanai]
montar no cavalo	berpelana	[bɛrpɛlana]

| galope (m) | derap | [dɛrap] |
| galopar (vi) | menderap | [mɛndɛrap] |

trote (m)	meligas	[mɛligas]
a trote	meligas	[mɛligas]
ir a trote	meligas	[mɛligas]

| cavalo (m) de corrida | kuda balap | [kuda balap] |
| corridas (f pl) | balapan | [balapan] |

estábulo (m)	kandang kuda	[kandaŋ kuda]
alimentar (vt)	memberi makan	[mɛmbri makan]
feno (m)	rumput kering	[rumput kɛriŋ]
dar água	memberi minum	[mɛmbri minum]
limpar (vt)	membersihkan	[mɛmbɛrsihkan]

carroça (f)	pedati kuda	[pɛdati kuda]
pastar (vi)	bergembala	[bɛrgɛmbala]
relinchar (vi)	meringkuk	[mɛriŋkuk]
dar um coice	menendang	[mɛnɛndaŋ]

Flora

227. Árvores

árvore (f)	pokok	[pokok]
decídua	daun luruh	[daun luruh]
conífera	konifer	[konifer]
perene	malar hijau	[malar hidʒau]
macieira (f)	pokok epal	[pokok epal]
pereira (f)	pokok pear	[pokok pɛar]
cerejeira (f)	pokok ceri manis	[pokok tʃeri manis]
ginjeira (f)	pokok ceri	[pokok tʃeri]
ameixeira (f)	pokok plam	[pokok plam]
bétula (f)	pokok birch	[pokok 'bøtʃ]
carvalho (m)	oak	[ouk]
tília (f)	pokok linden	[pokok linden]
choupo-tremedor (m)	pokok aspen	[pokok aspen]
bordo (m)	pokok mapel	[pokok mapel]
espruce-europeu (m)	pokok fir	[pokok fir]
pinheiro (m)	pokok pain	[pokok pajn]
alerce, lariço (m)	pokok larch	[pokok lartʃ]
abeto (m)	fir	[fir]
cedro (m)	pokok cedar	[pokok sidɛr]
choupo, álamo (m)	pokok poplar	[pokok poplar]
tramazeira (f)	pokok rowan	[pokok rovan]
salgueiro (m)	pokok willow	[pokok villou]
amieiro (m)	pokok alder	[pokok alder]
faia (f)	pokok bic	[pokok bitʃ]
ulmeiro (m)	pokok elm	[pokok ɛlm]
freixo (m)	pokok abu	[pokok abu]
castanheiro (m)	berangan	[bɛraŋan]
magnólia (f)	magnolia	[magnolia]
palmeira (f)	palma	[palma]
cipreste (m)	pokok cipres	[pokok tʃipres]
mangue (m)	bakau	[bakau]
embondeiro, baobá (m)	baobab	[baobab]
eucalipto (m)	eukaliptus	[ɛukaliptus]
sequoia (f)	sequoia	[sekuoja]

228. Arbustos

arbusto (m)	pokok	[pokok]
arbusto (m), moita (f)	pokok renek	[pokok renek]

| videira (f) | pokok anggur | [pokok aŋgur] |
| vinhedo (m) | kebun anggur | [qbun aŋgur] |

framboeseira (f)	pokok raspberi	[pokok rasberi]
groselheira-preta (f)	pokok beri hitam	[pokok kismis hitam]
groselheira-vermelha (f)	pokok kismis merah	[pokok kismis merah]
groselheira (f) espinhosa	pokok gusberi	[pokok gusberi]

acácia (f)	pokok akasia	[pokok akasia]
bérberis (f)	pokok barberi	[pokok barberi]
jasmim (m)	melati	[m'lati]

junípero (m)	pokok juniper	[pokok dʒuniper]
roseira (f)	pokok mawar	[pokok mavar]
roseira (f) brava	brayer	[brajer]

229. Cogumelos

cogumelo (m)	cendawan	[tʃɛndavan]
cogumelo (m) comestível	cendawan yang boleh dimakan	[tʃɛndavan jaŋ bole dimakan]
cogumelo (m) venenoso	cendawan yang beracun	[tʃɛndavan jaŋ bɛratʃun]
chapéu (m)	kepala	[kɛpala]
pé, caule (m)	batang	[bataŋ]

boleto (m)	boletus	[boletus]
boleto (m) alaranjado	cendawan topi jingga	[tʃɛndavan topi dʒiŋga]
míscaro (m) das bétulas	cendawan boletus birc	[tʃɛndavan boletus birtʃ]
cantarela (f)	cendawan chanterelle	[tʃɛndavan tʃɛnterel]
rússula (f)	cendawan rusula	[tʃɛndavan rusula]

morchella (f)	cendawan morel	[tʃɛndavan morel]
agário-das-moscas (m)	cendawan Amanita muscaria	[tʃɛndavan amanita muskaria]
cicuta (f) verde	cendawan kep kematian	[tʃɛndavan kep kɛmatian]

230. Frutos. Bagas

| fruta (f) | buah | [buah] |
| frutas (f pl) | buah-buahan | [buah buahan] |

maçã (f)	epal	[epal]
pera (f)	buah pear	[buah pear]
ameixa (f)	plam	[plam]

morango (m)	strawberi	[stroberi]
ginja (f)	buah ceri	[buah tʃeri]
cereja (f)	ceri manis	[tʃeri manis]
uva (f)	anggur	[aŋgur]

| framboesa (f) | raspberi | [rasberi] |
| groselha (f) preta | beri hitam | [beri hitam] |

groselha (f) vermelha	buah kismis merah	[buah kismis merah]
groselha (f) espinhosa	buah gusberi	[buah gusberi]
oxicoco (m)	kranberi	[kranberi]

laranja (f)	jeruk manis	[dʒeruk manis]
tangerina (f)	limau mandarin	[limau mandarin]
ananás (m)	nanas	[nanas]
banana (f)	pisang	[pisaŋ]
tâmara (f)	buah kurma	[buah kurma]

limão (m)	lemon	[lemon]
damasco (m)	aprikot	[aprikot]
pêssego (m)	pic	[pitʃ]
kiwi (m)	kiwi	[kivi]
toranja (f)	limau gedang	[limau gɛdaŋ]

baga (f)	buah beri	[buah beri]
bagas (f pl)	buah-buah beri	[buah buah beri]
arando (m) vermelho	cowberry	[kauberi]
morango-silvestre (m)	strawberi	[stroberi]
mirtilo (m)	buah bilberi	[buah bilberi]

231. Flores. Plantas

| flor (f) | bunga | [buŋa] |
| ramo (m) de flores | jambak bunga | [dʒambak buŋa] |

rosa (f)	mawar	[mavar]
tulipa (f)	tulip	[tulip]
cravo (m)	bunga teluki	[buŋa tɛluki]
gladíolo (m)	bunga gladiola	[buŋa gladiola]

centáurea (f)	bunga butang	[buŋa butaŋ]
campânula (f)	bunga loceng	[buŋa lotʃɛŋ]
dente-de-leão (m)	dandelion	[dandelion]
camomila (f)	bunga camomile	[buŋa kɛmomajl]

aloé (m)	lidah buaya	[lidah buaja]
cato (m)	kaktus	[kaktus]
fícus (m)	pokok ara	[pokok ara]

lírio (m)	bunga lili	[buŋa lili]
gerânio (m)	geranium	[geranium]
jacinto (m)	bunga lembayung	[buŋa lɛmbajuŋ]

mimosa (f)	bunga semalu	[buŋa sɛmalu]
narciso (m)	bunga narsisus	[buŋa narsisus]
capuchinha (f)	bunga nasturtium	[buŋa nasturtium]

orquídea (f)	anggerik, okid	[aŋgrik], [okid]
peónia (f)	bunga peony	[buŋa peoni]
violeta (f)	bunga violet	[buŋa violet]
amor-perfeito (m)	bunga pansy	[buŋa pɛnsi]
não-me-esqueças (m)	bunga jangan lupakan daku	[buŋa dʒaŋan lupakan daku]

margarida (f)	bunga daisi	[buŋa dajsi]
papoula (f)	bunga popi	[buŋa popi]
cânhamo (m)	hem	[hem]
hortelã (f)	mint	[mint]

| lírio-do-vale (m) | lili lembah | [lili lɛmbah] |
| campânula-branca (f) | bunga titisan salji | [buŋa titisan saldʒi] |

urtiga (f)	netel	[netel]
azeda (f)	sorrel	[sorel]
nenúfar (m)	bunga telepok	[buŋa tɛlepok]
feto (m), samambaia (f)	paku-pakis	[paku pakis]
líquen (m)	liken	[liken]

estufa (f)	rumah hijau	[rumah hidʒau]
relvado (m)	lon	[lon]
canteiro (m) de flores	batas bunga	[batas buŋa]

planta (f)	tumbuhan	[tumbuhan]
erva (f)	rumput	[rumput]
folha (f) de erva	sehelai rumput	[sɛhelaj rumput]

folha (f)	daun	[daun]
pétala (f)	kelopak	[kɛlopak]
talo (m)	batang	[bataŋ]
tubérculo (m)	ubi	[ubi]

| broto, rebento (m) | tunas | [tunas] |
| espinho (m) | duri | [duri] |

florescer (vi)	berbunga	[bɛrbuŋa]
murchar (vi)	layu	[laju]
cheiro (m)	bau	[bau]
cortar (flores)	memotong	[mɛmotoŋ]
colher (uma flor)	memetik	[mɛmɛtik]

232. Cereais, grãos

grão (m)	biji-bijian	[bidʒi bidʒian]
cereais (plantas)	padi-padian	[padi padian]
espiga (f)	bulir	[bulir]

trigo (m)	gandum	[gandum]
centeio (m)	rai	[raj]
aveia (f)	oat	[oat]
milho-miúdo (m)	sekoi	[sɛkoj]
cevada (f)	barli	[barli]

milho (m)	jagung	[dʒaguŋ]
arroz (m)	beras	[bras]
trigo-sarraceno (m)	bakwit	[bakvit]

| ervilha (f) | kacang sepat | [katʃaŋ sɛpat] |
| feijão (m) | kacang buncis | [katʃaŋ buntʃis] |

soja (f)	kacang soya	[katʃaŋ soja]
lentilha (f)	kacang lentil	[katʃaŋ lentil]
fava (f)	kacang	[katʃaŋ]

233. Vegetais. Verduras

| legumes (m pl) | sayuran | [sajuran] |
| verduras (f pl) | ulam-ulaman | [ulam ulaman] |

tomate (m)	tomato	[tomato]
pepino (m)	timun	[timun]
cenoura (f)	lobak merah	[lobak merah]
batata (f)	kentang	[kɛntaŋ]
cebola (f)	bawang	[bavaŋ]
alho (m)	bawang putih	[bavaŋ putih]

couve (f)	kubis	[kubis]
couve-flor (f)	bunga kubis	[buŋa kubis]
couve-de-bruxelas (f)	kubis Brussels	[kubis brasels]
brócolos (m pl)	broccoli	[brokoli]

beterraba (f)	rut bit	[rut bit]
beringela (f)	terung	[tɛruŋ]
curgete (f)	labu kuning	[labu kuniŋ]
abóbora (f)	labu	[labu]
nabo (m)	turnip	[turnip]

salsa (f)	parsli	[parsli]
funcho, endro (m)	jintan hitam	[dʒintan hitam]
alface (f)	pokok salad	[pokok salad]
aipo (m)	saderi	[sadɛri]
espargo (m)	asparagus	[asparagus]
espinafre (m)	bayam	[bajam]

ervilha (f)	kacang cepat	[katʃaŋ sɛpat]
fava (f)	kacang	[katʃaŋ]
milho (m)	jagung	[dʒaguŋ]
feijão (m)	kacang buncis	[katʃaŋ buntʃis]

pimentão (m)	lada	[lada]
rabanete (m)	lobak	[lobak]
alcachofra (f)	articok	[artitʃok]

GEOGRAFIA REGIONAL

Países. Nacionalidades

234. Europa Ocidental

Europa (f)	Eropah	[eropa]
União (f) Europeia	Kesatuan Eropah	[kesatuan eropa]
europeu (m)	orang Eropah	[oraŋuɛropa]
europeu	Eropah	[eropa]
Áustria (f)	Austria	[ostria]
austríaco (m)	lelaki Austria	[lɛlaki ostria]
austríaca (f)	perempuan Austria	[pɛrɛmpuan ostria]
austríaco	Austria	[ostria]
Grã-Bretanha (f)	Great Britain	[grejt britɛn]
Inglaterra (f)	Inggeris	[iŋgris]
inglês (m)	lelaki Inggeris	[lɛlaki iŋgris]
inglesa (f)	perempuan Inggeris	[pɛrɛmpuan iŋgris]
inglês	Inggeris	[iŋgris]
Bélgica (f)	Belgium	[beldʒem]
belga (m)	lelaki Belgium	[lɛlaki beldʒem]
belga (f)	perempuan Belgium	[pɛrɛmpuan beldʒem]
belga	Belgium	[beldʒem]
Alemanha (f)	Jerman	[dʒerman]
alemão (m)	lelaki Jerman	[lɛlaki dʒerman]
alemã (f)	perempuan Jerman	[pɛrɛmpuan dʒerman]
alemão	Jerman	[dʒerman]
Países (m pl) Baixos	Belanda	[blanda]
Holanda (f)	Belanda	[blanda]
holandês (m)	lelaki Belanda	[lɛlaki blanda]
holandesa (f)	perempuan Belanda	[pɛrɛmpuan blanda]
holandês	Belanda	[blanda]
Grécia (f)	Greece	[gris]
grego (m)	lelaki Greece	[lɛlaki gris]
grega (f)	perempuan Greece	[pɛrɛmpuan gris]
grego	Greece	[gris]
Dinamarca (f)	Denmark	[denmark]
dinamarquês (m)	lelali Denmark	[lɛlali denmark]
dinamarquesa (f)	perempuan Denmark	[pɛrɛmpuan denmark]
dinamarquês	Denmark	[denmark]
Irlanda (f)	Ireland	[ajɛlɛnd]
irlandês (m)	lelaki Ireland	[lɛlaki ajɛlɛnd]

| irlandesa (f) | perempuan Ireland | [pɛrɛmpuan ajɛlɛnd] |
| irlandês | Ireland | [ajɛlɛnd] |

Islândia (f)	Iceland	[ajslɛnd]
islandês (m)	lelaki Iceland	[lɛlaki ajslɛnd]
islandesa (f)	perempuan Iceland	[pɛrɛmpuan ajslɛnd]
islandês	Iceland	[ajslɛnd]

Espanha (f)	Sepanyol	[spanjol]
espanhol (m)	lelaki Sepanyol	[lɛlaki spanjol]
espanhola (f)	perempuan Sepanyol	[pɛrɛmpuan spanjol]
espanhol	Sepanyol	[spanjol]

Itália (f)	Itali	[itali]
italiano (m)	lelaki Itali	[lɛlaki itali]
italiana (f)	perempuan Itali	[pɛrɛmpuan itali]
italiano	Itali	[itali]

Chipre (m)	Cyprus	[sajprɛs]
cipriota (m)	lelaki Cyprus	[lɛlaki sajprɛs]
cipriota (f)	perempuan Cyprus	[pɛrɛmpuan sajprɛs]
cipriota	Cyprus	[sajprɛs]

Malta (f)	Malta	[malta]
maltês (m)	lelaki Malta	[lɛlaki malta]
maltesa (f)	perempuan Malta	[pɛrɛmpuan malta]
maltês	Malta	[malta]

Noruega (f)	Norway	[norvej]
norueguês (m)	lelaki Norway	[lɛlaki norvej]
norueguesa (f)	perempuan Norway	[pɛrɛmpuan norvej]
norueguês	Norway	[norvej]

Portugal (m)	Portugal	[portugal]
português (m)	lelaki Portugis	[lɛlaki portugis]
portuguesa (f)	perempuan Portugis	[pɛrɛmpuan portugis]
português	Portugis	[portugis]

Finlândia (f)	Finland	[finlɛnd]
finlandês (m)	lelaki Finland	[lɛlaki finlɛnd]
finlandesa (f)	perempuan Finland	[pɛrɛmpuan finlɛnd]
finlandês	Finland	[finlɛnd]

França (f)	Perancis	[prantʃis]
francês (m)	lelaki Perancis	[lɛlaki prantʃis]
francesa (f)	perempuan Perancis	[pɛrɛmpuan prantʃis]
francês	Perancis	[prantʃis]

Suécia (f)	Sweden	[svidɛn]
sueco (m)	lelaki Sweden	[lɛlaki svidɛn]
sueca (f)	perempuan Sweden	[pɛrɛmpuan svidɛn]
sueco	Sweden	[svidɛn]

Suíça (f)	Switzerland	[svizelɛnd]
suíço (m)	lelaki Switzerland	[lɛlaki svizelɛnd]
suíça (f)	perempuan Switzerland	[pɛrɛmpuan svizelɛnd]

suíço	Switzerland	[svizelɛnd]
Escócia (f)	Scotland	[skotlɛnd]
escocês (m)	lelaki Scotland	[lɛlaki skotlɛnd]
escocesa (f)	perempuan Scotland	[pɛrɛmpuan skotlɛnd]
escocês	Scotland	[skotlɛnd]

Vaticano (m)	Vatican	[vɛtiken]
Liechtenstein (m)	Liechtenstein	[lihtenstajn]
Luxemburgo (m)	Luxembourg	[laksemburg]
Mónaco (m)	Monaco	[monekou]

235. Europa Central e de Leste

Albânia (f)	Albania	[albania]
albanês (m)	lelaki Albania	[lɛlaki albania]
albanesa (f)	perempuan Albania	[pɛrɛmpuan albania]
albanês	Albania	[albania]

Bulgária (f)	Bulgaria	[bulgaria]
búlgaro (m)	lelaki Bulgaria	[lɛlaki bulgaria]
búlgara (f)	perempuan Bulgaria	[pɛrɛmpuan bulgaria]
búlgaro	Bulgaria	[bulgaria]

Hungria (f)	Hungary	[haŋɛri]
húngaro (m)	lelaki Hungary	[lɛlaki haŋɛri]
húngara (f)	perempuan Hungary	[pɛrɛmpuan haŋɛri]
húngaro	Hungary	[haŋɛri]

Letónia (f)	Latvia	[latvia]
letão (m)	lelaki Latvia	[lɛlaki latvia]
letã (f)	perempuan Latvia	[pɛrɛmpuan latvia]
letão	Latvia	[latvia]

Lituânia (f)	Lithuania	[lituania]
lituano (m)	lelaki Lithuania	[lɛlaki lituania]
lituana (f)	perempuan Lithuania	[pɛrɛmpuan lituania]
lituano	Lithuania	[lituania]

Polónia (f)	Poland	[polɛnd]
polaco (m)	lelaki Poland	[lɛlaki polɛnd]
polaca (f)	perempuan Poland	[pɛrɛmpuan polɛnd]
polaco	Poland	[polɛnd]

Roménia (f)	Romania	[romania]
romeno (m)	lelaki Romania	[lɛlaki romania]
romena (f)	perempuan Romania	[pɛrɛmpuan romania]
romeno	Romania	[romania]

Sérvia (f)	Serbia	[serbia]
sérvio (m)	lelaki Serbia	[lɛlaki serbia]
sérvia (f)	perempuan Serbia	[pɛrɛmpuan serbia]
sérvio	Serbia	[serbia]
Eslováquia (f)	Slovakia	[slovakia]
eslovaco (m)	lelaki Slovakia	[lɛlaki slovakia]

| eslovaca (f) | perempuan Slovakia | [perempuan slovakia] |
| eslovaco | Slovakia | [slovakia] |

Croácia (f)	Croatia	[krouɛjʃa]
croata (m)	lelaki Croatia	[lɛlaki krouɛjʃa]
croata (f)	perempuan Croatia	[pɛrɛmpuan krouɛjʃa]
croata	Croatia	[krouɛjʃa]

República (f) Checa	Republik Czech	[republik ʧeh]
checo (m)	lelaki Czech	[lɛlaki ʧeh]
checa (f)	perempuan Czech	[pɛrɛmpuan ʧeh]
checo	Czech	[ʧeh]

Estónia (f)	Estonia	[estonia]
estónio (m)	lelaki Estonia	[lɛlaki estonia]
estónia (f)	perempuan Estonia	[pɛrɛmpuan estonia]
estónio	Estonia	[estonia]

Bósnia e Herzegovina (f)	Bosnia-Herzegovina	[bosnia hɛttsigovina]
Macedónia (f)	Macedonia	[masedonia]
Eslovénia (f)	Slovenia	[slovenia]
Montenegro (m)	Montenegro	[montenegro]

236. Países da ex-URSS

Azerbaijão (m)	Azerbaijan	[azerbajʤan]
azeri (m)	lelaki Azerbaijan	[lɛlaki azerbajʤan]
azeri (f)	perempuan Azerbaijan	[pɛrɛmpuan azerbajʤan]
azeri, azerbaijano	Azerbaijan	[azerbajʤan]

Arménia (f)	Armenia	[armenia]
arménio (m)	lelaki Armenia	[lɛlaki armenia]
arménia (f)	perempuan Armenia	[pɛrɛmpuan armenia]
arménio	Armenia	[armenia]

Bielorrússia (f)	Belarus	[belarus]
bielorrusso (m)	lelaki Belarus	[lɛlaki belarus]
bielorrussa (f)	perempuan Belarus	[pɛrɛmpuan belarus]
bielorrusso	Belarus	[belarus]

Geórgia (f)	Georgia	[ʤoʤia]
georgiano (m)	lelaki Georgia	[lɛlaki ʤoʤia]
georgiana (f)	perempuan Georgia	[pɛrɛmpuan ʤoʤia]
georgiano	Georgia	[ʤoʤia]

Cazaquistão (m)	Kazakhstan	[kazahstan]
cazaque (m)	lelaki Kazakh	[lɛlaki kazah]
cazaque (f)	perempuan Kazakh	[pɛrɛmpuan kazah]
cazaque	Kazakh	[kazah]

Quirguistão (m)	Kirgizia	[kirgizia]
quirguiz (m)	lelaki Kirghiz	[lɛlaki kirɣiz]
quirguiz (f)	perempuan Kirghiz	[pɛrɛmpuan kirɣiz]
quirguiz	Kirghiz	[kirɣiz]

Moldávia (f)	Moldavia	[moldavija]
moldavo (m)	lelaki Moldavia	[lɛlaki moldavija]
moldava (f)	perempuan Moldavia	[pɛrɛmpuan moldavija]
moldavo	Moldavia	[moldavija]

Rússia (f)	Rusia	[rusia]
russo (m)	lelaki Rusia	[lɛlaki rusia]
russa (f)	perempuan Rusia	[pɛrɛmpuan rusia]
russo	Rusia	[rusia]

Tajiquistão (m)	Tajikistan	[tadʒikistan]
tajique (m)	lelaki Tajik	[lɛlaki tadʒik]
tajique (f)	perempuan Tajik	[pɛrɛmpuan tadʒik]
tajique	Tajik	[tadʒik]

Turquemenistão (m)	Turkmenistan	[turkmenistan]
turcomeno (m)	lelaki Turkmen	[lɛlaki turkmen]
turcomena (f)	perempuan Turkmen	[pɛrɛmpuan turkmen]
turcomeno	Turkmen	[turkmen]

Uzbequistão (f)	Uzbekistan	[uzbekistan]
uzbeque (m)	lelaki Uzbek	[lɛlaki uzbek]
uzbeque (f)	perempuan Uzbek	[pɛrɛmpuan uzbek]
uzbeque	Uzbek	[uzbek]

Ucrânia (f)	Ukraine	[jukrejn]
ucraniano (m)	lelaki Ukraine	[lɛlaki jukrejn]
ucraniana (f)	perempuan Ukraine	[pɛrɛmpuan jukrejn]
ucraniano	Ukraine	[jukrejn]

237. Asia

| Ásia (f) | Asia | [asia] |
| asiático | Asia | [asia] |

Vietname (m)	Vietnam	[vjetnam]
vietnamita (m)	lelaki Vietnam	[lɛlaki vjetnam]
vietnamita (f)	perempuan Vietnam	[pɛrɛmpuan vjetnam]
vietnamita	Vietnam	[vjetnam]

Índia (f)	India	[india]
indiano (m)	lelaki India	[lɛlaki india]
indiana (f)	perempuan India	[pɛrɛmpuan india]
indiano	India	[india]

Israel (m)	Israel	[izrael]
israelita (m)	lelaki Israel	[lɛlaki izrael]
israelita (f)	perempuan Israel	[pɛrɛmpuan izrael]
israelita	Israel	[izrael]

judeu (m)	lelaki Yahudi	[lɛlaki jahudi]
judia (f)	perempuan Yahudi	[pɛrɛmpuan jahudi]
judeu	Yahudi	[jahudi]
China (f)	China	[tʃina]

chinês (m)	Ielaki China	[lɛlaki tʃina]
chinesa (f)	perempuan China	[pɛrempuan tʃina]
chinês	China	[tʃina]
coreano (m)	Ielaki Korea	[lɛlaki korea]
coreana (f)	perempuan Korea	[pɛrɛmpuan korea]
coreano	Korea	[korea]
Líbano (m)	Lubnan	[lubnan]
libanês (m)	Ielaki Lubnan	[lɛlaki lubnan]
libanesa (f)	perempuan Lubnan	[pɛrɛmpuan lubnan]
libanês	Lubnan	[lubnan]
Mongólia (f)	Mongolia	[moŋolia]
mongol (m)	Ielaki Mongolia	[lɛlaki moŋolia]
mongol (f)	perempuan Mongolia	[pɛrɛmpuan moŋolia]
mongol	Mongolia	[moŋolia]
Malásia (f)	Malaysia	[malajsia]
malaio (m)	Ielaki Melayu	[lɛlaki mɛlaju]
malaia (f)	perempuan Melayu	[pɛrɛmpuan mɛlaju]
malaio	Melayu	[melaju]
Paquistão (m)	Pakistan	[pakistan]
paquistanês (m)	Ielaki Pakistan	[lɛlaki pakistan]
paquistanesa (f)	perempuan Pakistan	[pɛrɛmpuan pakistan]
paquistanês	Pakistan	[pakistan]
Arábia (f) Saudita	Saudi Arabia	[saudi arabia]
árabe (m)	Ielaki Arab	[lɛlaki arab]
árabe (f)	perempuan Arab	[pɛrɛmpuan arab]
árabe	Arab	[arab]
Tailândia (f)	Thailand	[tailand]
tailandês (m)	Ielaki Thai	[lɛlaki tai]
tailandesa (f)	perempuan Thai	[pɛrɛmpuan tai]
tailandês	Thai	[tai]
Taiwan (m)	Taiwan	[tajvan]
taiwanês (m)	Ielaki Taiwan	[lɛlaki tajvan]
taiwanesa (f)	perempuan Taiwan	[pɛrɛmpuan tajvan]
taiwanês	Taiwan	[tajvan]
Turquia (f)	Turki	[turki]
turco (m)	Ielaki Turki	[lɛlaki turki]
turca (f)	perempuan Turki	[pɛrɛmpuan turki]
turco	Turki	[turki]
Japão (m)	Jepun	[dʒepun]
japonês (m)	Ielaki Jepun	[lɛlaki dʒepun]
japonesa (f)	perempuan Jepun	[pɛrɛmpuan dʒepun]
japonês	Jepun	[dʒepun]
Afeganistão (m)	Afghanistan	[afɣanistan]
Bangladesh (m)	Bangladesh	[baŋladeʃ]
Indonésia (f)	Indonesia	[indonesia]

Jordânia (f)	Jordan	[dʒodɛn]
Iraque (m)	Iraq	[irak]
Irão (m)	Iran	[iran]
Camboja (f)	Kemboja	[kembodʒa]
Kuwait (m)	Kuwait	[kuvejt]

Laos (m)	Laos	[laos]
Myanmar (m), Birmânia (f)	Myanmar	[mjanmar]
Nepal (m)	Nepal	[nepal]
Emirados Árabes Unidos	Emiriah Arab Bersatu	[ɛmiria arab bɛrsatu]

Síria (f)	Syria	[siria]
Palestina (f)	Palestine	[palestin]
Coreia do Sul (f)	Korea Selatan	[korea sɛlatan]
Coreia do Norte (f)	Korea Utara	[korea utara]

238. América do Norte

Estados Unidos da América	Amerika Syarikat	[amerika çarikat]
americano (m)	lelaki Amerika	[lɛlaki amerika]
americana (f)	perempuan Amerika	[pɛrempuan amerika]
americano	Amerika	[amerika]

Canadá (m)	Kanada	[kanada]
canadiano (m)	lelaki Kanada	[lɛlaki kanada]
canadiana (f)	perempuan Kanada	[pɛrɛmpuan kanada]
canadiano	Kanada	[kanada]

México (m)	Mexico	[meksiko]
mexicano (m)	lelaki Mexico	[lɛlaki meksiko]
mexicana (f)	perempuan Mexico	[pɛrɛmpuan meksiko]
mexicano	Mexico	[meksiko]

239. América Central do Sul

Argentina (f)	Argentina	[argentina]
argentino (m)	lelaki Argentina	[lɛlaki argentina]
argentina (f)	perempuan Argentina	[pɛrɛmpuan argentina]
argentino	Argentina	[argentina]

Brasil (m)	Brazil	[brazil]
brasileiro (m)	lelaki Brazil	[lɛlaki brazil]
brasileira (f)	perempuan Brazil	[pɛrɛmpuan brazil]
brasileiro	Brazil	[brazil]

Colômbia (f)	Colombia	[kolombia]
colombiano (m)	lelaki Colombia	[lɛlaki kolombia]
colombiana (f)	perempuan Colombia	[pɛrɛmpuan kolombia]
colombiano	Colombia	[kolombia]

Cuba (f)	Cuba	[kjuba]
cubano (m)	lelaki Cuba	[lɛlaki kjuba]

cubana (f)	**perempuan Cuba**	[pɛrɛmpuan kjuba]
cubano	**Cuba**	[kjuba]

Chile (m)	**Chile**	[ʧili]
chileno (m)	**lelaki Chile**	[lɛlaki ʧili]
chilena (f)	**perempuan Chile**	[pɛrɛmpuan ʧili]
chileno	**Chile**	[ʧili]

Bolívia (f)	**Bolivia**	[bolivia]
Venezuela (f)	**Venezuela**	[venezuela]
Paraguai (m)	**Paraguay**	[paraguaj]
Peru (m)	**Peru**	[peru]

Suriname (m)	**Suriname**	[surinam]
Uruguai (m)	**Uruguay**	[uruguaj]
Equador (m)	**Ecuador**	[ɛkuador]

Bahamas (f pl)	**Kepulauan Bahamas**	[kɛpulawan bahamas]
Haiti (m)	**Haiti**	[hejiti]
República (f) Dominicana	**Republik Dominika**	[republik dominika]
Panamá (m)	**Panama**	[panama]
Jamaica (f)	**Jamaica**	[dʒamajka]

240. Africa

Egito (m)	**Mesir**	[mɛsir]
egípcio (m)	**lelaki Mesir**	[lɛlaki mɛsir]
egípcia (f)	**perempuan Mesir**	[pɛrɛmpuan mɛsir]
egípcio	**Mesir**	[mɛsir]

Marrocos	**Maghribi**	[maɣribi]
marroquino (m)	**lelaki Maghribi**	[lɛlaki maɣribi]
marroquina (f)	**perempuan Maghribi**	[pɛrɛmpuan maɣribi]
marroquino	**Maghribi**	[maɣribi]

Tunísia (f)	**Tunisia**	[tunisia]
tunisino (m)	**lelaki Tunisia**	[lɛlaki tunisia]
tunisina (f)	**perempuan Tunisia**	[pɛrɛmpuan tunisia]
tunisino	**Tunisia**	[tunisia]

Gana (f)	**Ghana**	[ɣana]
Zanzibar (m)	**Zanzibar**	[zanzibar]
Quénia (f)	**Kenya**	[kenia]
Líbia (f)	**Libya**	[libia]
Madagáscar (m)	**Madagascar**	[madagaskar]

Namíbia (f)	**Namibia**	[namibia]
Senegal (m)	**Senegal**	[senegal]
Tanzânia (f)	**Tanzania**	[tanzania]
África do Sul (f)	**Afrika Selatan**	[afrika sɛlatan]

africano (m)	**lelaki Afrika**	[lɛlaki afrika]
africana (f)	**perempuan Afrika**	[pɛrɛmpuan afrika]
africano	**Afrika**	[afrika]

241. Austrália. Oceania

Austrália (f)	Australia	[australia]
australiano (m)	lelaki Australia	[lɛlaki australia]
australiana (f)	perempuan Australia	[pɛrɛmpuan australia]
australiano	Australia	[australia]
Nova Zelândia (f)	New Zealand	[nju zilɛnd]
neozelandês (m)	lelaki New Zealand	[lɛlaki nju zilɛnd]
neozelandesa (f)	perempuan New Zealand	[pɛrɛmpuan nju zilɛnd]
neozelandês	New Zealand	[nju zilɛnd]
Tasmânia (f)	Tasmania	[tasmania]
Polinésia Francesa (f)	Polinesia Perancis	[polinesia prantʃis]

242. Cidades

Amesterdão	Amsterdam	[amsterdam]
Ancara	Ankara	[aŋkara]
Atenas	Athens	[ɛtinz]
Bagdade	Baghdad	[baɣdad]
Banguecoque	Bangkok	[baŋkok]
Barcelona	Barcelona	[barselona]
Beirute	Beirut	[bejrut]
Berlim	Berlin	[berlin]
Bombaim	Mumbai	[mumbaj]
Bona	Bonn	[bon]
Bordéus	Bordeaux	[bordo]
Bratislava	Bratislava	[bratislava]
Bruxelas	Brussels	[brasels]
Bucareste	Bucharest	[bukarest]
Budapeste	Budapest	[budapest]
Cairo	Kaherah	[kaherah]
Calcutá	Kolkata	[kolkata]
Chicago	Chicago	[tʃikago]
Cidade do México	Mexico City	[meksiko siti]
Copenhaga	Copenhagen	[koupinhejgen]
Dar es Salaam	Dar-es-Salam	[dar es salam]
Deli	Delhi	[deli]
Dubai	Dubai	[dubaj]
Dublin, Dublim	Dublin	[dablin]
Düsseldorf	Düsseldorf	[djusseldorf]
Estocolmo	Stockholm	[stoχolm]
Florença	Florence	[florens]
Frankfurt	Frankfurt	[fraŋkfurt]
Genebra	Geneva	[dʒiniva]
Haia	The Hague	[hejg]
Hamburgo	Hamburg	[hamburg]

Hanói	**Hanoi**	[hanoj]
Havana	**Havana**	[havana]

Helsínquia	**Helsinki**	[helsiŋki]
Hiroshima	**Hiroshima**	[hiroʃima]
Hong Kong	**Hong Kong**	[hoŋ koŋ]
Istambul	**Istanbul**	[istanbul]
Jerusalém	**Baitulmuqaddis**	[bajtulmukadis]
Kiev	**Kiev**	[kiev]
Kuala Lumpur	**Kuala Lumpur**	[kuala lumpur]
Lisboa	**Lisbon**	[lisbon]
Londres	**London**	[landon]
Los Angeles	**Los Angeles**	[los andʒiliz]
Lion	**Lyons**	[lion]

Madrid	**Madrid**	[madrid]
Marselha	**Marseille**	[marsɛ]
Miami	**Miami**	[majami]
Montreal	**Montréal**	[montriol]
Moscovo	**Moscow**	[moskou]
Munique	**Munich**	[mjunik]

Nairóbi	**Nairobi**	[najrobi]
Nápoles	**Naples**	[nɛjplz]
Nice	**Nice**	[nis]
Nova York	**New York**	[nju jork]

Oslo	**Oslo**	[oslo]
Ottawa	**Ottawa**	[otava]
Paris	**Paris**	[pɛris]
Pequim	**Beijing**	[bejdʒiŋ]
Praga	**Prague**	[prag]

Rio de Janeiro	**Rio de Janeiro**	[rio de dʒanejro]
Roma	**Rome**	[roum]
São Petersburgo	**Saint Petersburg**	[sejnt pitersburg]
Seul	**Seoul**	[seul]
Singapura	**Singapura**	[siŋapura]
Sydney	**Sydney**	[sidni]

Taipé	**Taipei**	[tajpej]
Tóquio	**Tokyo**	[tokio]
Toronto	**Toronto**	[toronto]
Varsóvia	**Warsaw**	[varso]
Veneza	**Venice**	[venis]
Viena	**Vienna**	[viena]

Washington	**Washington**	[vaʃiŋton]
Xangai	**Shanghai**	[ʃaŋɣaj]

243. Política. Governo. Parte 1

política (f)	**politik**	[politik]
político	**politik**	[politik]

político (m)	ahli politik	[ahli politik]
estado (m)	negara	[nɛgara]
cidadão (m)	rakyat	[rakjat]
cidadania (f)	kerakyatan	[kɛrakjatan]
brasão (m) de armas	jata negara	[dʒata nɛgara]
hino (m) nacional	lagu kebangsaan	[lagu kɛbaŋsaan]
governo (m)	kerajaan	[kɛradʒaan]
Chefe (m) de Estado	kepala negara	[kɛpala nɛgara]
parlamento (m)	parlimen	[parlimɛn]
partido (m)	parti	[parti]
capitalismo (m)	kapitalisme	[kapitalismɛ]
capitalista	kapitalis	[kapitalis]
socialismo (m)	sosialisme	[sosialismɛ]
socialista	sosialis	[sosialis]
comunismo (m)	komunisme	[komunismɛ]
comunista	komunis	[komunis]
comunista (m)	orang komunis	[oraŋ komunis]
democracia (f)	demokrasi	[demokrasi]
democrata (m)	demokrat	[demokrat]
democrático	demokratik	[demokratik]
Partido (m) Democrático	Parti Demokrat	[parti demokrat]
liberal (m)	orang liberal	[oraŋ liberal]
liberal	liberal	[liberal]
conservador (m)	orang yang konservatif	[oraŋ jaŋ konservatif]
conservador	konservatif	[konservatif]
república (f)	republik	[republik]
republicano (m)	ahli Parti Republikan	[ahli parti republikan]
Partido (m) Republicano	Parti Republikan	[parti republikan]
eleições (f pl)	pilihan raya	[pilihan raja]
eleger (vt)	memilih	[mɛmilih]
eleitor (m)	pengundi	[pɛŋundi]
campanha (f) eleitoral	kempen pilihan raya	[kempen pilihan raja]
votação (f)	pengundian	[pɛŋundian]
votar (vi)	mengundi	[mɛŋundi]
direito (m) de voto	hak mengundi	[hak mɛŋundi]
candidato (m)	calon	[tʃalon]
candidatar-se (vi)	mencalonkan diri	[mɛntʃalonkan diri]
campanha (f)	kempen	[kempen]
da oposição	pembangkang	[pɛmbaŋkaŋ]
oposição (f)	bangkangan	[baŋkaŋan]
visita (f)	lawatan	[lawatan]
visita (f) oficial	lawatan rasmi	[lawatan rasmi]
internacional	antarabangsa	[antarabaŋsa]

negociações (f pl)	rundingan	[rundiŋan]
negociar (vi)	mengadakan rundingan	[mɛŋadakan rundiŋan]

244. Política. Governo. Parte 2

sociedade (f)	masyarakat	[maɕarakat]
constituição (f)	perlembagaan	[pɛrlɛmbagaan]
poder (ir para o ~)	kekuasaan	[kɛkuasaan]
corrupção (f)	rasuah	[rasuah]

lei (f)	undang-undang	[undaŋ undaŋ]
legal	sah	[sah]

justiça (f)	keadilan	[kɛadilan]
justo	adil	[adil]

comité (m)	jawatankuasa	[dʒavataŋkwasa]
projeto-lei (m)	rang undang-undang	[raŋ undaŋ undaŋ]
orçamento (m)	bajet	[badʒet]
política (f)	dasar	[dasar]
reforma (f)	reformasi	[reformasi]
radical	radikal	[radikal]

força (f)	kuasa	[kuasa]
poderoso	adi kuasa	[adi kuasa]
partidário (m)	penyokong	[pɛnjokoŋ]
influência (f)	pengaruh	[pɛŋaruh]

regime (m)	rejim	[redʒim]
conflito (m)	sengketa	[sɛŋketa]
conspiração (f)	komplotan	[komplotan]
provocação (f)	provokasi	[provokasi]

derrubar (vt)	menggulingkan	[mɛŋguliŋkan]
derrube (m), queda (f)	penggulingan	[pɛŋguliŋan]
revolução (f)	revolusi	[revolusi]

golpe (m) de Estado	rampasan kuasa	[rampasan kuasa]
golpe (m) militar	kudeta tentera	[kudeta tɛntra]

crise (f)	krisis	[krisis]
recessão (f) económica	kemerosotan ekonomi	[kɛmɛrosotan ekonomi]
manifestante (m)	petunjuk perasaan	[pɛtundʒuk pɛrasaan]
manifestação (f)	tunjuk perasaan	[tundʒuk pɛrasaan]
lei (f) marcial	keadaan darurat	[kɛadaan darurat]
base (f) militar	pangkalan tentera	[paŋkalan tɛntra]

estabilidade (f)	kestabilan	[kɛstabilan]
estável	stabil	[stabil]

exploração (f)	eksploitasi	[eksplojtasi]
explorar (vt)	mengeksploit	[mɛŋeksplojt]
racismo (m)	rasisme	[rasismɛ]
racista (m)	rasis	[rasis]

fascismo (m)	fasisme	[fasismɛ]
fascista (m)	orang fasis	[oraŋ fasis]

245. Países. Diversos

estrangeiro (m)	orang asing	[oraŋ asiŋ]
estrangeiro	asing	[asiŋ]
no estrangeiro	di luar negara	[di luar nɛgara]

emigrante (m)	penghijrah	[pɛɲyidʒrah]
emigração (f)	penghijrahan	[pɛɲyidʒrahan]
emigrar (vi)	berhijrah	[bɛrhidʒrah]

Ocidente (m)	Barat	[barat]
Oriente (m)	Timur	[timur]
Extremo Oriente (m)	Timur Jauh	[timur dʒauh]

civilização (f)	tamadun	[tamadun]
humanidade (f)	umat manusia	[umat manusia]
mundo (m)	dunia	[dunia]
paz (f)	keamanan	[kɛamanan]
mundial	sedunia	[sɛdunia]

pátria (f)	tanah air	[tanah air]
povo (m)	rakyat	[rakjat]
população (f)	penduduk	[pɛnduduk]
gente (f)	orang ramai	[oraŋ ramaj]
nação (f)	bangsa	[baŋsa]
geração (f)	generasi	[generasi]
território (m)	wilayah	[vilajah]
região (f)	kawasan	[kavasan]
estado (m)	negeri	[nɛgri]

tradição (f)	tradisi	[tradisi]
costume (m)	kebiasaan	[kɛbiasaan]
ecologia (f)	ekologi	[ekologi]

índio (m)	Indian	[indian]
cigano (m)	lelaki Jipsi	[lɛlaki dʒipsi]
cigana (f)	perempuan Jipsi	[pɛrɛmpuan dʒipsi]
cigano	Jipsi	[dʒipsi]

império (m)	empayar	[empajar]
colónia (f)	tanah jajahan	[tanah dʒadʒahan]
escravidão (f)	perhambaan	[pɛrhambaan]
invasão (f)	serangan	[sɛraŋan]
fome (f)	kebuluran	[kɛbuluran]

246. Grupos religiosos mais importantes. Confissões

religião (f)	agama	[agama]
religioso	agama	[agama]

crença (f)	kepercayaan	[kɛpɛrtʃajaan]
crer (vt)	percaya	[pɛrtʃaja]
crente (m)	penganut agama	[pɛŋanut agama]

| ateísmo (m) | ateisme | [ateismɛ] |
| ateu (m) | ateis | [ateis] |

cristianismo (m)	agama Kristian	[agama kristian]
cristão (m)	orang Kristian	[oraŋ kristian]
cristão	Kristian	[kristian]

catolicismo (m)	Katolikisme	[katolikismɛ]
católico (m)	Katolik	[katolik]
católico	Katolik	[katolik]

protestantismo (m)	Protestanisme	[protestanismɛ]
Igreja (f) Protestante	Gereja Protestan	[gɛredʒa protestan]
protestante (m)	Protestan	[protestan]

ortodoxia (f)	Ortodoksi	[ortodoksi]
Igreja (f) Ortodoxa	Gereja Ortodoks	[gɛredʒa ortodoks]
ortodoxo (m)	Ortodoksi	[ortodoksi]

presbiterianismo (m)	Presbyterianisme	[presbiterianismɛ]
Igreja (f) Presbiteriana	Gereja Presbyterian	[gɛredʒa presbiterian]
presbiteriano (m)	penganut Gereja Presbyterian	[pɛŋanut gɛredʒa presbiterian]
Igreja (f) Luterana	Gereja Luther	[gɛredʒa luter]
luterano (m)	pengikut faham Luther	[pɛŋikut faham luter]

| Igreja (f) Batista | Gereja Baptis | [gɛredʒa baptis] |
| batista (m) | Penganut Agama Kristian Baptis | [pɛŋanut agama kristian baptis] |

Igreja (f) Anglicana	Gereja Anglikan	[gɛredʒa aŋlikan]
anglicano (m)	penganut Anglikanisme	[pɛŋanut aŋlikanismɛ]
mormonismo (m)	Mormonisme	[mormonismɛ]
mórmon (m)	Mormon	[mormon]

| Judaísmo (m) | agama Yahudi | [agama jahudi] |
| judeu (m) | orang Yahudi | [oraŋ jahudi] |

| budismo (m) | agama Budha | [agama budha] |
| budista (m) | penganut agama Budha | [pɛŋanut agama budha] |

| hinduísmo (m) | Hinduisme | [hinduismɛ] |
| hindu (m) | orang Hindu | [oraŋ hindu] |

Islão (m)	Islam	[islam]
muçulmano (m)	Muslim	[muslim]
muçulmano	Muslim	[muslim]

Xiismo (m)	Syiah	[ʃiah]
xiita (m)	penganut Syiah	[pɛŋanut ʃiah]
sunismo (m)	faham Sunah	[faham sunah]
sunita (m)	ahli Sunah	[ahli sunah]

247. Religiões. Padres

padre (m)	**paderi**	[padri]
Papa (m)	**Paus**	[paus]
monge (m)	**biarawan**	[biaravan]
freira (f)	**biarawati**	[biaravati]
pastor (m)	**paderi**	[padri]
abade (m)	**kepala biara**	[kɛpala biara]
vigário (m)	**vikar**	[vikar]
bispo (m)	**uskup**	[uskup]
cardeal (m)	**kardinal**	[kardinal]
pregador (m)	**pengkhutbah**	[pɛŋhutbah]
sermão (m)	**khutbah**	[hutbah]
paroquianos (pl)	**ahli kariah**	[ahli kariah]
crente (m)	**penganut agama**	[pɛŋanut agama]
ateu (m)	**ateis**	[ateis]

248. Fé. Cristianismo. Islão

Adão	**Adam**	[adam]
Eva	**Hawa**	[hava]
Deus (m)	**Tuhan**	[tuhan]
Senhor (m)	**Tuhan**	[tuhan]
Todo Poderoso (m)	**Maha Berkuasa**	[maha bɛrkuasa]
pecado (m)	**dosa**	[dosa]
pecar (vi)	**berdosa**	[bɛrdosa]
pecador (m)	**pedosa lelaki**	[pɛdosa lɛlaki]
pecadora (f)	**pedosa perempuan**	[pɛdosa pɛrɛmpuan]
inferno (m)	**neraka**	[nɛraka]
paraíso (m)	**syurga**	[ɕurga]
Jesus	**Jesus**	[dʒesus]
Jesus Cristo	**Jesus Christ**	[dʒesus krajst]
Espírito (m) Santo	**Roh Kudus**	[roh kudus]
Salvador (m)	**Penyelamat**	[pɛnjelamat]
Virgem Maria (f)	**Maryam**	[marjam]
Diabo (m)	**Syaitan**	[ɕajtan]
diabólico	**Syaitan**	[ɕajtan]
Satanás (m)	**Syaitan**	[ɕajtan]
satânico	**Syaitan**	[ɕajtan]
anjo (m)	**malaikat**	[malaikat]
anjo (m) da guarda	**malaikat pelindung**	[malaikat pɛlinduŋ]
angélico	**malaikat**	[malaikat]

apóstolo (m)	rasul	[rasul]
arcanjo (m)	malaikat utama	[malaikat utama]
anticristo (m)	Anti-Al-Masih	[anti al masih]
Igreja (f)	Gereja	[gɛredʒa]
Bíblia (f)	Kitab Injil	[kitab indʒil]
bíblico	Injil	[indʒil]
Velho Testamento (m)	Perjanjian Lama	[pɛrdʒandʒian lama]
Novo Testamento (m)	Perjanjian Baru	[pɛrdʒandʒian baru]
Evangelho (m)	Kitab Injil	[kitab indʒil]
Sagradas Escrituras (f pl)	Kitab Suci	[kitab sutʃi]
Céu (m)	Syurga	[ɕurga]
mandamento (m)	rukun	[rukun]
profeta (m)	nabi	[nabi]
profecia (f)	ramalan	[ramalan]
Alá	Allah	[alah]
Maomé	Muhammad	[muhamad]
Corão, Alcorão (m)	Al Quran	[al kuran]
mesquita (f)	masjid	[masdʒid]
mulá (m)	mullah	[mulah]
oração (f)	sembahyang	[sɛmbaɦjaŋ]
rezar, orar (vi)	bersembahyang	[bɛrsɛmbaɦjaŋ]
peregrinação (f)	ziarah	[ziarah]
peregrino (m)	peziarah	[pɛziarah]
Meca (f)	Makkah	[makah]
igreja (f)	gereja	[gɛredʒa]
templo (m)	rumah ibadat	[rumah ibadat]
catedral (f)	katedral	[katɛdral]
gótico	Gothik	[gotik]
sinagoga (f)	saumaah	[saumaah]
mesquita (f)	masjid	[masdʒid]
capela (f)	capel	[tʃapel]
abadia (f)	biara	[biara]
convento (m)	biara	[biara]
mosteiro (m)	biara	[biara]
sino (m)	loceng	[lotʃeŋ]
campanário (m)	menara loceng	[mɛnara lotʃeŋ]
repicar (vi)	berbunyi	[bɛrbunji]
cruz (f)	salib	[salib]
cúpula (f)	kubah	[kubah]
ícone (m)	ikon	[ikon]
alma (f)	jiwa	[dʒiva]
destino (m)	takdir	[takdir]
mal (m)	kejahatan	[kɛdʒahatan]
bem (m)	kebaikan	[kɛbaikan]
vampiro (m)	vampir	[vampir]

bruxa (f)	langsuir	[laŋsuir]
demónio (m)	hantu	[hantu]
espírito (m)	roh	[roh]
redenção (f)	penebusan	[pɛnɛbusan]
redimir (vt)	menebus	[mɛnɛbus]
missa (f)	misa	[misa]
celebrar a missa	melangsungkan misa	[mɛlaŋsuŋkan misa]
confissão (f)	pengakuan dosa	[pɛŋakuan dosa]
confessar-se (vr)	mengaku dosa	[mɛŋaku dosa]
santo (m)	orang suci	[oraŋ sutʃi]
sagrado	suci	[sutʃi]
água (f) benta	air suci	[air sutʃi]
ritual (m)	ritual	[ritual]
ritual	ritual	[ritual]
sacrifício (m)	pengorbangan	[pɛŋorbaŋan]
superstição (f)	kepercayaan karut	[kɛpɛrtʃajaan karut]
supersticioso	yang percaya kepada kepercayaan karut	[jaŋ pɛrtʃaja kɛpada kɛpɛrtʃajaan karut]
vida (f) depois da morte	akhirat	[aχirat]
vida (f) eterna	hidup abadi	[hidup abadi]

TEMAS DIVERSOS

249. Várias palavras úteis

ajuda (f)	bantuan	[bantuan]
barreira (f)	rintangan	[rintaŋan]
base (f)	pangkalan	[paŋkalan]
categoria (f)	kategori	[katɛgori]
causa (f)	sebab	[sɛbab]

coincidência (f)	kebetulan	[kɛbɛtulan]
coisa (f)	barang	[baraŋ]
começo (m)	permulaan	[pɛrmulaan]
cómodo (ex. poltrona ~a)	selesa	[sɛlesa]
comparação (f)	perbandingan	[pɛrbandiŋan]

compensação (f)	ganti rugi	[ganti rugi]
crescimento (m)	pertumbuhan	[pɛrtumbuhan]
desenvolvimento (m)	perkembangan	[pɛrkɛmbaŋan]
diferença (f)	perbezaan	[pɛrbɛzaan]
efeito (m)	kesan	[kɛsan]

elemento (m)	unsur	[unsur]
equilíbrio (m)	perimbangan	[pɛrimbaŋan]
erro (m)	kesalahan	[kɛsalahan]
esforço (m)	usaha	[usaha]
estilo (m)	gaya	[gaja]

exemplo (m)	contoh	[ʧontoh]
facto (m)	fakta	[fakta]
fim (m)	akhir	[aχir]
forma (f)	bentuk, rupa	[bɛntuk], [rupa]

frequente	kerap	[kɛrap]
fundo (ex. ~ verde)	latar belakang	[latar blakaŋ]
género (tipo)	jenis	[dʒɛnis]
grau (m)	peringkat	[priŋkat]
ideal (m)	ideal	[ideal]

labirinto (m)	labirin	[labirin]
modo (m)	cara	[ʧara]
momento (m)	saat, sekejap mata	[saat], [sɛkɛdʒap mata]
objeto (m)	objek	[obdʒek]
obstáculo (m)	rintangan	[rintaŋan]

original (m)	original	[original]
padrão	piawai	[piavaj]
padrão (m)	piawaian	[piavajan]
paragem (pausa)	perhentian	[pɛrhɛntian]
parte (f)	bahagian	[bahagian]

partícula (f)	sekelumit	[sɛkɛlumit]
pausa (f)	rehat	[rehat]
posição (f)	kedudukan	[kɛdudukan]
princípio (m)	prinsip	[prinsip]
problema (m)	masalah	[masalah]
processo (m)	proses	[proses]
progresso (m)	kemajuan	[kɛmadʒuan]
propriedade (f)	sifat	[sifat]
reação (f)	reaksi	[reaksi]
risco (m)	risiko	[risiko]
ritmo (m)	kadar	[kadar]
segredo (m)	rahsia	[rahsia]
série (f)	siri	[siri]
sistema (m)	sistem	[sistɛm]
situação (f)	keadaan	[kɛadaan]
solução (f)	penyelesaian	[pɛnjelɛsajan]
tabela (f)	carta	[ʧarta]
termo (ex. ~ técnico)	istilah	[istilah]
tipo (m)	jenis	[dʒɛnis]
urgente	segera	[sɛgɛra]
urgentemente	segera	[sɛgɛra]
utilidade (f)	guna	[guna]
variante (f)	varian	[varian]
variedade (f)	pilihan	[pilihan]
verdade (f)	kebenaran	[kɛbɛnaran]
vez (f)	giliran	[giliran]
zona (f)	zon	[zon]

250. Modificadores. Adjetivos. Parte 1

aberto	terbuka	[tɛrbuka]
afiado	tajam	[tadʒam]
agradável	sedap	[sɛdap]
agradecido	sangat berterima kasih	[saŋat bɛrtɛrima kasih]
alegre	riang, gembira	[riaŋ], [gɛmbira]
alto (ex. voz ~a)	kuat	[kuat]
amargo	pahit	[pahit]
amplo	lapang, luas	[lapaŋ], [luas]
antigo	kuno	[kuno]
apertado (sapatos ~s)	ketat	[kɛtat]
apropriado	sesuai	[sɛsuaj]
arriscado	berisiko	[bɛrisiko]
artificial	tiruan	[tiruan]
azedo	masam	[masam]
baixo (voz ~a)	senyap	[sɛnjap]
barato	murah	[murah]

| belo | cantik | [ʧantik] |
| bom | baik | [baik] |

bondoso	baik hati	[baik hati]
bonito	tampan	[tampan]
bronzeado	hitam legam kerana berjemur	[hitam lɛgam krana bɛrdʒɛmur]
burro, estúpido	bodoh	[bodoh]
calmo	tenang	[tɛnaŋ]

cansado	letih	[lɛtih]
cansativo	meletihkan	[mɛlɛtihkan]
carinhoso	bertimbang rasa	[bɛrtimbaŋ rasa]
caro	mahal	[mahal]
cego	buta	[buta]

central	pusat	[pusat]
cerrado (ex. nevoeiro ~)	lebat	[lɛbat]
cheio (ex. copo ~)	penuh	[pɛnuh]
civil	sivil	[sivil]

clandestino	bawah tanah	[bavah tanah]
claro	muda	[muda]
claro (explicação ~a)	jelas	[dʒɛlas]
compatível	serasi	[sɛrasi]

comum, normal	biasa	[biasa]
congelado	sejuk beku	[sɛdʒuk bɛku]
conjunto	bersama	[bɛrsama]
considerável	signifikan	[signifikan]
contente	puas	[puas]

contínuo	panjang	[pandʒaŋ]
contrário (ex. o efeito ~)	bertentangan	[bɛrtɛntaŋan]
correto (resposta ~a)	betul	[bɛtul]
cru (não cozinhado)	mentah	[mɛntah]
curto	pendek	[pendek]

de curta duração	kerap	[kɛrap]
de sol, ensolarado	cerah	[ʧɛrah]
de trás	belakang	[blakaŋ]
denso (fumo, etc.)	lebat	[lɛbat]
desanuviado	tak berawan	[tak bɛravan]

descuidado	lalai	[lalaj]
diferente	berbeza	[bɛrbɛza]
difícil	sukar	[sukar]
difícil, complexo	rumit	[rumit]
direito	kanan	[kanan]

distante	jauh	[dʒauh]
diverso	pelbagai	[pɛlbagaj]
doce (açucarado)	manis	[manis]
doce (água)	tawar	[tavar]
doente	sakit	[sakit]
duro (material ~)	keras	[kras]

educado	sopan	[sopan]
encantador	manis	[manis]
enigmático	misteri	[mistɛri]

enorme	raksasa	[raksasa]
escuro (quarto ~)	gelap	[glap]
especial	khas	[xas]
esquerdo	kiri	[kiri]
estrangeiro	asing	[asiŋ]

estreito	sempit	[sɛmpit]
exato	tepat	[tɛpat]
excelente	baik sekali	[baik sɛkali]
excessivo	berlebihan	[bɛrlɛbihan]
externo	luar	[luar]

fácil	mudah	[mudah]
faminto	lapar	[lapar]
fechado	tertutup	[tɛrtutup]
feliz	berbahagia	[bɛrbahagia]
fértil (terreno ~)	subur	[subur]

forte (pessoa ~)	kuat	[kuat]
fraco (luz ~a)	gelap	[glap]
frágil	rapuh	[rapuh]
fresco	segar	[sɛgar]
fresco (pão ~)	segar	[sɛgar]

frio	sejuk	[sɛdʒuk]
gordo	berlemak	[bɛrlɛmak]
gostoso	sedap	[sɛdap]
grande	besar	[bɛsar]

gratuito, grátis	percuma	[pɛrtʃuma]
grosso (camada ~a)	tebal	[tɛbal]
hostil	bermusuhan	[bɛrmusuhan]
húmido	lembap	[lɛmbap]

251. Modificadores. Adjetivos. Parte 2

igual	sama, serupa	[sama], [sɛrupa]
imóvel	tidak bergerak	[tidak bɛrgɛrak]
importante	penting	[pɛntiŋ]
impossível	mustahil	[mustahil]
incompreensível	tidak jelas	[tidak dʒɛlas]

indigente	miskin papa	[miskin papa]
indispensável	perlu	[pɛrlu]
inexperiente	tak berpengalaman	[tak bɛrpɛŋalaman]
infantil	kanak-kanak	[kanak kanak]

ininterrupto	terus menerus	[tɛrus mɛnɛrus]
insignificante	kecil	[kɛtʃil]
inteiro (completo)	seluruh	[sɛluruh]

inteligente	pandai, cerdik	[pandaj], [tʃɛrdik]
interno	dalam	[dalam]
jovem	muda	[muda]
largo (caminho ~)	lebar	[lebar]
legal	sah	[sah]
leve	ringan	[riŋan]

limitado	terhad	[tɛrhad]
limpo	bersih	[bɛrsih]
líquido	cair	[tʃair]
liso	rata	[rata]
liso (superfície ~a)	datar	[datar]

livre	bebas	[bebas]
longo (ex. cabelos ~s)	panjang	[pandʒaŋ]
maduro (ex. fruto ~)	matang	[mataŋ]
magro	kurus	[kurus]
magro (pessoa)	kurus	[kurus]

mais próximo	terdekat	[tɛrdɛkat]
mais recente	lalu, lepas	[lalu], [lɛpas]
mate, baço	pusam	[pusam]
mau	buruk	[buruk]
meticuloso	kerja teliti	[kɛrdʒa teliti]

míope	rabun jauh	[rabun dʒauh]
mole	empuk	[ɛmpuk]
molhado	basah	[basah]
moreno	berkulit gelap	[bɛrkulit gɛlap]
morto	mati	[mati]

não difícil	tidak sukar	[tidak sukar]
não é clara	tidak jelas	[tidak dʒɛlas]
não muito grande	tidak berapa besar	[tidak brapa bɛsar]
natal (país ~)	tempat asal	[tɛmpat asal]
necessário	perlu	[pɛrlu]

negativo	negatif	[negatif]
nervoso	resah	[rɛsah]
normal	lazim	[lazim]
novo	baru	[baru]
o mais importante	paling penting	[paliŋ pɛntiŋ]

obrigatório	wajib	[vadʒib]
original	berdaya cipta	[bɛrdaja tʃipta]
passado	lepas	[lɛpas]
pequeno	kecil	[kɛtʃil]
perigoso	berbahaya	[bɛrbahaja]

permanente	tetap	[tɛtap]
perto	dekat	[dɛkat]
pesado	berat	[brat]
pessoal	peribadi	[pribadi]
plano (ex. ecrã ~ a)	datar	[datar]
pobre	miskin	[miskin]
pontual	tepat pada waktunya	[tɛpat pada vaktunja]

possível	mungkin	[muŋkin]
pouco fundo	dangkal	[daŋkal]
presente (ex. momento ~)	sekarang ini	[sɛkaraŋ ini]

prévio	sebelumnya	[sɛbɛlumnja]
primeiro (principal)	utama	[utama]
principal	utama	[utama]
privado	kapal terbang persendirian	[kapal tɛrbaŋ pɛrsɛndirian]

provável	mungkin	[muŋkin]
próximo	dekat	[dɛkat]
público	awam	[avam]
quente (cálido)	panas	[panas]

quente (morno)	hangat	[haŋat]
rápido	cepat	[ʧɛpat]
raro	jarang	[dʒaraŋ]
remoto, longínquo	jauh	[dʒauh]
reto	lurus	[lurus]

salgado	masin	[masin]
satisfeito	puas	[puas]
seco	kering	[kɛriŋ]
seguinte	berikut	[bɛrikut]
seguro	selamat	[sɛlamat]

similar	mirip	[mirip]
simples	mudah	[mudah]
soberbo	cemerlang	[ʧɛmɛrlaŋ]
sólido	kuat, kukuh	[kuat], [kukuh]
sombrio	gelap	[glap]

sujo	kotor	[kotor]
superior	tertinggi	[tɛrtiŋgi]
suplementar	tambahan	[tambahan]
terno, afetuoso	penyayang	[pɛnjajaŋ]

tranquilo	sunyi	[sunji]
transparente	lut sinar	[lut sinar]
triste (pessoa)	sedih	[sɛdih]
triste (um ar ~)	sedih	[sɛdih]
último	terakhir	[tɛraχir]

único	unik	[unik]
usado	terpakai	[tɛrpakaj]
vazio (meio ~)	kosong	[kosoŋ]
velho	tua	[tua]
vizinho	jiran	[dʒiran]

500 VERBOS PRINCIPAIS

252. Verbos A-B

aborrecer-se (vr)	bosan	[bosan]
abraçar (vt)	mendakap	[mɛndakap]
abrir (~ a janela)	membuka	[mɛmbuka]
acalmar (vt)	menenangkan	[mɛnɛnaŋkan]
acariciar (vt)	mengelus	[mɛŋɛlus]
acenar (vt)	melambaikan	[mɛlambajkan]
acender (~ uma fogueira)	menyalakan	[mɛnjalakan]
achar (vt)	fikir	[fikir]
acompanhar (vt)	menemani	[mɛnɛmani]
aconselhar (vt)	menasihatkan	[mɛnasihatkan]
acordar (despertar)	membangunkan	[mɛmbaŋuŋkan]
acrescentar (vt)	menambah	[mɛnambah]
acusar (vt)	menuduh	[mɛnuduh]
adestrar (vt)	melatih	[mɛlatih]
adivinhar (vt)	meneka	[mɛnɛka]
admirar (vt)	mengagumi	[mɛŋagumi]
advertir (vt)	memperingatkan	[mɛmpɛriŋatkan]
afirmar (vt)	mendakwa	[mɛndakva]
afogar-se (pessoa)	mati lemas	[mati lɛmas]
afugentar (vt)	mengusir	[mɛŋusir]
agir (vi)	bertindak	[bɛrtindak]
agitar, sacudir (objeto)	menggoncangkan	[mɛŋgontʃaŋkan]
agradecer (vt)	mengucapkan terima kasih	[mɛŋutʃapkan tɛrima kasih]
ajudar (vt)	membantu	[mɛmbantu]
alcançar (objetivos)	mencapai	[mɛntʃapaj]
alimentar (dar comida)	memberi makan	[mɛmbri makan]
almoçar (vi)	makan tengah hari	[makan tɛŋah hari]
alugar (~ o barco, etc.)	menyewa	[mɛnjeva]
alugar (~ um apartamento)	menyewa	[mɛnjeva]
amar (pessoa)	mencintai	[mɛntʃintai]
amarrar (vt)	mengikat	[mɛŋikat]
ameaçar (vt)	mengugut	[mɛŋugut]
amputar (vt)	memotong	[mɛmotoŋ]
anotar (escrever)	mencatat	[mɛntʃatat]
anular, cancelar (vt)	membatalkan	[mɛmbatalkan]
apagar (com apagador, etc.)	menghapuskan	[mɛnɣapuskan]
apagar (um incêndio)	memadamkan	[mɛmadamkan]
apaixonar-se de ...	jatuh cinta	[dʒatuh tʃinta]

aparecer (vi)	muncul	[muntʃul]
aplaudir (vi)	menepuk tangan	[mɛnɛpuk taŋan]
apoiar (vt)	menyokong	[mɛnjokoŋ]
apontar para …	mengacu	[mɛŋatʃu]
apresentar (alguém a alguém)	memperkenalkan	[mɛmpɛrkɛnalkan]
apresentar (Gostaria de ~)	memperkenalkan	[mɛmpɛrkɛnalkan]
apressar (vt)	tergesa-gesa	[tɛrgɛsa gɛsa]
apressar-se (vr)	tergesa-gesa	[tɛrgɛsa gɛsa]
aproximar-se (vr)	mendekati	[mɛndekati]
aquecer (vt)	memanaskan	[mɛmanaskan]
arrancar (vt)	mencarik	[mɛntʃarik]
arranhar (gato, etc.)	mencakar	[mɛntʃakar]
arrepender-se (vr)	terkilan	[tɛrkilan]
arriscar (vt)	berisiko	[bɛrisiko]
arrumar, limpar (vt)	mengemaskan	[mɛŋɛmaskan]
aspirar a …	hendak	[hɛndak]
assinar (vt)	mendatangani	[mɛndataŋani]
assistir (vt)	membantu	[mɛmbantu]
atacar (vt)	menyerang	[mɛnjeraŋ]
atar (vt)	mengikat	[mɛŋikat]
atirar (vi)	menembak	[mɛnembak]
atracar (vi)	merapat	[mɛrapat]
aumentar (vi)	bertambah	[bɛrtambah]
aumentar (vt)	menambah	[mɛnambah]
avançar (sb. trabalhos, etc.)	maju	[madʒu]
avistar (vt)	memerhatikan	[mɛmɛrhatikan]
baixar (guindaste)	menurunkan	[mɛnuruŋkan]
barbear-se (vr)	bercukur	[bɛrtʃukur]
basear-se em …	berpangkalan	[bɛrpaŋkalan]
bastar (vi)	mencukupi	[mɛntʃukupi]
bater (espancar)	memukul	[mɛmukul]
bater (vi)	mengetuk	[mɛŋɛtuk]
bater-se (vr)	berkelahi	[bɛrkɛlahi]
beber, tomar (vt)	minum	[minum]
brilhar (vi)	bersinar	[bɛrsinar]
brincar, jogar (crianças)	bermain	[bɛrmajn]
buscar (vt)	mencari	[mɛntʃari]

253. Verbos C-D

caçar (vi)	memburu	[mɛmburu]
calar-se (parar de falar)	terdiam	[tɛrdiam]
calcular (vt)	menghitung	[mɛŋɣituŋ]
carregar (o caminhão)	memuat	[mɛmuat]
carregar (uma arma)	mengisi	[mɛŋisi]

casar-se (vr)	berkahwin, beristeri	[bɛrkahvin], [bɛristri]
causar (vt)	menyebabkan	[mɛnjebabkan]
cavar (vt)	menggali	[mɛŋgali]

ceder (não resistir)	mengalah	[mɛɲalah]
cegar, ofuscar (vt)	menyilaukan	[mɛnjilaukan]
censurar (vt)	menegur	[mɛnɛgur]
cessar (vt)	memberhentikan	[mɛmbɛrhɛntikan]

chamar (~ por socorro)	memanggil	[mɛmaŋgil]
chamar (dizer em voz alta o nome)	memanggil	[mɛmaŋgil]
chegar (a algum lugar)	mencapai	[mɛntʃapaj]
chegar (sb. comboio, etc.)	tiba	[tiba]

cheirar (tem o cheiro)	berbau	[bɛrbau]
cheirar (uma flor)	mencium	[mɛntʃium]
chorar (vi)	menangis	[mɛnaŋis]
citar (vt)	memetik	[mɛmɛtik]

colher (flores)	memetik	[mɛmɛtik]
colocar (vt)	meletakkan	[mɛlɛtakkan]
combater (vi, vt)	bertempur	[bɛrtɛmpur]
começar (vt)	memulakan	[mɛmulakan]

comer (vt)	makan	[makan]
comparar (vt)	membandingkan	[mɛmbandiŋkan]
compensar (vt)	memberi ganti rugi	[mɛmbri ganti rugi]
competir (vi)	bersaing	[bɛrsaiŋ]

complicar (vt)	merumitkan	[mɛrumitkan]
compor (vt)	menggubah	[mɛŋgubah]
comportar-se (vr)	berkelakuan	[bɛrkɛlakuan]
comprar (vt)	membeli	[mɛmbli]

compreender (vt)	memahami	[mɛmahami]
comprometer (vt)	mencemarkan nama	[mɛntʃemarkan nama]
concentrar-se (vr)	bertumpu	[bɛrtumpu]
concordar (dizer "sim")	setuju	[sɛtudʒu]

condecorar (dar medalha)	menganugerahi	[mɛɲanugrahi]
conduzir (~ o carro)	memandu kereta	[mɛmandu kreta]
confessar-se (criminoso)	mengaku salah	[mɛɲaku salah]
confiar (vt)	mempercayai	[mɛmpɛrtʃajai]

confundir (equivocar-se)	mengelirukan	[mɛɲelirukan]
conhecer (vt)	kenal	[kɛnal]
conhecer-se (vr)	berkenalan	[bɛrkɛnalan]
consertar (vt)	membereskan	[mɛmbereskan]

consultar ...	berunding	[bɛrundiŋ]
contagiar-se com ...	terjangkit	[tɛrdʒaŋkit]
contar (vt)	menceritakan	[mɛntʃeritakan]
contar com ...	mengharapkan	[mɛŋɣarapkan]
continuar (vt)	meneruskan	[mɛnɛruskan]
contratar (vt)	mengupah	[mɛŋupah]

controlar (vt)	mengawal	[mɛŋaval]
convencer (vt)	meyakinkan	[mɛjakiŋkan]
convidar (vt)	menjemput	[mɛndʒɛmput]
cooperar (vi)	bekerja sama	[bɛkɛrdʒa sama]
coordenar (vt)	menyelaraskan	[mɛnjelaraskan]
corar (vi)	menjadi merah	[mɛndʒadi merah]
correr (vi)	lari	[lari]
corrigir (vt)	membetulkan	[mɛmbɛtulkan]
cortar (com um machado)	memotong	[mɛmotoŋ]
cortar (vt)	memotong	[mɛmotoŋ]
cozinhar (vt)	memasak	[mɛmasak]
crer (pensar)	menyangka	[mɛnjaŋka]
criar (vt)	menciptakan	[mɛntʃiptakan]
cultivar (vt)	menanam	[mɛnanam]
cuspir (vi)	meludah	[mɛludah]
custar (vt)	berharga	[bɛrharga]
dar (vt)	memberi	[mɛmbri]
dar banho, lavar (vt)	memandikan	[mɛmandikan]
datar (vi)	bertarikh	[bɛrtariχ]
decidir (vt)	mengambil keputusan	[mɛŋambil kɛputusan]
decorar (enfeitar)	menghiasi	[mɛnɣiasi]
dedicar (vt)	mendedikasikan	[mɛndɛdikasikan]
defender (vt)	membela	[mɛmbɛla]
defender-se (vr)	membela diri	[mɛmbɛla diri]
deixar (~ a mulher)	meninggalkan	[mɛniŋgalkan]
deixar (esquecer)	tertinggal	[tɛrtiŋgal]
deixar (permitir)	membenarkan	[mɛmbɛnarkan]
deixar cair (vt)	tercicir	[tɛrtʃitʃir]
denominar (vt)	menamakan	[mɛnamakan]
denunciar (vt)	melapor	[mɛlapor]
depender de … (vi)	tergantung kepada	[tɛrgantuŋ kɛpada]
derramar (vt)	menumpahkan	[mɛnumpahkan]
derramar-se (vr)	tercicir	[tɛrtʃitʃir]
desaparecer (vi)	hilang	[hilaŋ]
desatar (vt)	membuka ikatan	[mɛmbuka ikatan]
desatracar (vi)	berlepas	[bɛrlɛpas]
descansar (um pouco)	berehat	[bɛrehat]
descer (para baixo)	turun	[turun]
descobrir (novas terras)	menemui	[mɛnɛmui]
descolar (avião)	berlepas	[bɛrlɛpas]
desculpar (vt)	memaafkan	[mɛmaafkan]
desculpar-se (vr)	minta maaf	[minta maaf]
desejar (vt)	menghendaki	[mɛnɣɛndaki]
desempenhar (vt)	berlakon	[bɛrlakon]
desligar (vt)	mematikan	[mɛmatikan]
desprezar (vt)	benci akan	[bɛntʃi akan]

destruir (documentos, etc.)	menghancurkan	[mɛŋɣantʃurkan]
dever (vi)	harus	[harus]
devolver (vt)	mengirim balik	[mɛŋirim balik]

direcionar (vt)	menghalakan	[mɛŋɣalakan]
dirigir (~ uma empresa)	memimpin	[mɛmimpin]
dirigir-se	merujuk	[mɛrudʒuk]
(a um auditório, etc.)		
discutir (notícias, etc.)	membincangkan	[mɛmbintʃaŋkan]

distribuir (folhetos, etc.)	menyebar	[mɛnjebar]
distribuir (vt)	membahagikan surat sebaran	[mɛmbahagikan surat sebaran]
divertir (vt)	menghiburkan	[mɛŋɣiburkan]
divertir-se (vr)	bersuka ria	[bɛrsuka ria]

dividir (mat.)	membahagi	[mɛmbahagi]
dizer (vt)	berkata	[bɛrkata]
dobrar (vt)	menggandakan	[mɛŋgandakan]
duvidar (vt)	ragu-ragu	[ragu ragu]

254. Verbos E-J

elaborar (uma lista)	menyusun	[mɛnjusun]
elevar-se acima de ...	membumbung tinggi	[mɛmbumbuŋ tiŋgi]
eliminar (um obstáculo)	meniadakan	[mɛniadakan]
embrulhar (com papel)	membungkus	[mɛmbuŋkus]

emergir (submarino)	naik ke permukaan air	[naik kɛ pɛrmukaan air]
emitir (vt)	tersebar	[tɛrsebar]
empreender (vt)	mengusahakan	[mɛŋusahakan]
empurrar (vt)	menolak	[mɛnolak]

encabeçar (vt)	memimpin	[mɛmimpin]
encher (~ a garrafa, etc.)	mengisi	[mɛŋisi]
encontrar (achar)	menemui	[mɛnɛmui]
enganar (vt)	menipu	[mɛnipu]

ensinar (vt)	mengajar	[mɛŋadʒar]
entrar (na sala, etc.)	masuk	[masuk]
enviar (uma carta)	mengirim	[mɛŋirim]
equipar (vt)	memperlengkapkan	[mɛmpɛrlɛŋkapkan]

errar (vi)	salah	[salah]
escolher (vt)	memilih	[mɛmilih]
esconder (vt)	menyorokkan	[mɛnjorokkan]
escrever (vt)	menulis	[mɛnulis]

escutar (vt)	mendengar	[mɛndɛŋar]
escutar atrás da porta	mencuri dengar	[mɛntʃuri dɛŋar]
esmagar (um inseto, etc.)	menepuk	[mɛnɛpuk]
esperar (contar com)	menjangka	[mɛndʒaŋka]
esperar (o autocarro, etc.)	menunggu	[mɛnuŋgu]
esperar (ter esperança)	harap	[harap]

espreitar (vi)	mencuri lihat	[mɛntʃuri lihat]
esquecer (vt)	melupakan	[mɛlupakan]
estar	terletak	[tɛrlɛtak]
estar (vi)	sedang	[sɛdaŋ]
estar convencido	percaya	[pɛrtʃaja]
estar deitado	berbaring	[bɛrbariŋ]
estar perplexo	bingung	[biŋuŋ]
estar sentado	duduk	[duduk]
estremecer (vi)	terkejut	[tɛrkɛdʒut]
estudar (vt)	mempelajari	[mɛmpɛladʒari]
evitar (vt)	mengelak	[mɛŋɛlak]
examinar (vt)	meninjau	[mɛnindʒau]
exigir (vt)	menuntut	[mɛnuntut]
existir (vi)	wujud	[vudʒud]
explicar (vt)	menjelaskan	[mɛndʒɛlaskan]
expressar (vt)	mengungkapkan	[mɛŋuŋkapkan]
expulsar (vt)	memecat	[mɛmɛtʃat]
facilitar (vt)	meringankan	[mɛriŋaŋkan]
falar com …	bercakap dengan	[bɛrtʃakap dɛŋan]
faltar a …	meninggalkan	[mɛniŋgalkan]
fascinar (vt)	mempesona	[mɛmpɛsona]
fatigar (vt)	meletihkan	[mɛlɛtihkan]
fazer (vt)	membuat	[mɛmbuat]
fazer lembrar	mengingatkan	[mɛŋiŋatkan]
fazer piadas	berjenaka	[bɛrdʒɛnaka]
fazer uma tentativa	mencuba	[mɛntʃuba]
fechar (vt)	menutup	[mɛnutup]
felicitar (dar os parabéns)	mengucapkan tahniah	[mɛŋutʃapkan tahniah]
ficar cansado	keletihan	[kɛlɛtihan]
ficar em silêncio	diam	[diam]
ficar pensativo	termenung	[tɛrmenuŋ]
forçar (vt)	memaksa	[mɛmaksa]
formar (vt)	membentuk	[mɛmbɛntuk]
fotografar (vt)	mengambil gambar	[mɛŋambil gambar]
gabar-se (vr)	bercakap besar	[bɛrtʃakap bɛsar]
garantir (vt)	menjamin	[mɛndʒamin]
gostar (apreciar)	suka	[suka]
gostar (vt)	suka	[suka]
gritar (vi)	berteriak	[bɛrtɛriak]
guardar (cartas, etc.)	menyimpan	[mɛnjimpan]
guardar (no armário, etc.)	menyorokkan	[mɛnjorokkan]
guerrear (vt)	berperang	[bɛrpraŋ]
herdar (vt)	mewarisi	[mɛvarisi]
iluminar (vt)	menerangi	[mɛnɛraŋi]
imaginar (vt)	membayangkan	[mɛmbajaŋkan]
imitar (vt)	meniru	[mɛniru]

implorar (vt)	merayu sangat	[mɛraju saŋat]
importar (vt)	mengimport	[mɛŋimport]
indicar (orientar)	menunjukkan	[mɛnundʒukkan]
indignar-se (vr)	marah	[marah]

infetar, contagiar (vt)	menjangkiti	[mɛndʒaŋkiti]
influenciar (vt)	mempengaruhi	[mɛmpɛŋaruhi]
informar (fazer saber)	memberitahu	[mɛmbritahu]
informar (vt)	memberitahu	[mɛmbritahu]

informar-se (~ sobre)	mengetahui	[mɛŋɛtahui]
inscrever (na lista)	mendaftarkan	[mɛndaftarkan]
inserir (vt)	menyisip	[mɛnjisip]
insinuar (vt)	membayangkan	[mɛmbajaŋkan]

insistir (vi)	mendesak	[mɛndɛsak]
inspirar (vt)	mengilhami	[mɛŋilhami]
instruir (vt)	memberi arahan	[mɛmbri arahan]
insultar (vt)	menghina	[mɛŋɣina]

interessar (vt)	menimbulkan minat	[mɛnimbulkan minat]
interessar-se (vr)	menaruh minat	[mɛnaruh minat]
intervir (vi)	campur tangan	[tʃampur taŋan]
invejar (vt)	iri hati	[iri hati]

inventar (vt)	menemu	[mɛnɛmu]
ir (a pé)	berjalan	[bɛrdʒalan]
ir (de carro, etc.)	naik	[naik]
ir nadar	mandi	[mandi]

ir para a cama	pergi tidur	[pɛrgi tidur]
irritar (vt)	menjengkelkan	[mɛndʒeŋkelkan]
irritar-se (vr)	berasa jengkel	[bɛrasa dʒeŋkel]
isolar (vt)	mengasingkan	[mɛŋasiŋkan]

jantar (vi)	makan malam	[makan malam]
jogar, atirar (vt)	melemparkan	[mɛlemparkan]
juntar, unir (vt)	menyatukan	[mɛnjatukan]
juntar-se a ...	ikut	[ikut]

255. Verbos L-P

lançar (novo projeto)	melancarkan	[mɛlantʃarkan]
lavar (vt)	mencuci	[mɛntʃutʃi]
lavar a roupa	membasuh	[mɛmbasuh]
lavar-se (vr)	mandi	[mandi]

lembrar (vt)	ingat	[iŋat]
ler (vt)	membaca	[mɛmbatʃa]
levantar-se (vr)	bangun	[baŋun]
levar (ex. leva isso daqui)	membawa pergi	[mɛmbava pɛrgi]

libertar (cidade, etc.)	membebaskan	[mɛmbebaskan]
ligar (o radio, etc.)	menghidupkan	[mɛŋɣidupkan]

limitar (vt)	menghadkan	[mɛŋɣadkan]
limpar (eliminar sujeira)	membersihkan	[mɛmbɛrsihkan]
limpar (vt)	membersihkan	[mɛmbɛrsihkan]

lisonjear (vt)	membodek	[mɛmbodek]
livrar-se de ...	terlepas daripada	[tɛrlɛpas daripada]
lutar (combater)	berjuang	[bɛrdʒuaŋ]
lutar (desp.)	bergusti	[bɛrgusti]
marcar (com lápis, etc.)	menandakan	[mɛnandakan]

matar (vt)	membunuh	[mɛmbunuh]
memorizar (vt)	ingat	[iŋat]
mencionar (vt)	menyebut	[mɛnjebut]
mentir (vi)	berbohong	[bɛrbohoŋ]

merecer (vt)	patut	[patut]
mergulhar (vi)	menyelam	[mɛnjelam]
misturar (combinar)	mencampur	[mɛntʃampur]
morar (vt)	tinggal, duduk	[tiŋgal], [duduk]

mostrar (vt)	menunjukkan	[mɛnundʒukkan]
mover (arredar)	memindahkan	[mɛmindahkan]
mudar (modificar)	mengubah	[mɛŋubah]
multiplicar (vt)	mengalikan	[mɛŋalikan]

nadar (vi)	berenang	[bɛrɛnaŋ]
negar (vt)	menafikan	[mɛnafikan]
negociar (vi)	mengadakan rundingan	[mɛŋadakan rundiŋan]
nomear (função)	melantik	[mɛlantik]

obedecer (vt)	mematuhi	[mɛmatuhi]
objetar (vt)	membantah	[mɛmbantah]
observar (vt)	menyaksikan	[mɛnjaksikan]
ofender (vt)	menyinggung hati	[mɛnjiŋguŋ hati]

olhar (vt)	melihat	[mɛlihat]
omitir (vt)	meninggalkan	[mɛniŋgalkan]
ordenar (mil.)	memerintah	[mɛmɛrintah]
organizar (evento, etc.)	melangsungkan	[mɛlaŋsuŋkan]

ousar (vt)	berani	[brani]
ouvir (vt)	mendengar	[mɛndɛŋar]
pagar (vt)	membayar	[mɛmbajar]
parar (para descansar)	berhenti	[bɛrhɛnti]
parecer-se (vr)	seiras	[sɛiras]

participar (vi)	menyertai	[mɛnjertai]
partir (~ para o estrangeiro)	berlepas, pergi	[bɛrlɛpas], [pɛrgi]
passar (vt)	melewati	[mɛlevati]
passar a ferro	menyeterika	[mɛnjetɛrika]

pecar (vi)	berdosa	[bɛrdosa]
pedir (comida)	menempah	[mɛnɛmpah]
pedir (um favor, etc.)	meminta	[mɛminta]
pegar (tomar com a mão)	menangkap	[mɛnaŋkap]
pegar (tomar)	mengambil	[mɛŋambil]

pendurar (cortinas, etc.)	menggantungkan	[mɛŋgantuŋkan]
penetrar (vt)	menyusup	[mɛnjusup]
pensar (vt)	berfikir	[bɛrfikir]
pentear-se (vr)	bersisir	[bɛrsisir]

perceber (ver)	memerhatikan	[mɛmɛrhatikan]
perder (o guarda-chuva, etc.)	kehilangan	[kɛhilaŋan]
perdoar (vt)	memaafkan	[mɛmaafkan]
permitir (vt)	mengizinkan	[mɛŋiziŋkan]

pertencer a …	kepunyaan	[kɛpunjaan]
perturbar (vt)	mengganggu	[mɛŋgaŋgu]
pesar (ter o peso)	berberat	[bɛrbrat]
pescar (vt)	memancing ikan	[mɛmantʃiŋ ikan]

planear (vt)	merancang hendak	[mɛrantʃaŋ hɛndak]
poder (vi)	boleh	[bole]
pôr (posicionar)	menempatkan	[mɛnɛmpatkan]
possuir (vt)	memiliki	[mɛmiliki]

predominar (vi, vt)	mendominasi	[mɛndominasi]
preferir (vt)	lebih suka	[lɛbih suka]
preocupar (vt)	merisaukan	[mɛrisaukan]
preocupar-se (vr)	khuatir	[kuatir]
preocupar-se (vr)	khuatir	[kuatir]

preparar (vt)	menyediakan	[mɛnjediakan]
preservar (ex. ~ a paz)	memerlihara keamanan	[mɛmɛrlihara kɛamanan]
prever (vt)	menjangkakan	[mɛndʒaŋkakan]
privar (vt)	melucutkan	[mɛlutʃutkan]

proibir (vt)	melarang	[mɛlaraŋ]
projetar, criar (vt)	mereka bentuk	[mɛreka bɛntuk]
prometer (vt)	menjanji	[mɛndʒandʒi]
pronunciar (vt)	menyebut	[mɛnjebut]

propor (vt)	mencadangkan	[mɛntʃadaŋkan]
proteger (a natureza)	melindungi	[mɛlinduŋi]
protestar (vi)	membantah	[mɛmbantah]
provar (~ a teoria, etc.)	membukti	[mɛmbukti]

provocar (vt)	memprovokasi	[mɛmprovokasi]
publicitar (vt)	mengiklankan	[mɛŋiklaŋkan]
punir, castigar (vt)	menghukum	[mɛŋɣukum]
puxar (vt)	menarik	[mɛnarik]

256. Verbos Q-Z

quebrar (vt)	memecahkan	[mɛmɛtʃahkan]
queimar (vt)	membakar	[mɛmbakar]
queixar-se (vr)	mengadu	[mɛŋadu]
querer (desejar)	mahu, hendak	[mahu], [hɛndak]
rachar-se (vr)	retak	[retak]
realizar (vt)	melaksanakan	[mɛlaksanakan]

recomendar (vt)	menasihatkan	[mɛnasihatkan]
reconhecer (identificar)	mengenali	[mɛŋɛnali]
reconhecer (o erro)	mengakui	[mɛŋakui]
recordar, lembrar (vt)	mengingat	[mɛŋiŋat]
recuperar-se (vr)	sembuh	[sɛmbuh]
recusar (vt)	menolak	[mɛnolak]
reduzir (vt)	mengurangkan	[mɛŋuraŋkan]
refazer (vt)	membuat semula	[mɛmbuat sɛmula]
reforçar (vt)	mengukuhkan	[mɛŋukuhkan]
refrear (vt)	menahan	[mɛnahan]
regar (plantas)	menyiram	[mɛnjiram]
remover (~ uma mancha)	menghapuskan	[mɛŋɣapuskan]
reparar (vt)	memperbaiki	[mɛmpɛrbaiki]
repetir (dizer outra vez)	mengulang	[mɛŋulaŋ]
reportar (vt)	melapor	[mɛlapor]
repreender (vt)	memarahi	[mɛmarahi]
reservar (~ um quarto)	menempah	[mɛnɛmpah]
resolver (o conflito)	menyelesaikan	[mɛnjelɛsajkan]
resolver (um problema)	menyelesaikan	[mɛnjelɛsajkan]
respirar (vi)	bernafas	[bɛrnafas]
responder (vt)	menjawab	[mɛndʒavab]
rezar, orar (vi)	bersembahyang	[bɛrsɛmbahjaŋ]
rir (vi)	ketawa	[kɛtava]
romper-se (corda, etc.)	putus	[putus]
roubar (vt)	mencuri	[mɛntʃuri]
saber (vt)	tahu	[tahu]
sair (~ de casa)	keluar	[kɛluar]
sair (livro)	terbit	[tɛrbit]
salvar (vt)	menyelamatkan	[mɛnjelamatkan]
satisfazer (vt)	memuaskan	[mɛmuaskan]
saudar (vt)	menyambut	[mɛnjambut]
secar (vt)	mengeringkan	[mɛŋɛriŋkan]
seguir ...	mengikuti	[mɛŋikuti]
selecionar (vt)	memilih	[mɛmilih]
semear (vt)	menyemai	[mɛnjemaj]
sentar-se (vr)	duduk	[duduk]
sentenciar (vt)	menjatuhkan hukuman	[mɛndʒatuhkan hukuman]
sentir (~ perigo)	merasakan	[mɛrasakan]
ser (vi)	ialah	[ialah]
ser diferente	berbeza	[bɛrbɛza]
ser indispensável	diperlukan	[dipɛrlukan]
ser necessário	diperlukan	[dipɛrlukan]
ser preservado	simpan	[simpan]
servir (restaurant, etc.)	melayan	[mɛlajan]
servir (roupa)	sesuai	[sɛsuaj]

significar (palavra, etc.)	bererti	[bɛrɛrti]
significar (vt)	bererti	[bɛrɛrti]
simplificar (vt)	menyederhanakan	[mɛnjedɛrhanakan]
sobrestimar (vt)	menilai terlalu tinggi	[mɛnilaj tɛrlalu tiŋgi]
sofrer (vt)	menderita	[mɛndrita]
sonhar (vi)	bermimpi	[bɛrmimpi]
sonhar (vt)	bermimpi	[bɛrmimpi]
soprar (vi)	meniup	[mɛniup]
sorrir (vi)	tersenyum	[tɛrsɛnjum]
subestimar (vt)	memperkecilkan	[mɛmpɛrkɛtʃilkan]
sublinhar (vt)	menegaskan	[mɛnɛgaskan]
sujar-se (vr)	menjadi kotor	[mɛndʒadi kotor]
supor (vt)	menduga	[mɛnduga]
suportar (as dores)	menahan	[mɛnahan]
surpreender (vt)	menghairankan	[mɛŋɣajraŋkan]
surpreender-se (vr)	hairan	[hajran]
suspeitar (vt)	mencurigai	[mɛntʃurigai]
suspirar (vi)	mengeluh	[mɛŋɛluh]
tentar (vt)	mencuba	[mɛntʃuba]
ter (vt)	mempunyai	[mɛmpunjai]
ter medo	takut	[takut]
terminar (vt)	menamatkan	[mɛnamatkan]
tirar (vt)	menangkat	[mɛnaŋkat]
tirar cópias	membuat salinan	[mɛmbuat salinan]
tirar uma conclusão	menarik kesimpulan	[mɛnarik kɛsimpulan]
tocar (com as mãos)	menyentuh	[mɛnjentuh]
tomar emprestado	meminjam	[mɛmindʒam]
tomar nota	mencatat	[mɛntʃatat]
tomar o pequeno-almoço	makan pagi	[makan pagi]
tornar-se (ex. ~ conhecido)	menjadi	[mɛndʒadi]
trabalhar (vi)	bekerja	[bɛkɛrdʒa]
traduzir (vt)	menterjemahkan	[mɛntɛrdʒɛmahkan]
transformar (vt)	mengubah	[mɛŋubah]
tratar (a doença)	merawat	[mɛravat]
trazer (vt)	membawa	[mɛmbawa]
treinar (pessoa)	melatih	[mɛlatih]
treinar-se (vr)	berlatih	[bɛrlatih]
tremer (de frio)	menggigil	[mɛŋgigil]
trocar (vt)	bertukar	[bɛrtukar]
trocar, mudar (vt)	menukar	[mɛnukar]
usar (uma palavra, etc.)	memakai	[mɛmakaj]
utilizar (vt)	menggunakan	[mɛŋgunakan]
vacinar (vt)	menanam cacar	[mɛnanam tʃatʃar]
vender (vt)	menjual	[mɛndʒual]
verter (encher)	menuangkan	[mɛnuaŋkan]
vingar (vt)	mendendam	[mɛndɛndam]

virar (ex. ~ à direita)	**membelok**	[mɛmblok]
virar (pedra, etc.)	**menterbalikkan**	[mɛntɛrbalikkan]
virar as costas	**berpaling**	[bɛrpaliŋ]
viver (vi)	**hidup**	[hidup]
voar (vi)	**terbang**	[tɛrbaŋ]
voltar (vi)	**balik**	[balik]
votar (vi)	**mengundi**	[mɛŋundi]
zangar (vt)	**memarahkan**	[mɛmarahkan]
zangar-se com …	**marah**	[marah]
zombar (vt)	**mencemuhkan**	[mɛntʃɛmuhkan]